Hans-Thomas Damm, Hartmut Hardt

Verkehrssicherungspflichten in der Immobilienwirtschaft

3. erweiterte Auflage

Haufe Gruppe
Freiburg · München · Stuttgart

Bibliografische Information der Deutschen Nationalbibliothek

Die Deutsche Nationalbibliothek verzeichnet diese Publikation in der Deutschen Nationalbibliografie; detaillierte bibliografische Daten sind im Internet über http://dnb.dnb.de abrufbar.

Print: ISBN 978-3-648-07957-7   Bestell-Nr. 06519-0003
ePDF: ISBN 978-3-648-03288-6   Bestell-Nr. 06519-0150

Hans-Thomas Damm, Hartmut Hardt
Verkehrssicherungspflichten in der Immobilienwirtschaft
3. erweiterte Auflage 2016

© 2016 Haufe-Lexware GmbH & Co. KG, Freiburg
www.haufe.de
info@haufe.de
Produktmanagement: Jasmin Jallad

Lektorat: Text + Design Jutta Cram, Augsburg
Satz: Reemers Publishing Services GmbH, Krefeld
Umschlag: RED GmbH, Krailling
Druck: BELTZ Bad Langensalza GmbH, Bad Langensalza

Verkehrssicherungspflichten in der Immobilienwirtschaft

Inhaltsverzeichnis

1 Gesetzliche Grundlagen

1.1 Verkehrssicherungspflichten des Immobilienbetreibers

1.1.1 Gesetzliche Grundlagen

Am zweiten Januar 2016 war es zehn Jahre her, dass die Eissporthalle in Bad Reichenhall einstürzte und dabei 15 Menschen zu Tode kamen. Sie wurde im Auftrag der Stadt Bad Reichenhall in den Jahren 1971 bis 1973 nach dem Entwurf des Architekten Hans Jürgen Schmidt-Schicketanz zum Preis von 15,37 Millionen DM erbaut. An die Eishalle schlossen sich eine Schwimmhalle und ein Restaurant an, unter der Eislauffläche befand sich eine Tiefgarage. Die Dachkonstruktion bestand aus Hohlkasten-Trägern als Hauptträgern, rechtwinklig zu ihnen war das Dach mit einer sehr steifen Ausfachung versehen.[1] Anfang 2010 wurde auf einem kleinen Teilstück des vormaligen Eishallenareals eine Gedenkstätte errichtet, die am 20. November 2010 offiziell eingeweiht wurde.

Im November 2008 verurteilte das Landgericht Traunstein den Dachkonstrukteur der städtischen Halle wegen fahrlässiger Tötung zu eineinhalb Jahren Bewährungsstrafe. Einen Sachverständigen und einen Architekten sprach die Große Strafkammer frei. Die Staatsanwaltschaft legte jedoch Berufung ein. Tatsächlich kassierte der Bundesgerichtshof (BGH) den Freispruch des Gutachters. In der Neuauflage des Verfahrens wurde der Angeklagte, der im Auftrag der Stadt der über 30 Jahre alten Eislaufhalle drei Jahre vor dem Einsturz in einem lt. Gericht nicht angemessen vergüteten Gutachten noch einen guten Zustand bescheinigt hatte, im Herbst 2011 abermals freigesprochen.

Im Mai 2006 wurden alle städtischen Gebäude in Bad Reichenhall auf ihre Sicherheit und den baulichen Zustand hin überprüft. Danach wurden 40 Millionen Euro in die Sicherheit, Modernisierung und den Neubau städtischer Häuser investiert.[2]

Das Ergebnis einer bundesweiten Umfrage unter etwa 700 Prüfingenieuren, die 950 Gebäude nach dem Vorfall 2006 statisch untersucht hatten, war: 52 Prozent aller untersuchten Bauwerke – vorwiegend Sportanlagen und Einkaufsmärkte – waren mit derartigen statischen Mängeln behaftet, dass eine Nachbesserung

---

1   Eislaufhalle Bad Reichenhall – Wikipedia 2.1.2016
2   Eingestürzte Eislaufhalle: Bad Reichenhall gedenkt der Toten, Berliner Morgenpost, 2.1.2016

innerhalb einer bestimmten Frist erforderlich war. Fünf Prozent waren so mangelhaft, dass sie sogar geschlossen werden mussten.[3]

Nach dem tragischen Unglück von Bad Reichenhall hatte die Niedersächsische Ministerin und Vorsitzende der Bauministerkonferenz, Mechthild Ross-Luttmann, am 6. Februar 2006 das Thema Bausicherheit auf die Tagesordnung der 112. Bauministerkonferenz gesetzt. Dazu erging folgender Beschluss:

! **Konsequenzen aus dem Halleneinsturz in Bad Reichenhall**

»Die Bauminister/-innen und Senator/-innen bedauern, dass der Einsturz der Eislaufhalle in Bad Reichenhall den Tod vieler Menschen verursacht hat. Sie drücken den Opfern und Hinterbliebenen ihr tief empfundenes Mitgefühl aus.«

»Die Bauministerkonferenz nimmt den Zwischenbericht des Ausschusses für Stadtentwicklung, Bau- und Wohnungswesen zur Kenntnis. Die Bauministerkonferenz betont die Verantwortlichkeit der öffentlichen und privaten Bauherren und Eigentümer, Gebäude stets in einem verkehrssicheren Zustand zu erhalten. (...)«

Nach § 823 BGB ist der Eigentümer einer Immobilie zuständig für die Verkehrssicherung seines Gebäudes. Zunehmend wird die Verkehrssicherungspflicht von deutschen Gerichten restriktiv ausgelegt, sodass eine umfangreiche Überwachung hinsichtlich der Verkehrssicherheit des Wohnungsbestandes notwendig ist.

Die Anforderungen zur Überwachung der Verkehrssicherheit im Wohnungsbestand sind in Gesetzen, Verordnungen, Satzungen, Normen und den »allgemein anerkannten Regeln der Technik« festgelegt. Die Gerichte ziehen im Schadensfall nicht nur die speziell für den Wohnungsbau geltenden Normen zur Beurteilung heran, sondern beziehen auch andere Regelungen aus dem Gewerbebereich z.B. Arbeitsstättenrichtlinien, Unfallverhütungsvorschriften und berufsgenossenschaftliche Regeln mit ein. Unterschiedliche Überwachungspflichten von der Außenanlage bis hin zur Gasfeuerstättenwartung sind zu beachten.

Bei einem Wohngebäude können dies über 100 Prüfbereiche sein, die regelmäßig im Rahmen der Verkehrssicherungspflicht zu überwachen sind.

---

3 Prüfingenieure stellen fest: Die Hälfte aller untersuchten Gebäude hatte starke Mängel, Der Prüfingenieur, Oktober 2006

Im Bürgerlichen Gesetzbuch findet man einen Paragrafen mit dem Titel »Verkehrssicherungspflicht« nicht ohne Weiteres. Die Regelung dazu leitet sich aus der allgemeinen Schadenersatzpflicht im Bürgerlichen Gesetzbuch ab.

Die allgemeine Verkehrssicherungspflicht wird aus § 823 Abs. 1 BGB hergeleitet. Der Bundesgerichtshof hat in seinen Leitsätzen den Begriff der »Verkehrssicherungspflicht« folgendermaßen definiert[4]: »Die Verkehrssicherungspflicht folgt aus dem Grundsatz, dass derjenige, der eine Gefahrenquelle schafft, d. h. sie selbst hervorruft oder sie in seinem Einflussbereich andauern lässt, die erforderlichen Sicherungsmaßnahmen zu treffen hat, damit sich die potenziellen Gefahren nicht zum Schaden anderer auswirken.«

Bei Grundstücken und Gebäuden trifft die allgemeine Verkehrssicherungspflicht denjenigen, der den Zutritt zu seinem Grundstück für Dritte eröffnet. Der Verantwortliche hat die notwendigen Vorkehrungen zum Schutz Dritter vor Gefahrenquellen zu schaffen. Eine absolute Sicherheit ist aber nicht erreichbar. Deshalb sind nur solche Sicherungsmaßnahmen notwendig, »die ein verständiger und umsichtiger, in vernünftigen Grenzen vorsichtiger Mensch für ausreichend halten darf, um andere Personen vor Schäden zu bewahren, und die für ihn den Umständen nach zumutbar sind.«[5]

Zur Beurteilung der notwendigen Schutzvorkehrungen wird in der Rechtsprechung auf die »Verkehrsüblichkeit« von Schutzmaßnahmen abgestellt. Dazu werden z. B. die »allgemein anerkannten Regeln der Technik« in die Bewertung der Schutzmaßnahmen mit einbezogen. Die »allgemein anerkannten Regeln der Technik« haben aber keine Gesetzeskraft. Die Haftungsgrundlagen sind je nachdem, welcher Haftungstatbestand besteht, unterschiedlich. Die folgende Tabelle stellt dies im Überblick dar. Eine Haftung aus Vertrag kann z. B. schon durch den Kauf einer Eintrittskarte für eine Veranstaltung begründet werden.

---

4   Behrens, KSA 2000
5   BGH, Behrens, KSA 2000

1.1.1.1 Zur zivilrechtlichen Verantwortung

Rechtsgrundlagen zivilrechtlicher Haftung[6]		
§ 823 BGB oder § 839 BGB Amtshaft-pflichtverletzung Körperverletzung	Haftung für rechtswidriges und schuldhaftes Verhalten	Schadenersatz
Haftung aus Vertrag	Haftung für rechtswidriges und schuldhaftes Verhalten	Schadenersatz
Sonstige Haftungstatbestände Umweltrecht	Haftung für rechtswidriges (»schuldloses«) Verhalten	Schadenersatz

Haftung des Gebäudeunterhaltungspflichtigen

§ 836 BGB [Haftung des Grundstücksbesitzers bei Einsturz eines Gebäudes]

(1) Wird durch den Einsturz eines Gebäudes oder eines anderen mit einem Grundstücke verbundenen Werkes oder durch die Ablösung von Teilen des Gebäudes oder des Werkes ein Mensch getötet, der Körper oder die Gesundheit eines Menschen verletzt oder eine Sache beschädigt, so ist der Besitzer des Grundstücks, sofern der Einsturz oder die Ablösung die Folge fehlerhafter Errichtung oder mangelhafter Unterhaltung ist, verpflichtet, dem Verletzten den daraus entstehenden Schaden zu ersetzen. Die Ersatzpflicht tritt nicht ein, wenn der Besitzer zum Zwecke der Abwendung der Gefahr die im Verkehr erforderliche Sorgfalt beobachtet hat.

Gegenüber der allgemeinen Verkehrssicherungspflicht nach § 823 BGB ergibt sich eine verschärfte Haftung des Gebäudebesitzers. Insoweit gilt eine gesetzliche Verschuldensvermutung und ein vermuteter ursächlicher Zusammenhang zwischen einem Verschulden des Ersatzpflichtigen und dem Schaden. »Um einer solchen Haftung zu entgehen, muss der Ersatzpflichtige den Entlastungsbeweis führen, d.h. er muss beweisen, dass er die zum Zwecke der Abwendung der Gefahr im Verkehr erforderliche Sorgfalt beachtet hat«.[7] Dies wirkt wie eine Beweislastumkehr.

§ 535 BGB [Inhalt und Hauptpflichten des Mietvertrags]

(1) Durch den Mietvertrag wird der Vermieter verpflichtet, dem Mieter den Gebrauch der vermieteten Sache während der Mietzeit zu gewähren. Der Vermieter hat die Mietsache dem Mieter in einem zum vertragsmäßigen Gebrauche geeigneten Zustande zu überlassen und sie während der Mietzeit in diesem Zustande zu erhalten.

---

6   RA Dr. Georg Krafft, Seminarunterlagen Braunschweig, 10.02.2011
7   Hübner, KSA, 1995

Dazu führt Hübner aus: »Die Fälle, in denen der Vermieter bei der Vermietung von Haus- und Grundbesitz vertraglich auf Schadenersatz in Anspruch genommen werden kann, sind in § 536 BGB 2002 (§ 538 BGB 1995) geregelt. Es handelt sich hierbei um die Fälle, wenn ein Mangel der Mietsache bei Vertragsabschluss vorhanden war bzw. später entstanden ist. Der Mieter kann unter Umständen Schadenersatzansprüche aus dem Mietvertrag gegen den Vermieter geltend machen, wenn der Vermieter den Mangel zu vertreten hat oder mit der Beseitigung eines Mangels in Verzug kommt«[8].

Hatte der Mieter nach § 536b BGB Kenntnis von dem Mangel bei Vertragsabschluss oder Annahme der zu nutzenden Räume durch Übergabe, so entfällt das Recht auf Schadenersatz nach § 536 und § 536a.

1.1.1.2 Zur strafrechtlichen Verantwortung

Die Verletzung seiner Verkehrssicherungspflicht kann für den Hauseigentümer neben zivilrechtlichen auch strafrechtliche Folgen haben, sofern darauf beruhende Körperverletzungen oder gar Todesfälle aufgetreten sind. Im Unterschied zur zivilrechtlichen Haftung erwartet ihn dabei nicht nur eine finanzielle Belastung in Form einer Geldstrafe, sondern schlimmstenfalls sogar eine Haftstrafe.

Als Tatbestände für eine strafrechtliche Verantwortung kommen
- die fahrlässige Tötung gemäß § 222 StGB,
- die fahrlässige Körperverletzung gemäß § 229 StGB und
- die fahrlässige Brandstiftung gemäß § 306d StGB

in Betracht. Der Verstoß dürfte dabei jeweils in einem Unterlassen bestehen, doch ist auch ein solches strafbar, sofern man rechtlich dafür einzustehen hat, dass ein bestimmter Erfolg nicht eintritt. Eine solche Garantenpflicht ergibt sich hier aus der Fürsorgepflicht bzw. der Verkehrssicherungspflicht, die der Gebäudeeigentümer gegenüber den Mietern oder sonstigen berechtigten Dritten hat.[9]

---

8   Hübner, KSA, 1995
9   Hanke, Lenz, VSW, 1997

Rechtsgrundlage strafrechtlicher Haftung[10]		
§ 229 StGB Fahrlässige Körperverletzung	Haftung für die fahrlässige Verursachung einer Körperverletzung	Geldstrafe oder Freiheitsstrafe bis zu drei Jahren
Personenschaden, insbesondere bei Kindern	Strafantrag erforderlich nach § 230 StGB	Geldstrafe oder Freiheitsstrafe bis zu drei Jahren

Auch die ausführenden Baufirmen sind in der Verantwortung. Dafür ist bei Verstoß gegen die anerkannten Regeln der Technik mit Gefahr für Leib und Leben der Straftatbestand der Baugefährdung eingeführt worden. Damit wird »Pfusch am Bau« mit lebensgefährlichen Folgen geahndet.

Strafrechtliche Verantwortung § 319 StGB Baugefährdung

§ 319 StGB

(1) Wer bei der Planung, Leitung oder Ausführung eines Baues oder des Abbruchs eines Bauwerks gegen die allgemein anerkannten Regeln der Technik verstößt und dadurch Leib oder Leben eines anderen Menschen gefährdet, wird mit Freiheitsstrafe bis zu fünf Jahren oder mit Geldstrafe bestraft.
(2) Ebenso wird bestraft, wer in Ausübung eines Berufs oder Gewerbes bei der Planung, Leitung oder Ausführung eines Vorhabens, technische Einrichtungen in ein Bauwerk einzubauen oder eingebaute Einrichtungen dieser Art zu ändern, gegen die allgemein anerkannten Regeln der Technik verstößt und dadurch Leib oder Leben eines anderen Menschen gefährdet.
(3) Wer die Gefahr fahrlässig verursacht, wird mit Freiheitsstrafe bis zu drei Jahren oder mit Geldstrafe bestraft.
(4) Wer in den Fällen der Absätze 1 und 2 fahrlässig handelt und die Gefahr fahrlässig verursacht, wird mit Freiheitsstrafe bis zu zwei Jahren oder mit Geldstrafe bestraft.

In Braunschweig wurde aufgrund dieses Straftatbestandes im Jahr 2011[11] nach einem Deckensturz einer abgehängten Decke in einer Schule von der Staatsanwaltschaft ermittelt. Der Auftragnehmer hatte die falschen Befestigungsmittel für die abgehängte Decke verwendet (6er Kunststoffdübel statt der notwendigen Metalldübel). Die Schüler standen nach dem Wochenende in ihrem Musikraum, in dem die komplette abgehängte Akustikdecke mit Beleuchtungskörpern auf den Tischen lag. Nach umgehenden Nachkontrollen stellte sich heraus, dass auch in anderen Schulen und durch andere Firmen ungeeignete Befestigun-

---

10 RA Dr. Georg Krafft, Seminarunterlagen Braunschweig, 10.02.2011
11 Baufirmen nach Deckensturz in Gaußschule durchsucht, Braunschweiger Zeitung, 1.10.2011

gen für abgehängte Decken verwendet wurden. Die Staatsanwaltschaft hat im Frühjahr 2013 Strafbefehle an zwei Auftragnehmer erlassen.[12]

Abb. 1.1: Zeitungsauszug Deckensturz – Gefährlicher Pfusch am Bau ist Straftat[13]

Haftung von Beschäftigten des Immobilienbetreibers

Für die Beschäftigten des Immobilienbetreibers gilt lt. Roth[14] der Grundsatz der gefahrgeneigten Tätigkeit: »Will die Gesellschaft gegen einen ihrer Arbeitnehmer aus den oben dargestellten Gründen Regress nehmen, so wirken sich die Grundsätze der gefahrengeneigten Arbeit ebenfalls aus. In diesem Fall ist der Regress dann entsprechend blockiert. Das Wohnungsunternehmen bleibt auf dem Schaden sitzen. Liegt auf Seiten des Arbeitnehmers allerdings mittlere Fahrlässigkeit vor, dann wird nach den besagten Grundsätzen der Schaden gequotelt. Muss sich der Arbeitnehmer dagegen grobe Fahrlässigkeit vorwerfen lassen (oder handelt er gar vorsätzlich), dann bleibt es beim zivilrechtlichen Grundsatz, dass er den Schaden im Innenverhältnis alleine zu tragen hat. Wichtig zur Abgrenzung ist hier nochmals die Feststellung, dass Organmitglieder juristischer Personen (z. B. von eG, GmbH, AG) keine Arbeitnehmer im Sinne des Arbeitsrechts sind.«

---

12 Strafbefehl nach Pfusch beim Deckenbau, Braunschweiger Zeitung, 3.4.2013

13 Auszug, Baufirmen nach Deckensturz in Gaußschule durchsucht, Braunschweiger Zeitung, 1.10.2011

14 Dr. Stefan Roth, Die Verkehrssicherungspflicht: Folgefragen und Einzelaspekte, in Zeitschrift der Wohnungswirtschaft Bayern, München, H. 1/2004

1.1.2 Rechtliche Grundlagen der Verkehrssicherungspflichten in Leiturteilen

Die Verkehrssicherungspflichten beschreiben das Maß an verantwortlicher Sorgfalt dafür, dass das mit einer Gefährdung einhergehende Risiko eines Schadeneintritts beherrscht wird. »Sorgfalt« umfasst die zu beachtenden Vorgaben und Regeln für den sicheren Umgang mit der Gefahrenquelle. Die jeweiligen Gefährdungen ergeben sich daraus, dass grundsätzlich Schadeneintrittsmöglichkeiten bestehen und das Risiko veranschaulicht das Verhältnis zwischen der Eintrittswahrscheinlichkeit eines Schadens und dessen Ausmaß.

Nach ständiger Rechtsprechung des Bundesgerichtshofes ist derjenige, der eine Gefahrenlage – gleich welcher Art – schafft, grundsätzlich verpflichtet, die notwendigen und zumutbaren Vorkehrungen zu treffen, um eine Schädigung anderer möglichst zu verhindern.[15]

Diese Schutzpflicht ist nicht grenzenlos, sondern orientiert sich an den gegebenen Möglichkeiten zum sicherheitsorientierten Handeln und an den jeweiligen Erfordernissen zur entsprechenden Verkehrssicherung. Maßstab ist hierbei der vernünftig und umsichtig handelnde Mensch, der im Rahmen einer vorsichtigen Prognose und bei Kenntnis der Gegebenheiten das Notwendige als Handlungspflicht erkennt, was bei kritischer Betrachtung als ausreichend zur Verhinderung eines Schadeneintritts anzusehen ist.

Zu beachten ist dabei aber, dass nicht das individuelle Urteil, sondern das konkrete Wissen der jeweiligen Verkehrskreise zur Gefährdungslage von Bedeutung ist. In § 276 Abs. 2 BGB heißt es daher: »Fahrlässig handelt, wer die im Verkehr erforderliche Sorgfalt außer Acht lässt.«

Haftungsvoraussetzungen

§ 823 BGB
(1) Wer vorsätzlich oder fahrlässig das Leben, den Körper, die Gesundheit, die Freiheit, das Eigentum oder ein sonstiges Recht eines anderen widerrechtlich verletzt, ist dem anderen zum Ersatz des daraus entstehenden Schadens verpflichtet.
(2) Die gleiche Verpflichtung trifft denjenigen, welcher gegen ein den Schutz eines anderen bezweckendes Gesetz verstößt. Ist nach dem Inhalt des Gesetzes ein Verstoß gegen dieses auch ohne Verschulden möglich, so tritt die Ersatzpflicht nur im Falle des Verschuldens ein.

---

15   BGH, Urteil v. 2.3.2010, IV ZR 223/09

Die Haftung nach § 823 Abs. 1 BGB setzt voraus, dass eines der dort angeführten Rechtsgüter (Leben, Gesundheit …) verletzt wurde. Erforderlich ist ferner, dass diese Rechtsgutverletzung entweder durch ein bestimmtes Verhalten des Schädigers aktiv herbeigeführt wurde oder aber diesem sein Verhalten aus anderem Grund zuzurechnen ist. Verhalten kann sich durch eine konkrete Handlung darstellen, aber auch durch ein Unterlassen. Das Wort »Unterlassen« bedeutet »vorwerfbares Nichthandeln«. Relevant ist das Unterlassen als Fehlverhalten im Rahmen der Verkehrssicherungspflichten dann, wenn dem Verkehrssicherungspflichtigen abverlangt werden kann, dass dieser eine bestimmte, rechtlich geforderte Tätigkeit zur Vermeidung eines Schadeneintritts hätte erbringen müssen. Eine solche Pflicht zur Erbringung präventiver Schutzmaßnahmen ist dann gegeben, wenn der Verkehrssicherungspflichtige als Garant zum Wohl und zum Schutz Dritter hätte tätig werden müssen. Die Beurteilung, ob eine solche Handlungspflicht erforderlich war oder nicht, erfolgt nicht auf dem Wissensniveau des Handlungsverpflichteten, sondern auf dem Stand des Wissens der Fachleute. Unwissenheit schützt den Verkehrssicherungspflichtigen keinesfalls vor der Zuweisung einer Pflicht zu verantwortungsgemäßem Handeln. Vielmehr ist das Unwissen Beleg dafür, dass der Verkehrssicherungspflichtige sorgfaltswidrig die ihn betreffenden Aufgaben unberücksichtigt gelassen hat.

Die Geltendmachung eines Anspruchs nach § 823 Abs. 1 BGB setzt weiterhin voraus, dass zwischen dem Fehlverhalten und dem Eintritt der Rechtsgutverletzung ein Ursachenzusammenhang (haftungsbegründende Kausalität) besteht. Regelmäßig ist dann eine Ursächlichkeit zu bejahen, wenn nach der allgemeinen menschlichen Erfahrung und aus fachkundiger Sicht mit dem absehbaren Eintritt eines Schadens gerechnet werden musste. Selbstverständlich bleibt eine abschließende rechtliche Bewertung dem jeweiligen Einzelfall vorbehalten. In Kapitel 4.2 wird dies anhand von Beispielen aus der Rechtsprechung zu den Verkehrssicherungspflichten bei einer Trinkwasserinstallation ausgeführt.

Zusammenfassend ist festzustellen, dass Verkehrssicherungspflichten demjenigen obliegen, der

- eine Gefahrenquelle schafft oder betreibt,
- aus fachkundiger Sicht Handlungspflichten zu erfüllen hat und
- die Möglichkeit zur Umsetzung der sicherheitsrelevanten Anforderungen hat.

Maßstab der Sorgfalt ist

- der Kenntnisstand der Fachleute,
- die ordnungsgemäße Erfüllung der sicherheitsrelevanten Anforderungen und
- der stete Blick auf die Einhaltung der getroffenen Schutzmaßnahmen.

Umfang und Ausmaß der Verkehrssicherungspflichten

Mit der Schaffung einer Gefahrenquelle geht die Pflicht zur Abwendung eines absehbaren Schadeneintritts einher. »Dabei ist jedoch zu berücksichtigen, dass nicht jeder abstrakten Gefahr vorbeugend begegnet werden kann. Ein allgemeines Gebot, andere nicht zu gefährden, wäre utopisch. Eine Verkehrssicherung, die jede Schädigung ausschließt, ist im praktischen Leben nicht erreichbar. Deshalb muss nicht für alle denkbaren Möglichkeiten eines Schadeneintritts Vorsorge getroffen werden. Es sind vielmehr nur diejenigen Vorkehrungen zu treffen, die geeignet sind, die Schädigungen anderer tunlichst abzuwenden.[16]

Damit beschreibt der Bundesgerichtshof einen zu verwirklichenden Sicherheitsgrad, der sich an der Verkehrsauffassung zu den erforderlichen Schutzmaßnahmen orientiert. Von Bedeutung für das einzuhaltende Maß an Sorgfalt sind also

- der Grad der Gefährlichkeit,
- das Wissen über die Beherrschbarkeit der Gegebenheiten und
- die berechtigten Erwartungen an die Sicherheit.

Auch hier gilt, dass der Einzelfall stets einer gesonderten Betrachtung bedarf. Neben den beschriebenen gesetzlichen Anforderungen können sich auch durch vertragliche Regelungen weitergehende Anforderungen an die zu beachtenden Vorgaben für die Einhaltung der Verkehrssicherungspflichten ergeben. Dies ist z. B. dann der Fall, wenn in vertraglichen Regelungen konkrete Bezugnahmen zu den Anforderungen nach bestimmten technischen Regelwerken enthalten sind. Regelmäßig sind dann besondere und weitergehende Sorgfaltspflichten einzuhalten. Die Verkehrssicherungspflichten orientieren sich jeweils an den schutzbedürftigsten Personengruppen.

Konkrete Anforderungen aus der Rechtsprechung

Die Verkehrssicherungspflicht verpflichtet grundsätzlich denjenigen, der eine Gefahrenlage schafft, die notwendigen und zumutbaren Vorkehrungen zu treffen, um eine Schädigung anderer möglichst zu verhindern.[17]

Es genügen diejenigen Vorkehrungen, die nach den konkreten Umständen zur Beseitigung der Gefahr erforderlich und zumutbar sind. Erforderlich sind die Maßnahmen, die ein umsichtiger und verständiger, in vernünftigen Grenzen, vorsichtiger Angehöriger des betroffenen Verkehrskreises für notwendig und ausreichend halten darf, um andere Personen vor Schäden zu bewahren.[18]

---

16 BGH, Urteil v. 2.3.2010, IV ZR 223/09
17 OLG Koblenz, Beschluss v. 11.11.2013, 3U 790/13, mit weiteren Nachweisen
18 BGH, Urteil v. 15.7.2003, VI ZR 155/02

Die Verkehrssicherungspflichten, häufig auch »Verkehrspflichten« genannt, treffen denjenigen, der in seinem Verantwortungsbereich eine Gefahrenlage für Dritte schafft oder andauern lässt, z. B. durch die Eröffnung eines Verkehrs, die Errichtung einer Anlage oder die Übernahme einer Tätigkeit, die mit Gefahren für die Rechtsgüter Dritter verbunden ist. Hierbei hat er diejenigen Vorkehrungen zu treffen, die erforderlich und ihm zumutbar sind, um die Schädigung Dritter. möglichst zu verhindern.[19]

Haftungsbegründend wird eine Gefahr erst dann, wenn sich für ein sachkundiges Urteil die naheliegende Möglichkeit ergibt, dass Rechtsgüter anderer verletzt werden.[20]

Maßstab der haftungsrechtlichen Zuordnung eines schuldhaften Fehlverhaltens ist § 276 Abs. 2 BGB »Fahrlässig handelt, wer die im Verkehr erforderliche Sorgfalt außer Acht lässt«.

Die Verkehrssicherungspflicht erfordert Vorkehrungen, welche die Verwirklichung von Risiken verhindern, die der Benutzer der Verkehrsfläche bei der gebotenen Eigensorgfalt nicht ohne Weiteres selbst erkennen kann oder auf die er sich nicht ohne Weiteres einzustellen vermag. Die Grenze zwischen abhilfebedürftigen Gefahrenquellen und hinzunehmenden Erschwernissen wird vorwiegend durch die Sicherheitserwartungen der Benutzer bestimmt, soweit sie sich im Rahmen des Vernünftigen halten.[21]

Weiterhin erfordert die Verkehrssicherungspflicht Sicherungsmaßnahmen, unabhängig von der Erkennbarkeit der Gefahr dann, wenn Gefahrenlagen bestehen, die objektiv geeignet sind, besonders schwere Gesundheitsschäden herbeizuführen.[22]

Gegenüber Kindern geht die Rechtsprechung seit jeher davon aus, dass eine Verpflichtung zum Schutz vor Gefahren auch dort besteht, wo die Benutzung zwar unbefugt erscheint, mit ihr aber deshalb gerechnet werden muss, weil Kinder erfahrungsgemäß aus Spieltrieb, Unerfahrenheit und Leichtsinn Gefahren nicht zutreffend einzuschätzen vermögen und zugleich deren Neigung in Rechnung zu stellen ist, dass diese Verbote missachten.[23]

---

19 Palandt, Kommentar zum BGB, § 823 Rn. 46
20 Gabriel in Rechtshandbuch FM, Kapitel H II 1
21 OLG Hamm, Urteil v. 9.11.2001, 9U 252/98
22 OLG Hamm, Urteil v. 15.9.1998, 9U 110/ 98
23 LG Tübingen, Urteil v. 16.11.2001, 7O 143/01, mit weiteren Nachweisen

Bei Geschäftsräumen, insbesondere bei Supermärkten und Kaufhäusern, die dem Publikumsverkehr offenstehen, sind strenge Sicherheitsstandards als Maß der einzuhaltenden Sorgfalt gegeben. Es sind die Sicherheitserwartungen zu erfüllen, die Dritte vor Gefahren schützen, die bei bestimmungsgemäßem oder bei nicht ganz fern liegendem bestimmungswidrigen Benutzen drohen.[24]

1.1.3 Anerkannte Regeln der Technik

Rechtsgrundlage

Der Bundesgerichtshof hat in einem grundlegenden Urteil vom 21.1.1965 (III ZR 217/63, NJW 1965, S. 815) zur Verkehrssicherungspflicht festgestellt: »Der Verkehrssicherungspflicht ist genügt, wenn die nach dem jeweiligen Stand der Erfahrung und Technik als geeignet und genügend erscheinenden Sicherungen getroffen sind«.[25]

Der Begriff der »anerkannten Regeln der Technik (aRdT)« bedarf der Auslegung durch die Gerichte, die sich letztlich auf Sachverständigengutachten stützen.

DIN/Normen

In einer Entscheidung des Bundesgerichtshofes zur Einzäunung eines zur Löschwasserversorgung vorgesehenen Teiches heißt es, dass dieser der DIN 14210 entsprechen müsse. Nach dieser DIN-Norm muss ein Löschwasserteich mindestens 1,25 m hoch umfriedet sein:[26]

»Nach ständiger Rechtsprechung des Senats spiegeln die DIN-Normen den Stand für die betroffenen Kreise geltenden anerkannten Regeln der Technik wider und sind somit zur Bestimmung des nach der Verkehrsauffassung zur Sicherheit Gebotenen in besonderer Weise geeignet (BGHZ 103, 338, 341 ff.).

So sagt auch Bl. 1 Ziffer 2 Abs. 2 S. 2 der DIN 820 von Februar 1974 über die Grundsätze der Normungsarbeit, dass die Normung der Sicherheit von Menschen und Sachen diene.«

Bei Regenrückhaltebecken ist sogar eine Umzäunung von 1,80 m vorgegeben.[27]

---

24 OLG Koblenz, Beschluss v. 10.4.2013, 3U 1493/12
25 Breloer, Verkehrssicherungspflicht bei Bäumen, 1996
26 BGH, NJW 1997, 582
27 Neue Zäune für offene Wasserflächen, Kieler Nachrichten, 5.1.2016

Maßgeblich sind die anerkannten Regeln der Technik bzw. Schutzgesetze, die zum Zeitpunkt der Abnahme der jeweiligen baulichen Anlage gegolten haben. Eine Anpassung ist aber erforderlich, wenn offensichtlich eine Gefahr für Leib und Leben besteht. In der Landesbauordnung von Nordrhein-Westfalen (siehe unten) ist dies im Einzelnen geregelt. In den anderen Bundesländern ist die Abwägung zum Bestandsschutz nicht so detailliert geregelt. Die Regelung gibt aber allgemein eine sinnvolle Orientierung zu vorzunehmenden Abwägungsschritten bei Handlungsbedarf und gibt Hinweise bei wesentlichen konstruktiven Änderungen.

§ 87 BauO NRW Bestehende Anlagen und Einrichtungen

(1) Entsprechen rechtmäßig bestehende bauliche Anlagen sowie andere Anlagen und Einrichtungen im Sinne von § 1 Abs. 1 Satz 2 nicht den Vorschriften dieses Gesetzes oder Vorschriften aufgrund dieses Gesetzes, so kann verlangt werden, dass die Anlagen diesen Vorschriften angepasst werden, wenn dies im Einzelfall wegen der Sicherheit für Leben oder Gesundheit erforderlich ist.
(2) Sollen bauliche Anlagen wesentlich geändert werden, so kann gefordert werden, dass auch die nicht unmittelbar berührten Teile der Anlage mit diesem Gesetz oder den aufgrund dieses Gesetzes erlassenen Vorschriften in Einklang gebracht werden, wenn die Bauteile, die diesen Vorschriften nicht mehr entsprechen, mit den Änderungen in einem konstruktiven Zusammenhang stehen und die Durchführung dieser Vorschriften bei den von den Änderungen nicht berührten Teilen der baulichen Anlage keine unzumutbaren Mehrkosten verursacht.

Nachrüstverpflichtung lt. BGH, Urteil v. 2.3.2010, VI ZR 223/09

Im sogenannten TÜV-Urteil hat der BGH wichtige Hinweise zu der Frage gegeben, ab welchem Zeitraum bei Änderung der technischen Regeln eine Nachrüstverpflichtung des Eigentümers bzw. Betreibers besteht, wenn keine ausdrücklichen Übergangsfristen in den technischen Regeln genannt worden sind. Dementsprechend muss der Betreiber Änderungen des technischen Regelwerks nachverfolgen oder hier ggf. durch die Wartungsfirma nachverfolgen lassen. Hier einige Auszüge aus der Urteilsbegründung:

BGB § 823 Abs. 1 Dc

Zur Frage einer Nachrüstungspflicht des Verkehrssicherungspflichtigen für bestehende technische Anlagen (hier: halbautomatische Glastüre als Zugang zu einem Geldautomaten einer Bank) im Falle einer Verschärfung von DIN-Normen. »Nach den vom Amtsgericht eingeholten Sachverständigengutachten hätten sich zwar an den Hauptschließkanten der Türflügel keine Sicherheitseinrichtungen zum Schutz gegen das Einklemmen bzw. Quetschen befunden. Diese Ausführung habe der zur Zeit des Einbaus der Türe im Jahre 1996 geltenden

Einrichtungsvorschrift entsprochen. Zum Zeitpunkt des Unfalls am 11. Oktober 2006 habe demgegen über eine neue Herstellungsnorm gegolten, die weitergehende Schutzmaßnahmen zu Gunsten besonders schutzbedürftiger Personen enthalten habe.«

»Der Verkehrssicherungspflichtige sei auch generell nicht gehalten, alte Bauwerke und Einrichtungen an den jeweils geltenden Standard anzupassen.«

*»Eine Nachrüstungspflicht sei erst nach Ablauf eines angemessenen Zeitraums und unter Berücksichtigung wirtschaftlicher Gesichtspunkte zu bejahen. Hier sei im Zeitpunkt des Unfalls seit dem Erlass der neuen DIN-Norm noch nicht einmal **ein** Jahr vergangen gewesen. Damit sei der angemessene Zeitraum, der dem Verkehrssicherungspflichtigen zur Nachrüstung zugebilligt werden müsse, nicht überschritten.«*

»Im Übrigen war die Glastür zum Geldautomaten der Beklagten nach dem Ergebnis der vom Berufungsgericht in Bezug gaaenommenen Beweisaufnahme des Amtsgerichts jährlich ein- bis zweimal gewartet worden, ohne dass sich Beanstandungen seitens des Wartungsdienstes oder seitens eines Kunden ergaben.«[28]

Maßgebliche Normen für das BGH-Urteil v. 2.3.2010, VI ZR 223/09

- DIN 18650-2:2010-06 Automatische Türsysteme – Teil 2: Sicherheit an automatischen Türsystemen
  Die Norm legt Anforderungen an den Aufbau der Anlage, die Kennzeichnung und Inbetriebnahme und die Kontrolle und Prüfung von kompletten automatischen Türsystemen in Fußgängerbereichen fest.
  Eine Liste der mit automatischen Türsystemen verbundenen Gefahrenpotenziale ist in DIN 18650-1:2010-02, Anhang E, aufgeführt.
- Technische Regeln für Arbeitsstätten Türen und Tore ASR A1.7 Sicherheitsprüfung (Ersatz für ZH 1/494 HVBG)
  10.2: Kraftbetätigte Türen und Tore müssen nach den Vorgaben des Herstellers vor der ersten Inbetriebnahme, nach wesentlichen Änderungen sowie wiederkehrend sachgerecht auf ihren sicheren Zustand geprüft werden.
  Die wiederkehrende Prüfung sollte mindestens einmal jährlich (durch einen Sachkundigen) erfolgen. Die Ergebnisse der sicherheitstechnischen Prüfung sind aufzuzeichnen und in der Arbeitsstätte aufzubewahren.

Aktuell ist die Berufsgenossenschaftliche Regel BGR 232 Kraftbetätigte Fenster, Türen und Tore für das Intervall der Wartung (einmal jährlich) maßgeblich. Diese BG-Regel findet Anwendung auf kraftbetätigte Fenster, Türen und Tore. Diese BG-Regel konkretisiert die §§ 3, 4 (Gefährdungsbeurteilung, Betreiben von Ar-

---

28 Auszug aus der Urteilsbegründung lt. BGH, Urteil v. 2.3.2010, VI ZR 223/09

beitsstätten) der Verordnung über Arbeitsstätten (Arbeitsstättenverordnung – ArbStättV).

> **Wichtig** !
>
> Im Ergebnis ist es angeraten, sicherheitstechnische Einrichtungen spätestens ein Jahr nach Inkrafttreten neuer technischer Regeln nachzurüsten und dementsprechend die Änderungen technischer Regelwerke nachzuverfolgen.

Hier sollte eine vertragliche Regelung mit dem Wartungsunternehmen getroffen werden, die eine Pflicht zur Kenntnisgabe der Änderungen maßgeblicher sicherheitstechnischer Regelwerke an den Auftraggeber vorsieht.

Überwachungspflichten und Wartungspflichten als Aufgabe des Betreibers bzw. Eigentümers

Die Überwachungspflichten der Immobilienunternehmen im Bestand resultieren aus den Verkehrssicherungspflichten der Immobilienunternehmen im Bestand. Zur Durchführung der Überwachungspflichten sind geeignete Kontrollen oder Prüfungen durch qualifiziertes Personal vorzunehmen. Als Querschnittsaufgabe können diese Prüfungen nach der Betriebskostenverordnung entweder in den Bereich der Betriebskosten oder den Bereich der Instandhaltungskosten fallen.

Die Prüfungen bzw. Kontrollen zur Verkehrssicherung gehören mit zu den turnusgemäßen Inspektionen bzw. Wartungen, die am Gebäude und dessen Anlagen vorzunehmen sind, gehen aber in der Anzahl und Zielrichtung über die Inspektion und Wartung hinaus.

Für die Durchführung der Überwachungspflichten sind entsprechend den Normen und Verordnungen geeignete Personen zu bestimmen. Dies gilt für externe Leistungserbringer ebenso wie für Mitarbeiter. Wichtig ist, dass sich das Immobilienunternehmen davon überzeugt hat, dass die Anforderungen an die Qualifikation erfüllt wird. Schließlich liegt es in seiner Verantwortung, wen es mit der Durchführung der Überwachungspflichten beauftragt.

1.1.4 Hilfsmittel zur Dokumentation – Checklisten

Checklisten sind ein bewährtes Hilfsmittel, um Kontrollen effizient durchzuführen und zu dokumentieren. Der Autor hat für große Wohnungsunternehmen in Süd- und Westdeutschland Checklisten zur Unterstützung der Hauswarte bei der Durchführung der Kontrolle der Verkehrssicherung entwickelt. Dabei wird von einem mindestens jährlichen Turnus der dokumentierten Sicherheitsbegehung ausgegangen – zusätzlich zu den Kontrollgängen der Hauswarte zur regelmäßigen Wahrnehmung der Verkehrssicherungspflicht. Unterteilt sind die Checklisten in den Außenanlagen- und Gebäuderundgang.

Auf diesen Schulungsunterlagen basieren die in den folgenden Kapiteln dargestellten Checklisten. Sie geben Hinweise zur Kontrolle möglicher Gefahrenpotenziale in der Wohnungs- und Immobilienwirtschaft.

Im Wesentlichen sollen hier die Sichtkontrollen dargestellt werden, die durch eigenes, geschultes Personal der Wohnungswirtschaft vorgenommen werden können.

Dazu kommen entsprechend der nicht abschließenden Aufzählung der Betreiberpflichten nach GEFMA (Deutsche Gesellschaft für Facility-Management) Richtlinie 190 »Kontrollen der Arbeitssicherheit für die eigenen Mitarbeiter« (Räume für die Hauswarte u. Ä.) inhaltlich folgende Punkte:

- Betriebssicherheit (Anlagen die der Gefährdungsbeurteilung nach Betriebssicherheitsverordnung unterliegen und sonstige technische Anlagen entsprechend den anerkannten Regeln der Technik)
- Standsicherheit (besonders exponierte Bauten nach ARGEBAU, Hinweise für die Überprüfung der Standsicherheit von baulichen Anlagen durch den Eigentümer/Verfügungsberechtigten, September 2006)

Die Checklisten ergänzen Unternehmensanweisungen der Geschäftsführung zu den einzelnen Bereichen der Überwachungspflichten der Wohnungsunternehmen im Bestand. In den Unternehmensanweisungen ist durch die Geschäftsführung zu regeln,

- wer für die einzelnen Bereiche zuständig ist,
- welche Qualifikationen für die Durchführung der Überwachungspflichten notwendig sind und
- in welchem Intervall die Kontrollen oder Prüfungen unternehmensintern erfolgen sollen.

Dies dient dem Nachweis der gesicherten Organisation im Unternehmen durch die Geschäftsführung und dem Nachweis des Risikomanagements im Sinne des Gesetzes zur Kontrolle und Transparenz im Unternehmensbereich (KonTragG).

1.1.5 Exkurs: Normative Regelungen zu regelmäßigen Sicherheitsbegehungen in Österreich – ÖNORM B 1300 Wohngebäude und ÖNORM B 1301 Nichtwohngebäude

In Österreich gibt es normative Regelungen für Objektsicherheitsbegehungen seit November 2012 für Wohngebäude und seit Dezember 2015 auch für Nichtwohngebäude.

Bestandteil ist jeweils ein einheitlicher Prüfkatalog. In Österreich gibt es also bereits normative Regelungen, die eine Vermutungswirkung als anerkannte Regel der Technik entfalten können:

- ÖNORM B 1300[29]: 2012 11 01, Objektsicherheitsprüfungen für Wohngebäude – Regelmäßige Prüfroutinen im Rahmen von Sichtkontrollen und zerstörungsfreien Begutachtungen – Grundlagen und Checklisten: Diese Norm ist für regelmäßige Sicherheitsevaluierungen im Rahmen von Sichtkontrollen und zerstörungsfreie Begutachtungen für bestehende Gesamtanlagen mit Wohngebäuden gedacht, in denen sich zumindest eine Wohnung befindet, die nicht als Dienst-, Natural- oder Werkswohnung überlassen wurde.
- ÖNORM B 1301[30]: 2015 12 15, Objektsicherheitsprüfungen für Nicht-Wohngebäude – Regelmäßige Prüfroutinen im Rahmen von Sichtkontrollen und Begutachtungen: Diese Norm ist ein Regelwerk zur vorausschauenden ganzheitlichen Betrachtung von Objektsicherheit und der nachweislichen Durchführung entsprechender Überprüfungen bezüglich vorgeschriebener und gebotener Vorsicht in Nicht-Wohngebäuden (aufbereitetes Ordnungswissen zur Objektsicherheit).

Die Objektsicherheits-Prüfroutinen der vorliegenden ÖNORM können für Nicht-Wohngebäude des Hochbaus angewendet werden. Tiefbau- und Ingenieurbauwerke sind von dieser ÖNORM ausgenommen. Weiterhin gilt diese ÖNORM nicht für in Objekten bestehende Produktionsanlagen, die behördlichen Verfahren zur Betriebsführung unterliegen.

---

29 Austrian Standards, ÖNORM B 1300: 2012 11 01, Objektsicherheitsprüfungen für Wohngebäude – Regelmäßige Prüfroutinen im Rahmen von Sichtkontrollen und zerstörungsfreien Begutachtungen – Grundlagen und Checklisten
30 Austrian Standards, ÖNORM B 1301: 2015 12 15, Objektsicherheitsprüfungen für Nicht-Wohngebäude – Regelmäßige Prüfroutinen im Rahmen von Sichtkontrollen und Begutachtungen

Interessant sind die Bereiche, die von der Normierung umfasst werden. In der ÖNORM B 1300 sind die Themenbereiche der Objektsicherheit in vier Fachbereiche aufgeteilt, und zwar

- in die technische Objektsicherheit,
- in die Gefahrenvermeidung und den Brandschutz,
- in den Gesundheits- und Umweltschutz sowie
- in den Einbruchsschutz und Schutz vor Außengefahren.[31]

Die Themenbereiche der Prüfroutinen sind wie folgt beschrieben:[32]

- 1.2.2.1. Technische Objektsicherheit: Bauliche, technische und organisatorische Vorkehrungen zur Aufrechterhaltung der
- Bausubstanz
- 1.2.2.2. Gefahrenvermeidung und Brandschutz: Bauliche, technische und organisatorische Vorkehrungen zur Gefahrenabwehr und zumvorbeugenden und unmittelbarem Brandschutz. (Bspw. Brandabschnittsteile, Fluchtwege, Blitzableiter)
- 1.2.2.3. Gesundheits- und Umweltschutz: Bauliche, technische und organisatorische Vorkehrungen zur Aufrechterhaltung gesunder Lebensbedingungen, die im Einklang mit dem Umweltschutz stehen. (Bspw. Hygienevorrichtungen i. Z. m. Warmwasser-Verteilnetz)
- 1.2.2.4. Einbruchsschutz und Schutz vor Außengefahren: Bauliche, technische und organisatorische Vorkehrungen, die dem Einbruchschutz, Zivilschutz und Schutz vor Naturgefahren dienen. (Bspw. Zutrittskontrolleinrichtungen, Zivilschutzräume, Hochwasserschutzeinrichtungen)

Nach der ÖNORM B 1300 sind die Elemente der Objektsicherheit (die Sicherheit betreffende technische Bauteile und Anlagen, vorbeugende Einrichtungen z. B. Brandmeldeanlagen und organisatorische Erfordernisse und Vorsorgepflichten (z. B. Brandschutzpläne) in und für bestehende Gebäude zu bestimmen und zu erfassen. Nach der Erfassung werden diese in eine Dokumentation gespeist, die als Basis für die laufenden Objektsicherheitsprüfroutinen dient.[33]

---

31 gbv NEWS01/14, Österreichischer Verband gemeinnütziger Bauvereinigungen, Schinnagl Michaela Leitende Juristin der Mietervereinigung Österreichs, ÖNORM B 1300 – Objektsicherheitsprüfungen für Wohngebäude
32 Hammerl, Stefan, ÖNORM B 1300 und zivilrechtliche Haftung des Hausverwalters
33 Hammerl, Stefan, ÖNORM B 1300 und zivilrechtliche Haftung des Hausverwalters

Nach der ÖNORM ist die Ermittlung der Prüfroutinen in folgender Abbildung dargestellt:

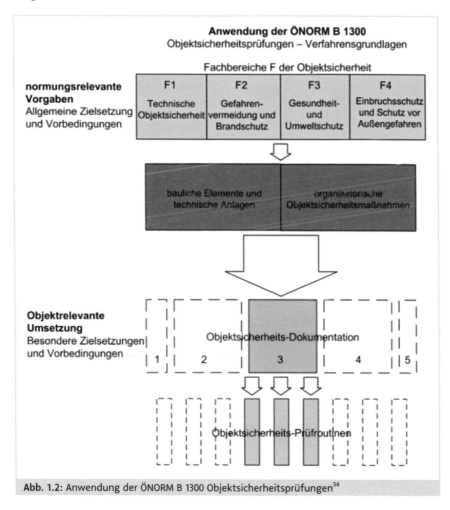

Abb. 1.2: Anwendung der ÖNORM B 1300 Objektsicherheitsprüfungen[34]

Die ÖNORM empfiehlt des Weiteren, dass die Sichtkontrollen samt zerstörungsfreier Begutachtung zumindest einmal pro Jahr durchgeführt werden. Wird bei einer solchen Begehung ein Schaden ersichtlich, ist dieser zu melden und binnen einer angemessenen Frist zu beheben. Bei sicherheitsgefährdenden Mängeln ist die Behebung des Mangels jedoch unverzüglich zu veranlassen.[35]

---

34 Hammerl, Stefan, ÖNORM B 1300 und zivilrechtliche Haftung des Hausverwalters
35 Schinnagl, Michaela, Leitende Juristin der Mietervereinigung Österreichs, ÖNORM B 1300 – Objektsicherheitsprüfungen für Wohngebäude

Die Rechtsprechung in Österreich unterstützt diese Auffassung[36]: »Das entspricht auch der Auffassung des obersten Gerichtshofes, siehe dazu die Entscheidung OGH, 1 Ob 39/08d.

Dabei kann den Hauseigentümer eine einmal erteilte Benützungsbewilligung nicht für allemal entschuldigen, sondern hat er die bauliche Sicherheit laufend zu überprüfen und die Baulichkeiten dem Ergebnis der Kontrolle entsprechend einwandfrei instand zu setzen und ganz allgemein den für die körperliche Sicherheit der Gäste – bzw. Bewohner – maßgeblichen, nach einschlägigen Gesetzen und anderen Vorschriften, aber auch nach dem jeweiligen Stand der Technik geltenden Mindeststandard durch ihm zumutbare Verbesserungsarbeiten einzuhalten. Dieser Mindeststandard ist herzustellen, sofern die Vorschriften die Sicherheitsanforderungen verschärfen.«[37]

Ergänzend wird in der Wiener Bauordnung § 128a, zuletzt geändert durch LGBl. 25/2014 am 15.7.2014 die Verpflichtung zur Führung eines Bauwerksbuchs eingeführt. Karner beschreibt dies in seinem Informationsschreiben wie folgt:[38]

»Der primäre Zweck des Bauwerksbuches ist, jene Bauteile zu erfassen, von denen bei Verschlechterung ihres Zustandes eine Gefährdung des Lebens oder der Gesundheit von Menschen ausgehen kann. Dies betrifft insbesondere Tragwerke, Fassaden, Dächer, Geländer und Brüstungen. Die Überprüfungen der relevanten Bauteile haben gemäß einem festgelegten Überprüfungszeitplan in Intervallen fristgerecht zu erfolgen. Die laufenden Überprüfungen müssen durch befugte und sachkundige Personen durchgeführt werden.«

In Wien ist das Bauwerksbuch spätestens zum Zeitpunkt der Erstattung der Fertigstellungsanzeige von Neu-, Zu- und Umbauten der Behörde vorzulegen. Ausgenommen sind Gebäude mit nicht mehr als zwei Hauptgeschossen sowie bestimmte Umbauten und Zubauten nach § 68 Abs. 1 und Aufzugsbauten.

Dies entspricht dem Vorgehen, nach Fertigstellung oder Übernahme eines Gebäudes vorab einen Gefahrstellenkatalog mit den notwendigen Prüf- und Überwachungspflichten zu erstellen.

---

36 Karner, Christian, Informationsschreiben Bauwerksbuch nach § 128a der Wiener Bauordnung und Objektsicherheitsüberprüfungen gemäß ÖNORM B b 1300
37 OGH, 1 Ob 39/08d zitiert in Karner, Christian
38 Karner, Christian, Informationsschreiben Bauwerksbuch nach § 128a der Wiener Bauordnung und Objektsicherheitsüberprüfungen gemäß ÖNORM B b 1300

Ein standardisierter Prüfkatalog von Prüfpunkten dient dabei als Grundlage für die regelmäßigen Sichtkontrollen.

In Deutschland ist abzuwarten, ob sich in der Umsetzung der Normierung für die Betreiberpflichten eine ähnliche Entwicklung abzeichnet.

1.1.6 Einordnung der Verkehrssicherungspflichten in die Betreiberpflichten

Die Betreiberverantwortung ist die Summe aller gesetzlichen/vertraglichen Betreiberpflichten des konkreten Einzelfalls und die daraus resultierende Verantwortlichkeit i. S. einer Haftungsübernahme für den Fall einer schuldhaften Pflichtverletzung.[39]

Die Betreiberverantwortung beschreibt eine Möglichkeit zur systematischen Wahrnehmung der Verantwortungsbereiche des Betreibens und zur planvollen Umsetzung der daraus abzuleitenden Maßnahmen. Es geht um die Rechtspflicht zum sicheren Betrieb einer Anlage, einer Gebäudeeinheit, einer sonstigen Gefahrenquelle oder eines Bereichs mit Nutzungsmöglichkeiten für die Öffentlichkeit (Publikumsverkehr). Kriterien wie

- die Stellung als Eigentümer,
- das Ausüben der tatsächlichen Sachherrschaft als Besitzer,
- die vertragliche Übernahme von Pflichten und
- die Umsetzung von behördlichen Auflagen

bestimmen den Grad und den Umfang der zu erfüllenden Pflichten.

Besonderheiten ergeben sich aus etwaig gegebenen Garantenstellungen. Der Inhaber eines Betriebes ist gem. § 130 OWiG garantengleich dazu verpflichtet durch seine gehörige Aufsicht und die Auswahl, Bestellung und Kontrolle von Aufsichtspersonen dafür zu sorgen, dass es in seinem Betrieb oder Unternehmen nicht zu Zuwiderhandlungen gegen Pflichten kommt. Jedem Arbeitgeber obliegt die Pflicht, sich in dem Maße um Sicherheits- und Schutzvorkehrungen zu bemühen, dass das bestmögliche Maß an Sicherheit für die Beschäftigten erreicht wird.

Bei der Sensibilisierung der jeweiligen Betreiberpflichten enthalten technische Regeln (s. z. B. VDI 3810 Betreiben und Instandhalten von Gebäuden und gebäudetechnischen Anlagen) die damit verbundenen Anforderungen an die Aufbau-

---

39 Schrammel et al.: Facility Management – Recht und Organisation, Kap. 2 Rn. 202

und Ablaufstrukturen. Die gesetzlichen und vertraglichen Möglichkeiten zur Delegation der dem Betreiber obliegenden Pflichten sind zu berücksichtigen, da andernfalls eine wirksame und hierdurch auch rechtsentlastende Pflichtenübertragung nicht möglich ist.

Der Betreiber ist verantwortlich dafür, dass

- die konkret gegebenen Gefährdungen erkannt werden,
- die damit verbundenen Schadeneintrittsrisiken identifiziert werden und
- die sich aus dem Sicherheitsgedanken ergebenden Ableitungen und Schlussfolgerungen umgesetzt werden.

Das bestimmungsgemäße, nachhaltige Betreiben von Gebäuden und der Anlagen der technischen Gebäudeausrüstung (TGA) ist für die Funktion und Sicherheit von Gebäuden und Liegenschaften erforderlich und trägt zur Gesundheit und zum Komfort der Menschen wesentlich bei. Für die Umsetzung der Anforderungen der Betreiberverantwortung ist es unerlässlich, sich die Rechtskenntnisse anzueignen, die die Einhaltung des sicheren, bestimmungsgemäßen Betreibens gesetzlich einfordert. Der rechtssichere Betrieb verlangt, dass durch Aufmerksamkeit Gefahrensituationen vorausschauend erkannt werden. Hierzu bedarf es fachkundiger und zuverlässiger Umsetzung durch Anwendung der Lösungsansätze, die erprobt, anerkannt und zielführend sind (anerkannte Regeln der Technik).[40]

---

40   VDI 3810 Blatt 1.1, September 2014

2 Grundlagen der Betreiberverantwortung nach VDI 3810

Das Betreiben und Instandhalten der Gebäude und der gebäudetechnischen Anlagen bedarf der Aufmerksamkeit und Fürsorge der Fachleute. Die Betreiberverantwortung ist die Verpflichtung zur Erfüllung der mit den Verantwortungsbereichen TGA und Gebäude verbundenen Sicherheitsanforderungen. Maßstab hierbei ist:

- Die Einhaltung der anerkannten Regeln der Technik (aRdT): Die aRdT sind vorrangig als statischer Blickwinkel auf die Sicherheitsanforderungen/Mindestanforderungen zu verstehen. Es handelt sich um das grundlegende Wissen der jeweiligen Fachkreise (Verkehrskreise). Die aRdT gelten als Fundament für die Erfüllung der Sicherheitserfordernisse und sind insbesondere Maßstab für die Mangelfreiheit einer Sache oder eines Werkes. Die aRdT sind Richtschnur für die Funktionstauglichkeit und Wirksamkeit.
- Die Erfahrungen der Fachleute: Hier handelt es sich um das gegenwärtige Wissen der Fachkreise. Damit ist ein dynamischer Blickwinkel bedingt. Die Fachleute beherrschen die aRdT und wissen um die darüber hinaus gehenden aktuellen Erkenntnisse, und zwar durch entsprechenden Erfahrungsaustausch (z. B. Fortbildung). Dieses fortschrittliche Wissen ergänzt und erhöht den Wissensstand. Dieses Wissen nimmt Einfluss auf die technischen Regelwerke.

2.1 Wahrnehmungsebene

Zu Beginn steht jeweils die Wahrnehmungsebene. Die Wahrnehmungsebene besteht aus

- dem Wissen der Verkehrskreise,
- den Rollenzuordnungen und
- den Verantwortungsbereichen.

Wissen der Verkehrskreise
Das Wissen der Verkehrskreise beschreibt die jeweilige Wissenslage in den Fachbereichen. Was ist mindestens zu wissen und fachlich zu berücksichtigen, damit das Niveau der anerkannten Regeln der Technik, also die Mindestanforderung, erreicht wird? Der Mindeststandard für die TGA-Gewerke sind den Blättern der Richtlinienreihe zu entnehmen.

Rollenzuordnungen
Die Rollenzuordnung dient der Verdeutlichung der jeweils relevanten Facette der Betreiberverantwortung. Es ist von großer Bedeutung, die Rollen einerseits

voneinander getrennt zu erkennen (z. B.: Was ist die Pflicht aus der Vermie-
terrolle, was ist die Pflicht aus der Mieterrolle?), andererseits können mehrere
Rollen nebeneinander bestehen (z. B. ist der Mieter eines Objekts Arbeitgeber
seiner Beschäftigten und Auftraggeber eines externen Dienstleisters und Versi-
cherungsnehmer eines Sachversicherers).

Verantwortungsbereiche

Die Wahrnehmung eines Verantwortungsbereichs steht in direkter Verbindung
zu einem Pflichtenkreis und der damit verbundenen Rollenzuordnung. Verantwortungsbereiche werden entweder durch Verträge bestimmt oder vom Gesetzgeber statuiert. Maßgebliche Bedeutung hat hierbei die Fürsorgepflicht aus
der Garantenstellung bei der Inhaberschaft einer betrieblichen Anlage.

2.2 Erfüllungsebene

Die nächsten Anforderungen erhebt die Erfüllungsebene. Die Erfüllungsebene
besteht aus
- den Anforderungen,
- den Möglichkeiten und
- den Pflichten.

Anforderungen

Die Anforderungen zur Erfüllung der Dokumentation (Nachweise) ergeben sich
aus vertraglichen Regelungen und/oder gesetzlichen Forderungen. Hierzu bedarf
es klarer Regelungen im Vertragswesen und im Beauftragtensystem sowie der Zuordnung von Lasten und Pflichten. Wie wichtig Dokumente sind, zeigt sich, wenn
Prüfungen anstehen oder Darlegungs- und Beweislasten zu erfüllen sind.

Möglichkeiten

Die Vermutungswirkung, die einer Beweisführung zu eigenen Gunsten gleich-
kommt, entfaltet sich nur bei einer Befolgung der technischen Regelwerke. Wird
hiervon abgewichen, obliegt die Beweislast dem Handelnden. Es besteht also
die Möglichkeit, den richtigen Weg zu gehen, und zwar durch Befolgung der
Regelwerke. Hierdurch wird der Handelnde grundsätzlich geschützt, auch wenn
die Vermutungswirkung im Einzelfall wiederlegt werden kann.

Pflichten

Nur bei Kenntnis der sich aus den Verträgen, den Beauftragungen und den Prüf-
vorschriften ergebenden Anforderungen ist ein rechtssicheres Betreiben und
Instandhalten möglich. Ohne Wissen um die Rechtspflichten und die sich daraus

ergebenden Umsetzungspflichten kann der Erfolg des rechtssicheren Betreibens nicht eintreten.

2.3 Nachweisebene

Abschließend befassen sich die einzelnen Blätter der Richtlinienreihe in ihrer gewerkebezogenen Umsetzung mit den Aspekten der Nachweisebene. Die Nachweisebene besteht aus

- dem Bestand,
- den Maßnahmen und
- der Fortschreibung.

Bestand

Die Basisanforderung an das Betreiben und Instandhalten ist die Kenntnis des Bestandes. Ohne den gesicherten Wissensstand zu bauseitigen und betrieblichen Gegebenheiten kann ein sicheres Betreiben und Instandhalten nicht gelingen. Der Abgleich zwischen dem Istsland des Gebaudes oder der Anlage/Einrichtung und dem geforderten Sollstand ist vorzunehmen, damit die sich daraus abzuleitenden Handlungspflichten erkannt werden.

Maßnahmen

Die sich aus der Befunderhebung zum Bestand ergebenden abgeleiteten Handlungspflichten sind zu werten und im Rahmen der zu besorgenden Schadenminderung/-vermeidung zu priorisieren und anzugehen. Der Gesetzgeber fordert ausdrücklich Handlungspflichten ein, die unverzüglich, also ohne schuldhaftes Zögern, zu erfüllen sind.

Fortschreibung

Die Fortschreibung dient weniger den Dokumentationszwecken. Sie ist vielmehr ein Instrument der kontinuierlichen Verbesserung. Das koordinierte P (Plan) – D (Do) – C (Check) – A (Act) hat sich hinreichend bewährt und darf als sicherer Weg zur Schaffung zusätzlicher Sicherheit angesehen werden. Die kontinuierliche Verbesserung dient allen Bereichen im Unternehmen. Ohne Fortbildung gibt es keine Verbesserung.

Es zeigt sich, dass die mit der Erfüllung der Anforderungen aus der Betreiberverantwortung resultierender Pflichten sehr umfangreich ist. Die Wahrnehmung der Betreiberverantwortung im Unternehmen ist vorrangig eine Leitungsaufgabe und bedarf der Implementierung durch die Leitungsebenen.

Handlungsebenen zur Erfüllung der Betreiberverantwortung		
Wahrnehmungsebene	**Erfüllungsebene**	**Nachweisebene**
Kenntnisstand über die bauseitigen, gebäudetechnischen, betrieblichen und organisatorischen Anforderungen, die für den sicheren Betrieb erforderlich sind	Wissensstand zu den Anforderungen der Verkehrskreise zu dem Regelbetrieb, zu geplanten Betriebsstörungen (z. B. Instandhaltungsmaßnahmen) und aus ungeplanten Betriebsstörungen (z. B. Notfälle)	Dokumentierter Bestand von Unterlagen, die von außen betrachtet bestätigen, dass die Erfordernisse der Wahrnehmungs- und Erfüllungsebene erbracht werden
Rechtliche Zuordnung der Verantwortungsbereiche aus der Stellung als Eigentümer, Besitzer, Arbeitgeber, Vermieter/Mieter, als Inhaber und als Behördenleitung	Umsetzung organisatorischer Maßnahmen (z. B. Unterweisung, Koordination) Kommunikationsleistungen mit anderen Verantwortungsbeteiligten (regelmäßiger Informationsabgleich)	Vorhandensein der Aufbaustrukturen zur systematischen Umsetzung der Organisationspflichten Darstellung der Handlungserfordernisse anhand praxistauglicher und tatsächlich gelebter Ablaufprozesse
Darstellung der Verantwortungsbereiche aus den erfolgten rechtlichen Zuordnungen (z. B. Arbeitsschutz, Brandschutz, Verkehrssicherungspflichten, Instandhaltungspflichten, Umweltschutzpflichten)	Einhaltung der gesetzlichen und vertraglichen Bestimmungen sowie Erfüllung der besonderen Anforderungen an Führungskräfte und Leitungsebene	Planung einer kontinuierlichen Verbesserung zur Optimierung der Sicherheitsleistungen

3 Betriebssicherheitsverordnung

3.1 Rechtliche Einordnung und Ablauf

Die Betriebssicherheitsverordnung ist in novellierter Form zum 1.6.2015 in Kraft getreten. Kernstück der Verordnung ist weiterhin die zu § 3 geregelte Gefährdungsbeurteilung. Hiernach hat der Arbeitgeber vor der Verwendung von Arbeitsmitteln die auftretenden Gefährdungen zu beurteilen und sich daraus ergebende notwendige und geeignete Schutzmaßnahmen abzuleiten. Die Bedeutung des Wortes »verwenden« ist in § 2 Abs. 2 der Verordnung geregelt:

»Die Verwendung von Arbeitsmitteln umfasst jegliche Tätigkeit mit diesen. Hierzu gehören insbesondere das Montieren und Installieren, Bedienen, An- oder Abschalten oder Einstellen, Gebrauchen, Betreiben, Instandhalten, Reinigen, Prüfen, Umbauen, Erproben, Demontieren, Transportieren und Überwachen.«

Als Arbeitsmittel gelten alle Werkzeuge, Geräte, Maschinen oder Anlagen, die für die Arbeit verwendet werden, sowie für überwachungsbedürftige Anlagen. Obwohl sich die Betriebssicherheitsverordnung als Arbeitsschutzverordnung zentral an den Arbeitgeber richtet, ist bei der Verwendung von überwachungsbedürftigen Anlagen auch derjenige dem Arbeitgeber gleichgestellt, der ohne eigene Beschäftigte zu gewerblichen oder wirtschaftlichen Zwecken eine überwachungsbedürftige Anlage verwendet. In der Begründung zur novellierten Betriebssicherheitsverordnung wird ausgeführt: »Verwender einer überwachungsbedürftigen Anlage im Sinne der BetrSichV ist, wer die tatsächliche oder rechtliche Möglichkeit hat, die notwendigen Entscheidungen im Hinblick auf die Sicherheit der Anlage zu treffen (vgl. VGH Bad. Württ. DVBl. 1988, 542, VG Gießen BVwZ 1991, 914). Auf die Eigentumsverhältnisse kommt es nicht an. So kann ein Pächter oder Mieter Verwender einer überwachungsbedürftigen Anlage sein.«

Der einzuhaltende technische Sorgfaltsmaßstab ergibt sich aus § 4 des Arbeitsschutzgesetzes. Hiernach sind der Stand der Technik, der Arbeitsmedizin und der Hygiene sowie sonstiger gesicherter arbeitswissenschaftlicher Erkenntnisse zu berücksichtigen.

Der Stand der Technik wird in § 2 der BetrSichV wie folgt definiert: »Stand der Technik ist der Entwicklungsstand fortschrittlicher Verfahren, Einrichtungen oder Betriebsweisen, der die praktische Eignung einer Maßnahme oder Vorgehensweise zum Schutz der Gesundheit und zur Sicherheit der Beschäftigten oder anderer Personen gesichert erscheinen lässt. Bei der Bestimmung des Stands der Technik sind insbesondere vergleichbare Verfahren, Einrichtungen oder Betriebsweisen heranzuziehen, die mit Erfolg in der Praxis erprobt worden sind.«

Demnach ist als zentrale Organisationspflicht zu erkennen, dass ein umfassendes, durchgängiges und zielführendes Risikomanagement betrieben wird.

Risikomündigkeit

Risiken sind zu erkennen, zu bewerten und sicherheitsorientiert zu beherrschen. Hierbei ist belegt, dass trotz energischen Bemühens um die Erreichung von Sicherheitsstandards unerwartete oder unvorhersehbare Geschehnisse und Handlungen zu Gefahrenlagen führen.

Die juristischen Haftungsprinzipien orientieren sich diesbezüglich an Kriterien wie
- der Möglichkeit zur Vermeidung des Schadeneintritts,
- der Möglichkeit zur Minderung des Schadenausmaßes,
- der Pflicht zur Einhaltung der gebotenen Sorgfalt,
- der gesteigerten Fürsorgepflicht des Betreibers aus dessen Garantenstellung,
- der anzuwendenden Fachkunde und der einzuhaltenden Zuverlässigkeit.

Hierdurch wird erreicht, dass im Rahmen des Möglichen und Zumutbaren auch Unvorhersehbares oder Unerwartetes auf das erträgliche Maß reduziert werden, das bei verständiger Würdigung durch die Fachkreise als akzeptabel/hinnehmbar zu erkennen ist.

Der Technik wohnt eine latente Gefährdung inne und diese gilt auch dann in einem Schadenfall als sozial adäquat, wenn die insoweit einzuhaltenden Sicherheitsvorgaben der jeweiligen Fachkreise dem Wesen und dem Sinne nach befolgt werden.

Existieren ausdrücklich benannte Verbote oder gilt eine Vorgehensweise als absehbar schadenprovozierend, sind haftungsrechtliche Konsequenzen die Folge fehlerhaften Handelns. Dies gilt auch dann, wenn der verantwortliche Betreiber selbst von dem Verbot oder der fachlichen Fehlverhaltensweise in Ermangelung eigener Kompetenz keine Kenntnis hatte. Die Betreiberverantwortung bringt es mit sich, dass die erforderlichen Kenntnisse aufgrund der jeweiligen Stellung im Organisationsgefüge oder im innerbetrieblichen Risikomanagement vorhanden sein müssen.

Rechtliche Anforderung an das sichere Betreiben			
	Sicherheit*	Gefährdung**	Gefahr***
zu beachtende Vorgabe	sorgfältiges Handeln/gehörige Aufsicht	gesteigerte Vorsicht/Berücksichtigung des Einzelfalles	Verbot
relevantes Verhalten	Prävention (Gefahrenabwehr durch fachkundiges und zuverlässiges Handeln)		Fehlverhalten (Vorsatz/Fahrlässigkeit) als Garant
	Basis: Anerkannte Regeln der Technik	Fortschritt: Stand der Technik	
rechtliche Würdigung	Schadenseintritt ist nicht zu erwarten	zumutbare Möglichkeit des Schadenseintritts als Zugeständnis an die Gefahren der Technik	Schadenseintritt ist zu erwarten

> * Sicherheit = Idealisierter Zustand der Freiheit von Unsicherheiten
> ** Gefähdung = potentielle Schadenquelle
> *** Gefahr = ohne geeignete Gegenmaßnahmen tritt absehbar ein Schaden ein

Abb. 3.1: Risikobegriff – rechtliche Anforderung an das sichere Betreiben

Der juristische und der technische Risikobegriff sind in weiten Teilen deckungsgleich. »Als Risiko wird von Ingenieuren wie Juristen übereinstimmend die Wahrscheinlichkeit eines Schadeneintritts bezeichnet, wobei die zu erwartende Eintrittshäufigkeit und der zu erwartende Schadensumfang gleichberechtigte Komponenten darstellen.«[41]

Daneben finden bei der juristischen Betrachtung aber auch die Sicherheit gefährdenden Aspekte der Unsicherheit Beachtung. Die Ungewissheit kann sich sowohl auf die Eintrittshäufigkeit, als auch den Schadensumfang beziehen. Das grundsätzliche Wissen um einen möglichen Schadeneintritt ist kaum oder nicht quantifizierbar. Die Abgrenzung zwischen einer Gefährdungslage und einer Gefahr erfolgt durch die Festlegung eines akzeptablen Grenzrisikos (vertretbares Risiko). Dieses Grenzrisiko ist der Tribut, den die Sozialgemeinschaft grundsätzlich für technische Anwendungen zu erbringen hat oder erst recht den fortschreitenden Neuerungen auf dem Gebiet der technischen Entwicklung entgegenzubringen hat. »Da sich Risiken im Allgemeinen nicht präzise quantitativ erfassen lassen, legt die Rechtsordnung das Grenzrisiko mittelbar fest, indem sie Angaben macht, unter welchen Bedingungen, insbesondere mit welchen Vorkehrungen ein technisches System gebaut und betrieben werden darf.«[42] Hieraus ergibt sich die Pflicht des Betreibers, das vertretbare Risiko festzulegen.

---

41 Prof. Dr. jur. Nicklisch, RWTÜV-Schriftenreihe, S. 9
42 Prof. Dr. jur. Nicklisch, RWTÜV-Schriftenreihe, S. 10

Grenzrisiko

Die Rechtswissenschaft und die Rechtsprechung haben sich stets sogenannter unbestimmter Rechtsbegriffe bedient. Hierdurch wird es ermöglicht, dass der Gesetzgeber einerseits auf fachliche Basisanforderungen der Verkehrskreise verweisen kann (z.B. anerkannte Regeln der Technik, die von den jeweiligen Fachkreisen aufgestellt werden und die das grundlegende und einleuchtende Wissen zur sicherheitsorientierten Gestaltung und Handhabung technischer Prozesse beschreiben), andererseits bieten die unbestimmten Rechtsbegriffe genügend Platz für die erforderliche Einzelfallgerechtigkeit, die bei der Berücksichtigung der unterschiedlichen Schadenursachen und -verläufe erforderlich ist.

Die unbestimmten Rechtsbegriffe sind Ausdruck des Respekts der Rechtsordnung vor dem Potenzial des technischen Fortschritts und den damit verbundenen Verkehrsauffassungen der technischen Fachkreise.

Der »Stand der Technik« ist ein unbestimmter Rechtsbegriff und stellt die technischen Möglichkeiten zu einem bestimmten Zeitpunkt, basierend auf gesicherten Erkenntnissen von Wissenschaft und Technik dar. Er findet sich in vielen Vorschriften und Verträgen und wird durch die Regelungen zur Rechtsförmlichkeit präzise definiert. Man bezeichnet damit Maßnahmen, die in ihrem Anforderungsgehalt zwischen den allgemein anerkannten Regeln der Technik und dem Stand von Wissenschaft und Technik liegen.[43]

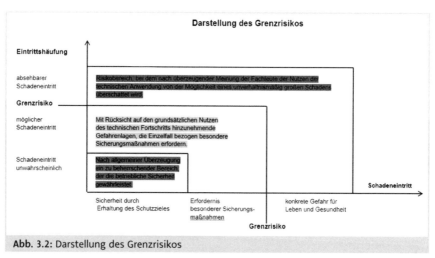

Abb. 3.2: Darstellung des Grenzrisikos

---

43   VDI Denkschrift Qualitätsmerkmal »Technische Sicherheit« zu 3.5.2

3.2 Gefährdungsbeurteilung

Die klare Trennung zwischen den Pflichten der Hersteller und der Arbeitgeber als Verwender von Arbeitsmitteln wird in der neuen BetrSichV betont. Die vom Arbeitgeber zur Verfügung gestellten Arbeitsmittel müssen hinsichtlich Sicherheit und Gesundheitsschutz dem Binnenmarktrecht entsprechen. Über die Gefährdungsbeurteilung werden ggf. zusätzliche Schutzmaßnahmen erforderlich. Die Bestandsschutzfrage, die bei älteren Arbeitsmitteln in der Vergangenheit immer wieder Schwierigkeiten bereitet hat, wird durch die Gefährdungsbeurteilung gelöst.

Die Gefährdungsbeurteilung ist regelmäßig zu wiederholen. Der Referentenentwurf sah hier einen Zeitraum alle zwei Jahre vor. Genaueres kann hier der Ausschuss für Betriebssicherheit (ABS) in den Technischen Regeln für Betriebssicherheit (TRBS) festlegen.

§ 3 BetrSichV 2015
Gefährdungsbeurteilung
(1) Der Arbeitgeber hat vor der Verwendung von Arbeitsmitteln die auftretenden Gefährdungen zu beurteilen (Gefährdungsbeurteilung) und daraus notwendige und geeignete Schutzmaßnahmen abzuleiten. Das Vorhandensein einer CE-Kennzeichnung am Arbeitsmittel entbindet nicht von der Pflicht zur Durchführung einer Gefährdungsbeurteilung. Für Aufzugsanlagen gilt Satz 1 nur, wenn sie von einem Arbeitgeber im Sinne des § 2 Absatz 3 Satz 1 verwendet werden.
(2) In die Beurteilung sind alle Gefährdungen einzubeziehen, die bei der Verwendung von Arbeitsmitteln ausgehen, und zwar von
1. den Arbeitsmitteln selbst,
2. der Arbeitsumgebung und
3. den Arbeitsgegenständen, an denen Tätigkeiten mit Arbeitsmitteln durchgeführt werden

Bei der Gefährdungsbeurteilung ist insbesondere Folgendes zu berücksichtigen:
1. die Gebrauchstauglichkeit von Arbeitsmitteln einschließlich der ergonomischen, alters- und alternsgerechten Gestaltung,
2. die sicherheitsrelevanten einschließlich der ergonomischen Zusammenhänge zwischen Arbeitsplatz, Arbeitsmittel, Arbeitsverfahren, Arbeitsorganisation, Arbeitsablauf, Arbeitszeit und Arbeitsaufgabe,
3. die physischen und psychischen Belastungen der Beschäftigten, die bei der Verwendung von Arbeitsmitteln auftreten,
4. vorhersehbare Betriebsstörungen und die Gefährdung bei Maßnahmen zu deren Beseitigung.

Der Arbeitgeber kann auf die Herstellerinformationen zurückgreifen, insofern sie für seinen Betrieb anwendbar sind. Unter dem Portal www.Gefaehrdungsbeurteilung.de der Bundesanstalt für Arbeitsschutz und Arbeitsmedizin (BAuA) werden Hilfestellungen zu Gefährdungsbeurteilungen und Checklisten gegeben.

Abb. 3.3: Portal Gefährdungsbeurteilung der Bundesanstalt für Arbeitsschutz und Arbeitsmedizin

Die neue Betriebssicherheitsverordnung legt viel Wert auf die Gefährdungsbeurteilung als Prozess. Deshalb ist bereits bei der Beschaffung eine Gefährdungsbeurteilung vorzunehmen – dies schützt auch vor Fehlbeschaffungen. Insbesondere sollten Geräte für den gewerblichen Einsatz geeignet sein (z. B. Staubsauger bei Reinigungsfirmen, Kaffeemaschinen in Kantinen u. Ä.)

§3(3) BetrSichV

Die Gefährdungsbeurteilung soll bereits vor der Auswahl und der Beschaffung der Arbeitsmittel begonnen werden. Dabei sind insbesondere die Eignung des Arbeitsmittels für die geplante Verwendung, die Arbeitsabläufe und die Arbeitsorganisation zu berücksichtigen. Die Gefährdungsbeurteilung darf nur von fachkundigen Personen durchgeführt werden. Verfügt der Arbeitgeber nicht selbst über die entsprechenden Kenntnisse, so hat er sich fachkundig beraten zu lassen.

Bereits bei der Beschaffung ist nach § 3 (3) die Gefährdungsbeurteilung mit zu berücksichtigen, damit nicht für den spezifischen Arbeitsplatz ungeeignete Arbeitsmittel (z. B. geeignet für den gewerblichen Einsatz) angeschafft werden. Dabei ist auch die vom Hersteller vorgegebene wiederkehrende Prüffrist zu beachten, damit diese z. B. bei günstigen Importen nicht von dem üblichen Stand der Technik abweicht.

> **§ 3(8) BetrSichV 2015**
> *Der Arbeitgeber hat das Ergebnis seiner Gefährdungsbeurteilung **vor** der erstmaligen Verwendung der Arbeitsmittel zu dokumentieren. Dabei sind mindestens anzugeben*
> 1. *die Gefährdungen, die bei der Verwendung der Arbeitsmittel auftreten,*
> 2. *die zu ergreifenden Schutzmaßnahmen,*
> 3. *wie die Anforderungen dieser Verordnung eingehalten werden, wenn von den nach § 21 Absatz 4 Nummer 1 bekannt gegebenen Regeln und Erkenntnissen abgewichen wird,*
> 4. *Art und Umfang der erforderlichen Prüfungen sowie die Fristen der wiederkehrenden Prüfungen (Absatz 6 Satz 1) und*
> 5. *das Ergebnis der Überprüfung der Wirksamkeit der Schutzmaßnahmen nach § 4 Absatz 5.*
> *Die Dokumentation kann auch in elektronischer Form vorgenommen werden.*

Im Ergebnis der Gefährdungsbeurteilung sind die maßgeblichen Gefährdungen, die Schutzmaßnahmen, Art und Umfang der wiederkehrenden Prüfungen sowie die Fristen zu dokumentieren. Abweichungen von den einschlägigen technischen Regeln (Stand der Technik) und Herstellervorgaben sind immer gesondert zu begründen.

3.3 Beispiel: Gefährdungsbeurteilung der Aufzugsanlage durch den Vermieter

Die BetrSichV konkretisiert den Adressatenkreis der verantwortlichen Personen für das sichere Betreiben und Verwenden von überwachungsbedürftigen Anlagen. Der Arbeitgeber hat nach den Anforderungen der arbeitsschutzrechtlichen Vorgaben eine Gefährdungsbeurteilung für die von den Beschäftigten verwendeten überwachungsbedürftigen Anlagen vorzuhalten und die sich aus der jeweiligen Beurteilung der gegebenen Gefährdungen abzuleitenden Maßnahmen wirksam umzusetzen.

Zwar wird in der neuen BetrSichV derjenige, der eine überwachungsbedürftige Anlage zu eigenen gewerblichen oder wirtschaftlichen Zwecken verwendet und dabei keine eigenen Angestellten hat, dem Arbeitgeber gleichgestellt, doch ist dies bezüglich der einzubringenden Pflichterfüllung des Betreibers einer Aufzugsanlage (ohne eigene Beschäftigte zu haben) differenziert zu sehen. Nach der arbeitsschutzrechtlichen Vorgabe hat der Arbeitgeber selbst eine Gefährdungsbeurteilung für jedwede Tätigkeit der Beschäftigten mit den zur Verfügung gestellten Arbeitsmitteln zu erstellen.

Bei der zu vermutenden bestimmungsgemäßen Nutzung von Aufzugsanlagen in reinen Wohngebäuden soll es für den Verwender (Definition siehe unten) genügen, wenn sich dieser wegen der Überschaubarkeit der möglichen Gefährdungsbeurteilungen einen Überblick anhand der Informationen des Herstellers, des Errichters oder des beauftragten Wartungsunternehmens verschafft. Diese auf den Regelbetrieb ausgerichtete Sorgfalt soll die Anforderungen der Verkehrssicherungspflichten im Hinblick auf die Schutzziele der Aufzugsnutzung erfüllen. Für Aufzugsanlagen ist mangels einer gesetzlichen Ermächtigungsgrundlage auch künftig keine Gefährdungsbeurteilung vorgeschrieben, soweit sie von Betreibern ohne Beschäftigte betrieben werden. Dies ist vertretbar, weil es sich dabei ganz überwiegend um Personenaufzüge handelt, die nach der EU-Aufzugsrichtlinie (RL 2014/33/EU) vom Hersteller ohnehin weitestgehend »schlüsselfertig« übergeben werden, sodass kaum Raum für zusätzliche Maßnahmen aufgrund einer Gefährdungsbeurteilung durch den Betreiber bleibt.[44]

Auch gilt nach der Begründung zur neuen BetrSichV, dass der Verwender einer überwachungsbedürftigen Anlagen i. S. der BetrSichV derjenige ist, der die Möglichkeit hat, durch tatsächliches Handeln oder rechtliche Einflussnahme die erforderlichen und notwendigen Entscheidungen und deren Umsetzung im Hinblick auf die Sicherheit der Anlage zu treffen oder zu veranlassen. Auf die Eigentumverhältnisse kommt es nicht an. So kann auch ein Pächter oder Mieter Verwender einer überwachungsbedürftigen Anlage sein. Maßgeblich ist hierbei die privatrechtliche Ausgestaltung des Verhältnisses zwischen dem Eigentümer der Betriebsanlagen und dem Nutzer. Ein Verpächter bleibt Verwender, wenn er allein über die sicherheitstechnischen Vorkehrungen entscheidet.[45]

Die BetrSichV regelt hinsichtlich der in Anhang 2 genannten überwachungsbedürftigen Anlagen, zu denen auch die Aufzugsanlagen zählen, zugleich auch Maßnahmen zum Schutz sogenannter anderer Personen, die sich durch das Verwenden der Aufzugsanlage in deren Gefahrenbereich befinden. Die erfolgte Gleichstellung des Anlagenbetreibers ohne eigene Beschäftigte mit ei-

---

44 Scheuermann/Schucht, Die neue Betriebssicherheitsverordnung, S. 28, Bundesanzeiger Verlag, Februar 2015
45 Amtliche Begründung zur neuen Betriebssicherheitsverordnung zu § 2

nem Anlagenbetreiber, der aus dem arbeitsschutzrechtlichen Verpflichtungen heraus eine Gefährdungsbeurteilung zu erstellen hat, ist gewollt. Hierdurch soll bewirkt werden, dass sich insbesondere die Eigentümer von Aufzugsanlagen in reinen Wohngebäuden ihrer eigenen Verantwortung bewusst werden und dementsprechend ihr Handeln auf die Einhaltung der Sorgfaltsvorgaben zum sicheren Betrieb ausrichten.

Dazu gehört, dass der Eigentümer belegbar eigenes Wissen darüber haben muss, dass die Nutzer den Aufzug bestimmungsgemäß verwenden. Dies kann durch eine entsprechende Regelung zwischen dem Eigentümer und dem Nutzer der Anlage rechtssicher gestaltet werden. Zumindest müssen jedoch Regelungen in der Hausordnung fixiert sein, die den Nutzern den bestimmungsgemäßen Betrieb und die damit verbundenen Einhaltungen aufzeigt und in der sich Regelungen für Störungen oder Notfallmaßnahmen finden.

Aus der BetrSichV 2015 leitet sich daher ab, dass nunmehr auch eine Gefährdungsbeurteilung für solche Aufzugsanlagen erstellt wird, bei der ausschließlich andere Personen (»Dritte« i. S. des § 34 I 1 ProdSG) gefährdet sind und die ausschließlich von Betreibern ohne Beschäftigte verwendet werden.[46]

3.4 Überwachungsbedürftige Anlagen nach BetrSichV

Die Betriebssicherheitsverordnung (§ 1 Abs. 1) legt fest, dass sie sowohl für Arbeitsmittel als auch für überwachungsbedürftige Anlagen im Sinne des § 2 Abs. 7 des Geräte- und Produktsicherheitsgesetzes gilt, soweit es sich um Druckanlagen handelt. Nach der Aufzählung der überwachungsbedürftigen Anlagen werden weitere Hinweise zu den einzelnen Gruppen der überwachungsbedürftigen Anlagen gegeben.

Hier der Wortlaut der Betriebssicherheitsverordnung zur Definition der überwachungsbedürftigen Anlagen:[47]

---

46 Scheuermann/Schucht, Die neue Betriebssicherheitsverordnung, S. 28, Bundesanzeiger Verlag, Februar 2015
47 Betriebssicherheitsverordnung § 1 Abs. 1

Aufzählung der überwachungsbedürftigen Anlagen nach der Betriebssicherheitsverordnung

1.

a) Dampfkesselanlagen,

b) Druckbehälteranlagen außer Dampfkessel,

c) Füllanlagen,

d) Leitungen unter innerem Überdruck für entzündliche, leicht entzündliche, hochentzündliche, ätzende, giftige oder sehr giftige Gase, Dämpfe oder Flüssigkeiten, die

aa) Druckgeräte (im Sinne des Artikels 1 der Richtlinie 97/23/EG des Europäischen Parlaments und des Rates vom 29. Mai 1997 zur Angleichung der Rechtsvorschriften der Mitgliedstaaten über Druckgeräte (ABl. EG Nr. L 181 S. 1) mit Ausnahme der Druckgeräte im Sinne des Artikels 3 Abs. 3 dieser Richtlinie),

bb) innerbetrieblich eingesetzte ortsbewegliche Druckgeräte (im Sinne des Artikels 1 Abs. 3 Nr. 3.19 der Richtlinie 97/23/EG) oder

cc) einfache Druckbehälter (im Sinne des Artikels 1 der Richtlinie 87/404/EWG des Rates vom 25. Juni 1987 zur Angleichung der Rechtsvorschriften der Mitgliedstaaten für einfache Druckbehälter (ABl. EG Nr. L 220 S. 48), geändert durch Richtlinie 90/488/EWG des Rates vom 17. September 1990 (ABl. EG Nr. L 270 S. 25) und Richtlinie 93/68/EWG des Rates vom 22. Juli 1993 (ABl. EG Nr. L 220 S. 1),) mit Ausnahme von einfachen Druckbehältern mit einem Druckinhaltsprodukt von nicht mehr als 50 bar Liter

sind oder beinhalten,

2. Aufzugsanlagen, die

a) Aufzüge im Sinne des Artikels 1 der Richtlinie 95/16/EG des Europäischen Parlaments und des Rates vom 29. Juni 1995 zur Angleichung der Rechtsvorschriften der Mitgliedstaaten über Aufzüge (ABl. EG Nr. L 213 S. 1),

b) Maschinen im Sinne des Anhangs IV Buchstabe A Nr. 16 der Richtlinie 98/37/EG des Europäischen Parlaments und des Rates vom 22. Juni 1998 zur Angleichung der Rechts- und Verwaltungsvorschriften der Mitgliedstaaten für Maschinen (ABl. EG Nr. L 207 S. 1), soweit die Anlagen ortsfest und dauerhaft montiert, installiert und betrieben werden, mit Ausnahme folgender Anlagen

aa) Schiffshebewerke,

bb) Geräte und Anlagen zur Regalbedienung,

cc) Fahrtreppen und Fahrsteige,

dd) Schrägbahnen, ausgenommen Schrägaufzüge,

ee) handbetriebene Aufzugsanlagen,

ff) Fördereinrichtungen, die mit Kranen fest verbunden und zur Beförderung der Kranführer bestimmt sind,

gg) versenkbare Steuerhäuser auf Binnenschiffen,

c) Personen-Umlaufaufzüge,

d) Bauaufzüge mit Personenbeförderung oder

e) Mühlen-Bremsfahrstühle

sind.

3.4.1 Aufzugsanlagen als überwachungsbedürftige Anlage

Bei den Aufzugsanlagen als überwachungsbedürftige Anlagen muss der Betreiber seit dem Inkrafttreten der Novellierung der Betriebssicherheitsverordnung zum 1. Juni 2015 folgende Punkte neu beachten:[48]

- Neue Aufzugsanlagen zur Personenbeförderung müssen vor Inbetriebnahme durch eine Zugelassene Überwachungsstelle (ZÜS) geprüft werden.
- Im Aufzug muss eine Prüfplakette angebracht sein, die über Monat und Jahr der nächsten Prüfung informiert.
- Spätestens alle zwei Jahre muss eine Hauptprüfung der Anlage durch eine ZÜS durchgeführt werden.
- Spätestens nach einem Jahr muss eine Zwischenprüfung durch eine ZÜS stattfinden.
- Spätestens bis Ende 2020 müssen alle Personenaufzüge mit einem Zweiwegekommunikationssystem ausgestattet sein.
- Jede Aufzugsanlage benötigt einen Notfallplan, der beim Notdienst der Anlage hinterlegt werden muss. Inhalt des Planes sind u. a. Angaben zum Standort der Anlage, zum verantwortlichen Arbeitgeber und zu den Personen, die Zugang zu allen Einrichtungen der Anlage haben, sowie eine Anleitung zur Notbefreiung und Angaben zu den Personen, die Eingeschlossene befreien können. Der Notfallplan ist bis zum 31.5.2016 zu erstellen und dem Notdienst zur Verfügung zu stellen. Gibt es keinen Notdienst, dann ist der Notfallplan in der Nähe der Aufzugsanlage anzubringen.
- Weiterhin, wie bisher nach TRBS 3121, ist durch eine beauftragte Person des Arbeitgebers, üblicherweise wöchentlich bis monatlich, der Aufzug auf sicheren Betrieb zu kontrollieren. Bei Verwendung eines Ferndiagnosesystems können o. g. Kontrollen teilweise oder vollständig durch das System übernommen werden. Bei Einsatz eines Ferndiagnosesystems muss nachgewiesen werden, welche Aufgaben durch das System oder im Rahmen der regelmäßigen Instandhaltung übernommen werden.
- Aufzugsanlagen, die vor dem 1.6.2015 befugt errichtet und verwendet wurden, dürfen weiter betrieben werden. Bis zum 31.12.2020 müssen diese Aufzugsanlagen den Anforderungen des Anhangs 1 Nr. 4.1 BetrSichV entsprechen.

Der Betreiber/Arbeitgeber nach BetrSichV hat eine oder mehrere Personen bzw. Dienstleister mit regelmäßigen Kontrollen des Aufzugs zu beauftragen. Dabei

---

48 26.05.2015 | Betriebssicherheitsverordnung 2015; Neue Pflichten für Aufzüge, www.haufe.de/arbeitsschutz

sind nach TRBS 3121[49] folgende Kontrollen in angemessenem Zeitabstand durchzuführen: Kontrolle, ob

- »die Zugänge zum Fahrschacht, zum Triebwerk und den dazugehörenden Schalteinrichtungen frei und sicher begehbar sind und im Triebwerksraum keine aufzugsfremden Gegenstände gelagert werden,
- der Fahrkorb nicht anfahren kann, solange eine Schachttür geöffnet ist,
- eine Schachttür sich nicht öffnen lässt, solange sich der Fahrkorb außerhalb der Entriegelungszone dieser Tür befindet,
- der Fahrkorb nicht anfahren kann, solange die Fahrkorbtür geöffnet ist,
- die für die Aufzugsanlage übliche Haltegenauigkeit in den einzelnen Haltestellen noch vorhanden ist,
- die Notrufeinrichtung funktioniert (soweit das Notrufsystem nicht eine automatische Selbstprüfung enthält) und die Hinweise zur Personenbefreiung an der Hauptzugangsstelle lesbar und aktuell sind,
- der Notbremsschalter bzw. der TÜR-AUF-Taster wirksam ist,
- bei Fahrkörben ohne Fahrkorbtüren die Schachtwand an den Zugangsseiten des Fahrkorbes nicht beschädigt ist,
- die Fahrkorbbeleuchtung funktionsfähig ist,
- Fahrkorbwände und -türen sowie Schachtwände und -türen nicht mechanisch beschädigt sind,
- die bestimmungsgemäße Benutzung bzw. der ordnungsgemäße Betrieb der Aufzugsanlage entsprechend den Herstellervorgaben stattfindet.

Es wird empfohlen, die durchgeführten Kontrollen und das Ergebnis zu dokumentieren.«

> **! Wichtig**
>
> Ab dem 20. April 2016 dürfen nur noch Aufzüge nach der neuen europäischen Aufzugsrichtlinie 2014/33/EU in Verkehr gebracht werden. Die alte Aufzugsrichtlinie 95/16/EG wird abgelöst. Nach der neuen Aufzugsrichtlinie 2014/33/EU sind alle Sicherheitsbauteile zur Nachverfolgung des Produzenten zu kennzeichnen.

Folgende Richtlinien sind neben der Betriebssicherheitsverordnung zu beachten:

- TRBS 1121 »Änderungen und wesentliche Veränderungen von Aufzugsanlagen«
- TRBS 1201 Teil 4 »Prüfung von überwachungsbedürftigen Anlagen; Prüfung von Aufzugsanlagen«
- TRBS 2181 »Schutz vor Gefährdungen beim Eingeschlossensein in Personenaufnahmemitteln«

---

49 TRBS 3121 »Betrieb von Aufzugsanlagen«, Ausschuss für Betriebssicherheit – ABS-Geschäftsführung – BAuA – www.baua.de

- TRBS 3121 »Betrieb von Aufzugsanlagen«
- DIN EN 12159 »Bauaufzüge zur Personen- und Materialbeförderung mit senkrecht geführten Fahrkörben«
- DIN EN 1808 »Sicherheitsanforderungen an hängende Personenaufnahmemittel – Berechnung, Standsicherheit, Bau – Prüfungen«
- DIN EN 81-20 »Sicherheitsregeln für die Konstruktion und den Einbau von Aufzügen – Aufzüge für den Personen- und Gütertransport – Teil 20: Personen- und Lastenaufzüge«
- DIN EN 81-21 »Sicherheitsregeln für die Konstruktion und den Einbau von Aufzügen – Aufzüge für den Personen- und Gütertransport – Teil 21: Personen- und Lastenaufzüge in bestehenden Gebäuden«
- DIN EN 81-22 »Sicherheitsregeln für die Konstruktion und den Einbau von Aufzügen – Aufzüge für den Personen- und Gütertransport – Teil 22: Elektrisch betriebene Aufzüge mit geneigter Fahrbahn«
- DIN EN 81-28 »Sicherheitsregeln für die Konstruktion und den Einbau von Aufzügen – Aufzüge für den Personen- und Gütertransport – Teil 28: Fern-Notruf für Personen- und Lastenaufzüge«
- DIN EN 81-31 »Sicherheitsregeln für die Konstruktion und den Einbau von Aufzügen – Aufzüge für den Gütertransport – Teil 31: Betretbare Güteraufzüge«
- DIN EN 81-40 »Sicherheitsregeln für die Konstruktion und den Einbau von Aufzügen – Spezielle Aufzüge für den Personen- und Gütertransport – Teil 40: Treppenschrägaufzüge und Plattformaufzüge mit geneigter Fahrbahn für Personen mit Behinderungen«
- DIN EN 81-41 »Sicherheitsregeln für die Konstruktion und den Einbau von Aufzügen – Spezielle Aufzüge für den Transport von Gütern – Teil 41: Senkrechte Plattformaufzüge bestimmt für den Einsatz von Personen mit eingeschränkter Beweglichkeit«
- DIN EN 81-43 »Sicherheitsregeln für die Konstruktion und den Einbau von Aufzügen – Besondere Aufzüge für den Transport von Personen und Gütern – Teil 20: Kranführeraufzüge«

Im Folgenden werden Hinweise zu den wiederkehrenden Prüfungen bei Aufzugsanlagen gegeben.

Wiederkehrende Prüfungen bei Aufzugsanlagen

Es muss geprüft werden, ob die Aufzugsanlage der Verordnung entspricht und sicher verwendet werden kann. Dies gilt z. B. für Personenaufzüge, Güteraufzüge oder Speiseaufzüge in Kantinen:

- wiederkehrende Prüfung der Aufzugsanlagen nach Anhang 2 Abschnitt 2
- Hauptprüfung durch ZÜS

- Prüffrist ist vom Betreiber auf Basis der Gefährdungsbeurteilung unter Berücksichtigung erforderlicher Instandhaltungsmaßnahmen festzulegen und durch die ZÜS zu überprüfen
- Maximalfrist: zwei Jahre
- Feststellung, ob benötigte technische Unterlagen inkl. Notfallplan vorhanden sind und die Notbefreiungsanleitung nachvollziehbar ist
- Feststellung, ob die Aufzugsanlage, einschließlich der elektrischen Anlage, der Verordnung entspricht und sicher verwendet werden kann
- Kleben der Prüfplakette nach BetrSichV für die Hauptprüfung
- Zwischenprüfung durch ZÜS in der Mitte zwischen zwei Hauptprüfungen durchzuführen

Typische Punkte, die z. B. auftreten können, hat z. B. Geisendorf[50] in seinem Artikel »Neuralgische Punkte bei Aufzügen« beschrieben: »Durchgerostete Böden. Rostige Tragseile, die ihre Führungsrollen zersägt haben. Trockene Öle für noch trockenere Führungsschienen. Staubschichten in den Schächten, als perfekte Brandursache in spe. Die bemerkt aber keiner, weil auf 20 Metern die Schachtbeleuchtung ausgefallen ist.« Eine externe herstellerunabhängige Beratung[51] zur Optimierung der Wartungsverträge bei Aufzügen kann sich aufgrund der komplexen Materie lohnen, um Optimierungspotenziale zu erschließen. Die Oberfinanzdirektion Hannover[52] und das Krankenhaus Regional Hannover[53] haben sich z. B. unabhängig beraten lassen.

3.4.2 Überwachungsbedürftige Anlagen in explosionsgefährdeten Bereichen

Überwachungsbedürftige Anlagen in explosionsgefährdeten Bereichen – nach Betriebssicherheitsverordnung

»3. Anlagen in explosionsgefährdeten Bereichen, die Geräte, Schutzsysteme oder Sicherheits-, Kontroll- oder Regelvorrichtungen im Sinne des Artikels 1 der Richtlinie 94/9/EG des Europäischen Parlaments und des Rates vom 23. März 1994 zur Angleichung der Rechtsvorschriften der Mitgliedstaaten für Geräte und Schutzsysteme zur bestimmungsgemäßen Verwendung in explosionsgefährdeten Bereichen (ABl. EG Nr. L 100 S. 1) sind oder beinhalten, und

---

50 Geisendorf, Nicklas, Aufzüge, Neuralgische Punkte, in kma, Gesundheitswirtschaftssystem, Februar 2013.
51 www.aufzugsberater.com
52 Pilotprojekt »Wartungsausschreibung Aufzugs-, Heizungs-, Lüftungs- und Kälteanlagen« für das Land Niedersachsen, Pilotprojekt 2005–2007, www.i-mf.de
53 s. Fußnote 13

4. a) Lageranlagen mit einem Gesamtrauminhalt von mehr als 10 000 Litern,

b) Füllstellen mit einer Umschlagkapazität von mehr als 1 000 Litern je Stunde,

c) Tankstellen und Flugfeldbetankungsanlagen sowie

d) Entleerstellen mit einer Umschlagkapazität von mehr als 1 000 Litern je Stunde,

soweit entzündliche, leicht entzündliche oder hochentzündliche Flüssigkeiten gelagert oder abgefüllt werden.

Diese Verordnung gilt ferner für Einrichtungen, die für den sicheren Betrieb der in Satz 1 genannten Anlagen erforderlich sind. Die Vorschriften des Abschnitts 2 finden auf die in den Sätzen 1 und 2 genannten Anlagen und Einrichtungen nur Anwendung, soweit diese von einem Arbeitgeber bereitgestellt und von Beschäftigten bei der Arbeit benutzt werden.

(3) Die Vorschriften des Abschnitts 3 dieser Verordnung gelten nicht für Füllanlagen, die Energieanlagen im Sinne des § 2 Abs. 2 des Energiewirtschaftsgesetzes sind und auf dem Betriebsgelände von Unternehmen der öffentlichen Gasversorgung von diesen errichtet und betrieben werden ...«[54]

Folgende Prüfpflichten sind für Anlagen in explosionsgefährdenden Bereichen zu beachten:

- Definition der Anlagen in explosionsgefährdenden Bereichen: Gesamtheit der explosionsschutzrelevanten Arbeitsmittel einschließlich der Verbindungselemente und der explosionsschutzrelevanten Gebäudeteile
- Anlagen zur Lagerung (ab 10.000 Liter) und Abfüllung (ab 1.000 Liter/Stunde) von entzündlichen, leicht entzündlichen oder hoch entzündlichen Flüssigkeiten und Flugfeldbetankungsanlagen
- Prüfung von Arbeitsmitteln und technischen Maßnahmen in explosionsgefährdeten Bereichen (Ex-Bereiche nach § 2 Absatz 14 der GefahrstoffV)
- Prüfung der Wirksamkeit und Funktion der technischen Schutzmaßnahmen, die auf Basis der BetrSichV und der GefahrstoffV getroffen wurden durch zur Prüfung befähigte Personen (bP):
  - bP (A): zur Prüfung von Geräten, Schutzsystemen, Sicherheits-, Kontroll- und Regelvorrichtungen
  - bP (B): zur Prüfung der Ex-Anlagen
  - bP (C): zur Prüfung bei Ex-Instandsetzung
- Prüfzuständigkeiten vor Inbetriebnahme, prüfpflichtiger Änderung, Instandsetzung:
  - ZÜS-Prüfung: alle erlaubnisbedürftigen Gasfüllanlagen, Lageranlagen, Füllstellen, Tankstellen und Betankungsanlagen
  - bP (B): Prüfung der sonstigen Ex-Anlagen
  - bP (C): Prüfung nach Ex-Instandsetzung

---

54 Betriebssicherheitsverordnung § 1 Abs. 1 Nr. 3

- Wiederkehrende Prüfungen von Anlagen in explosionsgefährdeten Bereichen nach Anhang 2 Abschnitt 3 der BetrSichV:
  1. Anlagenprüfung
     - Mindestens alle sechs Jahre; Prüfzuständigkeit nach Prüfung vor Inbetriebnahme
     - Ex – Dokument und Zoneneinteilung sind zu berücksichtigen
     - Prüfung der Unterlagen und technische Prüfungen
     - Prüfung der Wirksamkeit technischer/organisatorischer Schutzmaßnahmen
     - Feststellung, ob Prüfungen gemäß 2 und 3 vollständig durchgeführt sind bzw. das Instandhaltungskonzept gemäß 4 wirksam ist
     - Einhaltung der Maßnahmen zum Brandschutz bei ZÜS-prüfpflichtigen Anlagen
  2. Geräte, Schutzsysteme, Sicherheits-, Kontroll- und Regeleinrichtungen
     - zusätzlich zur Anlagenprüfung mindestens alle drei Jahre Prüfung durch bP (A)
  3. Lüftungsanlagen, Gaswarn- und Inertisierungseinrichtungen
     - zusätzlich zur Anlagenprüfung jährliche Prüfung durch bP (A)
  4. Verzicht auf 2, 3 auf Basis eines Instandhaltungskonzepts; Wirksamkeit im Rahmen der Anlagenprüfung zu bewerten

Im Überblick sind dabei für Druckgeräte folgende grundsätzlichen Prüfregelungen[55] zu beachten:

3.4.3 Prüfregelungen für Druckgeräte (Dampfkessel, Druckbehälter, Rohrleitungen unter innerem Überdruck), z. B. Druckanlagen in Heizungsanlagen, Fernwärmeanlagen u. a.

Druckanlagen sind Dampfkesselanlagen, Druckbehälteranlagen, Füllanlagen sowie Rohrleitungsanlagen für bestimmte Fluide und setzen sich aus einzelnen Anlagenteilen zusammen. Anlagenteile von Druckanlagen sind

- Druckgeräte im Sinne der Druckgeräterichtlinie (Druckbehälter, Dampf- oder Heißwassererzeuger, Rohrleitungen für bestimmte Fluide),
- einfache Druckbehälter im Sinne der Richtlinie über einfache Druckgeräte und
- ortsbewegliche Druckgeräte im Sinne der Richtlinie über ortsbewegliche Druckgeräte.

---

55 BAuA-Fachveranstaltung zur neuen Betriebssicherheitsverordnung am 18.03.2015, Prüfungen nach BetrSichV, Dr. G Schuler, Ludwigshafen

Den Anlagenteilen sind die sicherheitstechnisch erforderlichen Ausrüstungsteile zugeordnet. Eine Druckanlage kann auch aus einem einzigen Anlagenteil bestehen.

Die Prüfzuständigen sind in tabellarischer Form im Anhang 2 Anhang 4 der BetrSichV Tabelle 2: Prüfungen von Druckbehältern für Gase, Dämpfe und überhitzte Flüssigkeiten der Fluidgruppe 1 geregelt.

Wiederkehrende Prüfungen von Druckanlagen nach Anhang 2 Abschnitt 4:
- max. Prüffrist zehn Jahre
- Prüfung durch eine zugelassene Überwachungsstelle (ZÜS) oder
- Prüfung durch eine befähigte Person (bP), wenn alle Anlagenteile durch eine bP geprüft werden können
- wiederkehrende Prüfung der Anlagenteile
- äußere Prüfungen, innere Prüfungen, Druckprüfungen
- Prüfzuständigkeit ZÜS/bP gemäß Tabellen 2 bis 11 max. Prüffrist bei Prüfzuständigkeit ZÜS: gemäß Tabelle 1 max. Prüffrist bei Prüfzuständigkeit bP: 10 Jahre; Festigkeitsprüfung 15 Jahre, wenn sicherer Betrieb im Rahmen der äußeren/inneren Prüfung nachgewiesen werden kann

Die Ermittlung der Prüffrist bei der erstmaligen Prüfung vor Inbetriebnahme nach § 15 BetrSichV zu erfolgen. Dabei ist auch das Vorhandensein der notwendigen technischen Dokumentation vom Hersteller/Errichter zu prüfen.
- Die äußere Prüfung kann entfallen bei Druckbehältern, die nicht feuer-, abgas- oder elektrisch beheizt sind und einfachen Druckbehältern.
- Innere Prüfungen können entfallen bei Rohrleitungen.
- Bei einem von einer ZÜS geprüften Prüfkonzept können die inneren und äußeren Prüfungen durch andere Verfahren sowie die Druckprüfung durch zerstörungsfreie Verfahren ersetzt werden.

Darüber hinaus sind in Punkt 6 des Abschnitts 4, Anhang 2 BetrSichV Sonderregelungen für bestimmte Anlagenteile zusammengefasst. Neu sind z. B. Prüfanforderungen für:
- Flaschen für Atemschutzgeräte
- verwendungsfertige Druckanlagen und Druckgeräte in verwendungsfertigen Maschinen
- ortsbewegliche Druckgeräte

Im Land Brandenburg wurde im Tätigkeitsbericht der Behörden für Arbeitsschutz und technische Sicherheit zum Beispiel ein Schaden nach § 18 Betriebssicherheitsverordnung an einem Ausdehnungsgefäß in einer Heizungsanlage angezeigt:[56]

Bersten eines Membran-Ausdehnungs-Gefäßes (MAG)
Justine Nittka, LAGuS M-V Dezernat 501

Membran-Ausdehnungsgefäße (MAG) gehören zu den Sicherheitsausrüstungen von Heizungsanlagen. Sie ermöglichen die gefahrlose Ausdehnung des Wassers beim Erwärmen im System …

Alle Ausdehnungsgefäße der Kategorien I bis IV (sofern sie nicht zum Beispiel in Maschinen eingebaut sind und daher nicht unter den Ausschluss der Anwendung der Druckgeräterichtlinie fallen) sind überwachungsbedürftig und unterliegen besonderen Prüfpflichten nach der Betriebssicherheitsverordnung …

Neben den wiederkehrenden Prüfungen muss die Heizungsanlage entsprechend den Festlegungen des Herstellers und des Errichters regelmäßig gewartet werden. Gegenstand der jährlich durchzuführenden Wartung ist auch die Kontrolle des Materialzustandes und der Dichtheit der Membran des Ausdehnungsgefäßes.

Im Jahr 2011 ereignete sich im Aufsichtsbereich Schwerin ein schwerer Arbeitsunfall durch das Bersten eines Membran-Ausdehnungsgefäßes. Das Bersten des Gefäßes wurde durch einen unsachgemäßen Füllvorgang verursacht.

Ein Heizungsmonteur, der sich zu diesem Zeitpunkt vor dem Gefäß befand, wurde dabei am Kopf und im Gesicht durch ein wegfliegendes Teil des Membran-Ausdehnungsgefäßes erheblich verletzt.

Bei der Untersuchung des Vorfalles stellte sich heraus, das die notwendige vollständige Entleerung des Membran-Ausdehnungsgefäßes aufgrund der Einbausituation nicht möglich war, ein defektes Reifendruckmessgerät zur Überwachung des Füllvorganges verwendet wurde und eine Stickstoffflasche mit 300 bar sowie ein zu hoch eingestelltes Druckminderventil zum Füllen des Gefäßes zum Einsatz kamen. Dadurch bestand während des Füllvorganges kein Überblick über die tatsächlichen Druckverhältnisse im Ausdehnungsgefäß. In der Folge kam es wegen einer beträchtlichen Überschreitung des zulässigen Betriebsdruckes zum Bersten des Gefäßes an der Falznaht.

Nach dem Unfall ließ der Betreiber die Heizungsanlage sofort mit einem neuen Membran-Ausdehnungs-Gefäß fachgerecht nachrüsten. Die vollständige wasserseitige Entleerung des Ausdehnungsgefäßes vor Wartungsarbeiten kann nun ohne Einschränkung erfolgen.

Der Betreiber wurde aufgefordert, auf der Grundlage der Angaben des Herstellers gemeinsam mit dem Fachbetrieb und der von ihm in schriftlicher Form erstellten Gefährdungsbeurteilung, den Prüf- und Wartungsumfang der Anlage festzulegen und detailliert in einem Wartungsvertrag zu regeln.

---

56 Tätigkeitsbericht 2011 der Behörden für Arbeitsschutz und technische Sicherheit, Herausgeber: Ministerium für Arbeit, Gleichstellung und Soziales Mecklenburg-Vorpommern, Schwerin

Der Fachbetrieb wurde aufgefordert, die Arbeitsaufgaben für Montage- und Instandhaltungsleistungen auf der Grundlage von Gefährdungsbeurteilungen unter anderem entsprechend der Technischen Regel für Betriebssicherheit (TRBS) 1112 eindeutig festzulegen und nur geeignete, geprüfte und zugelassene Arbeitsmittel zur Verfügung zu stellen.

Aus dem Arbeitsunfall abzuleitende Schlussfolgerungen:

1. Für die Tätigkeiten des Heizungsfachbetriebes, wie im vorliegenden Fall, ist entsprechend der Technischen Regel für Betriebssicherheit (TRBS) 1112 Punkt 4 »Instandhaltung« eine Gefährdungsbeurteilung vorzunehmen. Es sind Maßnahmen festzulegen, wie vorhandene Gefährdungen möglichst beseitigt werden können. Die Durchführung der Arbeiten ist durch die Monteure entsprechend TRBS 1112 Punkt 5 »Instandhaltung« vorzunehmen.

2. Werkzeuge, Messgeräte und Vorrichtungen sind der Arbeitsaufgabe entsprechend auszuwählen und regelmäßig auf Funktionsfähigkeit zu prüfen.

3. Eine fachspezifische Unterweisung und Belehrungen der Monteure anhand praktischer Beispiele und die Auswertung bekanntgewordener Unfälle hat regelmäßig, mindestens jedoch einmal jährlich zu erfolgen.

Anlagensicherheitsreport zu überwachungsbedürftigen Anlagen und Aufzugsanlagen

Im Anlagensicherheitsreport 2016, herausgegeben vom Verband der TÜV e. V. (VdTÜV) in Berlin, wurden im Jahr 2014 nur rund 508.000 Aufzugsanlagen von den Betreibern zur Prüfung angemeldet. Vermutetet wird, dass die Gesamtzahl der überwachungspflichtigen Aufzüge ca. 600.000 beträgt:[57] »Die Prüfungen im Jahr 2014 zeigten, dass nicht einmal die Hälfte (46,66 Prozent) der Aufzugsanlagen mängelfrei waren. 38,85 Prozent wiesen geringfügige Mängel auf, an 13,82 Prozent der Aufzüge stellten die ZÜS-Prüfer sicherheitserhebliche Mängel fest, die einer Nachprüfung unterzogen werden mussten. Der Anteil der Aufzüge mit gefährlichen Mängeln liegt bei 0,66 Prozent. In absoluten Zahlen ausgedrückt: Gut 3.300 – der geprüften – Aufzugsanlagen mussten 2014 sofort stillgelegt werden, weil sie eine akute Gefahr für die Benutzer darstellten …«

Der VdTÜV begrüßt die Einführung der Betriebssicherheitsverordnung: »Bei den nicht geprüften Aufzügen muss von einem höheren Anteil gefährlicher Anlagen ausgegangen werden. Allerdings erwarten die Experten hier eine Verbesserung durch die Neufassung der Betriebssicherheitsverordnung, die am 1. Juni 2015 in Kraft tritt. Sie sieht künftig das verbindliche Anbringen einer Prüfplakette für Aufzüge vor, ähnlich wie bei der Hauptuntersuchung von Kraftfahrzeugen. Zudem ist künftig wieder eine Prüfung bei Inbetriebnahme des Aufzugs

---

57   Unabhängige Prüfungen sorgen für Sicherheit/VdTÜV stellt Anlagensicherheits-Report 2015 vor, PM vom 23. April 2015, www.Vdtuev.de

vorgeschrieben, was die Transparenz über Anzahl und Standorte der Anlagen erhöhen wird und betriebliche Mängel frühzeitig aufdecken wird.«

Durch den Anlagensicherheitsreport wird belegt, dass die Prüfungen nach Betriebssicherheitsverordnung für Aufzugsanlagen eine notwendige Sicherheitsvorsorge darstellen.

Anlagen in explosionsgefährdeten Bereichen

Im Anlagensicherheitsreport 2015, herausgegeben vom Verband der TÜV e. V. (VdTÜV) in Berlin, wurden die Prüfungen aus dem Jahr 2014 auch für Druckanlagen und Anlagen in explosionsgefährdeten Bereichen ausgewertet. Lt. Pressemitteilung des VdTÜV ergaben sich die folgenden Ergebnisse bei der Überprüfung der überwachungsbedürftigen Anlagen[58]:

»Die Ergebnisse der Prüfungen von Druckanlagen und von Anlagen in explosionsgefährdeten Bereichen sprechen für das hohe Sicherheitsniveau deutscher Industriestandorte. So waren 79,14 Prozent aller geprüften Druckanlagen und 77,05 Prozent aller Dampfkesselanlagen mängelfrei, die Quote der erheblichen Mängel lag bei beiden Anlagentypen bei rund 4 Prozent. Auch Anlagen, bei denen der Explosionsschutz im Vordergrund steht (z. B. Treibstofflager) weisen ein sehr hohes Sicherheitsniveau auf. Insgesamt 80,92 Prozent der Lageranlagen, 73,36 Prozent der Füll- und Entleerstellen sowie 53,78 Prozent der Tankstellen waren komplett mängelfrei. Dennoch treten auch bei diesen Anlagen Mängel auf, die durch die regelmäßigen Prüfintervalle frühzeitig erkannt werden – noch bevor sie eine Gefahr für die Gesellschaft darstellen. Das ist vor allem deshalb von Bedeutung, weil Mängel bei diesen Anlagen zu immensen Schäden führen können.«[59]

Der Anlagensicherheitsreport wird jährlich vom VdTÜV herausgegeben und gibt einen guten Überblick über die Prüferfordernis bei überwachungsbedürftigen Anlagen nach BetrSichV. Gleichzeitig kann er als Benchmark für die die Prüfungen der eigenen Anlagen als Arbeitgeber/Betreiber dienen.

Betreiber überwachungsbedürftiger Anlagen, die nicht Arbeitgeber sind, werden in der BetrSichV hinsichtlich Ihrer Pflichten den Arbeitgebern gleichgestellt, wenn der Betrieb gewerblichen oder wirtschaftlichen Zwecken dient.

---

58 Unabhängige Prüfungen sorgen für Sicherheit/VdTÜV stellt Anlagensicherheits-Report 2015 vor, PM vom 23. April 2015, www.Vdtuev.de

59 Unabhängige Prüfungen sorgen für Sicherheit/VdTÜV stellt Anlagensicherheits-Report 2015 vor, PM vom 23. April 2015, www.Vdtuev.de

3.5 Dokumentationspflichten nach der Betriebssicherheitsverordnung

Die Gefährdungsbeurteilung wird als Regelinstrument auch für die überwachungsbedürftigen Anlagen eingeführt und soll regelmäßig überprüft werden. Der ursprüngliche Referentenentwurf ging hier von einem Regelzeitraum von zwei Jahren aus. Näheres kann der zuständige Ausschuss für Betriebssicherheit beim Bundesministerium für Arbeit und Soziales bestimmen. Dieser Ausschuss soll nach § 21 BetrSichV aus fachkundigen Vertretern der Arbeitgeber, der Gewerkschaften, der Länderbehörden, der gesetzlichen Unfallversicherung und der zugelassenen Überwachungsstellen sowie aus weiteren fachkundigen Personen, insbesondere aus der Wissenschaft, bestehen.

Dokumentationspflichten Arbeitsmittel

Arbeitsmittel sind alle sonstigen Mittel, die bei der Arbeit verwendet werden und die nicht überwachungsbedürftige Anlagen sind. Im Dialog des KomNet Wissensportals des Landesinstituts für Arbeitsgestaltung des Landes Nordrhein-Westfalen (LIA.NRW) werden Arbeitsmittel zusammenfassend wie folgt beschrieben: »Nach § 2 Abs. 1 der Betriebssicherheitsverordnung (BetrSichV) sind Arbeitsmittel Werkzeuge, Geräte, Maschinen oder Anlagen, d. h. alle Gegenstände, die von Beschäftigten bei der Arbeit benutzt werden. Hierzu gehören einfache Handgeräte, z. B. ein Hammer oder eine Bohrmaschine, ebenso wie eine komplexe verfahrenstechnische Anlage, z. B. eine Fertigungsstraße ... Nach LASi-Leitlinie zur BetrSichV – LV 35 Nr. A 2.1. sind Stühle und Tische sowie Regale, die bei der Arbeit von Beschäftigten benutzt werden, sowohl als Arbeitsmittel im Sinne der BetrSichV wie auch als Einrichtung im Sinne der Arbeitsstättenverordnung anzusehen.«[60]

> **§ 14 BetrSichV**
>
> *(7) Der Arbeitgeber hat dafür zu sorgen, dass das Ergebnis der Prüfung nach den Absätzen 1 bis 4 aufgezeichnet und mindestens bis zur nächsten Prüfung aufbewahrt wird. Dabei hat er dafür zu sorgen, dass die Aufzeichnungen nach Satz 1 mindestens Auskunft geben über:*
>
> *1. Art der Prüfung,*
>
> *2. Prüfumfang und*
>
> *3. Ergebnis der Prüfung.*

---

60 http://komnet.nrw.de/ccnxtg/frame/ccnxtg/danz?lid=DE&did=2331 v. 3.5.2016, KomNet-Wissensdatebank, Anbieter: Landesinstitut für Arbeitsgestaltung des Landes Nordrhein-Westfalen (LIA.NRW), Dialog Nr. 2331, Stand 5.8.2015

Aufzeichnungen können auch in elektronischer Form aufbewahrt werden. Werden Arbeitsmittel nach den Absätzen 1 und 2 sowie Anhang 3 an unterschiedlichen Betriebsorten verwendet, ist ein Nachweis über die Durchführung der letzten Prüfung vorzuhalten.

Gemäß § 17 BetrSichV müssen zukünftig alle Prüfaufzeichnungen und Prüfbescheinigungen für überwachungsbedürftige Anlagen während der gesamten Verwendungsdauer aufbewahrt werden, für nicht überwachungsbedürftige Arbeitsmittel nach § 14 BetrSichV mindestens bis zur nächsten Prüfung.

Dokumentationspflichten bei überwachungsbedürftigen Anlagen

§ 17 Prüfaufzeichnungen und -bescheinigungen

(1) Der Arbeitgeber hat dafür zu sorgen, dass das Ergebnis der Prüfung nach den §§ 15 und 16 aufgezeichnet wird. Sofern die Prüfung von einer zugelassenen Überwachungsstelle durchzuführen ist, ist von dieser eine Prüfbescheinigung über das Ergebnis der Prüfung zu fordern. Aufzeichnungen und Prüfbescheinigungen müssen mindestens Auskunft geben über

1. *Anlagenidentifikation,*
2. *Prüfdatum,*
3. *Art der Prüfung,*
4. *Prüfungsgrundlagen,*
5. *Prüfumfang,*
6. *Wirksamkeit und Funktion der getroffenen Schutzmaßnahmen,*
7. *Ergebnis der Prüfung und*
8. *Frist bis zur nächsten wiederkehrenden Prüfung nach § 16 Absatz 2.*

Aufzeichnungen und Prüfbescheinigungen sind während der gesamten Verwendungsdauer am Betriebsort der überwachungsbedürftigen Anlage aufzubewahren und der zuständigen Behörde auf Verlangen vorzulegen. Sie können auch in elektronischer Form aufbewahrt werden.

Aufzeichnungen über Prüfungen sind künftig auch in elektronischer Form möglich. Prüfaufzeichnungen können bei der jeweiligen Anlage auch in elektronischer Form vorgehalten werden. Damit wird einer Forderung des Normenkontrollrats (NKR) Rechnung getragen.

Die Kosten für die Aufzeichnungspflichten nach der BetrSichV 2002 wurden von der Wirtschaft gegenüber dem NKR aktuell mit 21,5 Mio. Euro jährlich angegeben, obwohl diese Berechnung nur die 2,15 Mio. überwachungsbedürftige Anlagen (Quelle: Auswertungen der Prüftätigkeiten Zugelassener Überwachungsstellen – ZÜS) berücksichtigt. Die tatsächliche Entlastung wird also erheblich umfassender ausfallen.

4 Trinkwasserverordnung

4.1 Grundlegendes

Trinkwasser ist ein Lebensmittel. In § 4 Abs. 1 der Trinkwasserverordnung wird gefordert, dass derjenige, der Wasser abgibt, dafür zu sorgen hat, dass das Wasser genusstauglich und rein sowie frei von krankheitserregenden Keimen sein muss. Die Versorgung mit Wasser ist eine Pflicht der Daseinsvorsorge. Verantwortlich sind vornehmlich die Städte und Gemeinden. Die Pflichtaufgabe kann in öffentlich-rechtlicher Form oder durch Übertragung auf privatrechtlich organisierte Unternehmen erfolgen. Noack führt dazu aus: »Dem Schutz vor verunreinigtem Wasser trägt die am 1.1.2003 in Kraft getretene Trinkwasserverordnung (TrinkwV 2001) auf Grundlage der in § 38 Abs. 1 Infektionsschutzgesetz enthaltenen Verordnungsermächtigung Rechnung. Die zweite Verordnung zur Änderung der Trinkwasserverordnung wurde am 13.12.2012 im Bundesgesetzblatt (BGBl I S. 2562) verkündet und ist am folgenden Tag in Kraft getreten.«[61]

4.2 Verkehrssicherungspflichten am Beispiel einer Trinkwasserinstallation

§ 4 Trinkwasserverordnung

(1) Trinkwasser muss so beschaffen sein, dass durch seinen Genuss oder Gebrauch eine Schädigung der menschlichen Gesundheit insbesondere durch Krankheitserreger nicht zu besorgen ist. Es muss rein und genusstauglich sein. Diese Anforderung gilt als erfüllt, wenn bei der Wasseraufbereitung und der Wasserverteilung mindestens die allgemein anerkannten Regeln der Technik eingehalten werden und das Trinkwasser den Anforderungen der §§ 5 bis 7 entspricht.

Die Trinkwasserverordnung verpflichtet den Inhaber der Trinkwasseranlage dazu, dass das abgegebene Wasser immer genusstauglich und rein sowie frei von krankheitserregenden Keimen sein muss. Bei schuldhaften Verstößen gegen die in der Trinkwasserverordnung festgelegten Pflichten drohen dem Vermieter ordnungsrechtliche Bußgelder bzw. ein Strafverfahren. Der Vermieter hat daneben in einem Schadenfall möglicherweise Schadenersatz und unter Umständen Schmerzensgeld zu zahlen, wenn er seine Verkehrssicherungspflichten nicht beachtet und

---

61   Noack, Trinkwasserverordnung für Vermieter und Verwalter, S. 7

hieraus Schadenfälle entstehen. Mit Abschluss des Verwaltervertrages wird auch der Verwalter verpflichtet, mögliche Gefahrenquellen zu erkennen.

Die Verkehrssicherungspflicht umfasst die Einhaltung der bauseitigen Anforderungen bzw. der Parameter für den bestimmungsgemäßen Betrieb einer Anlage. Sie dient dem Ausschluss eines schädigenden Ereignisses. Haftungsbegründend ist eine Gefahr, die bei sachkundiger Beurteilung die naheliegende Möglichkeit einer Rechtsgutverletzung (Leben, Gesundheit) erkennen lässt. Unkenntnis im Hinblick auf die technischen Anforderungen bzw. hinsichtlich der Schadenfolgen ist unbeachtlich.

Der Inhaber einer Trinkwasserinstallation hat die Sicherheitsvorkehrungen zu treffen, die nach verständiger und gewissenhafter Beurteilung für ausreichend gehalten werden dürfen, um andere Personen vor Schäden zu bewahren, und die ihm den Umständen nach zuzumuten sind. Hierbei braucht er nicht allen denkbaren Gefahren vorzubeugen, sondern hat für den Schutz vor den Gefahren zu sorgen, die über das übliche Risiko bei der Benutzung der Mietsache hinausgehen und für den Mieter nicht vorhersehbar oder ohne Weiteres erkennbar sind.

Diese Anforderungen werden mit der Umsetzung der technischen Regelwerke erfüllt. Das bedeutet, dass der, der die technischen Regelwerke in bauseitiger und betrieblicher Anforderung berücksichtigt und umsetzt, für die Anlage und den Betrieb derselben beanspruchen darf, »dass das Richtige getan wird«. Die Nichtbeachtung der als (allgemein) anerkannte Regeln der Technik zusammengefassten Regelwerke ist als grob fahrlässiges Fehlverhalten anzusehen. Dieses Fehlverhalten ist in der Regel schuldhaft und führt zu den oben beschriebenen haftungsrechtlichen Folgen.

Die Beprobungspflicht der Anlage im Zyklus von drei Jahren ist eine ordnungsrechtliche Vorgabe.

Der Vermieter muss den Nachweis führen, dass er selbst oder ein von ihm beauftragtes Fachunternehmen sich kontinuierlich um den Betriebszustand und die damit verbundenen Auswirkungen auf die Anlagensicherheit befasst. Nur dadurch erfüllt der Vermieter die ihm als Inhaber der Trinkwasserinstallation obliegenden Verkehrssicherungspflichten.

Eine jährliche Beprobung über den Lauf mehrerer Jahre, eine Dokumentation zu den Betriebsparametern (Temperaturverhältnisse, tatsächliche Wasserverbräuche) sowie die genauen Kenntnisse der bauseitigen Situation der Anlage (Speichervolumen, keine Totstränge) ist das Maß an Sorgfalt, das tatsächlich aufzuwenden ist, um ein haftungsbegründendes Fehlverhalten zu vermeiden.

4.3 Urteile zur Legionellenproblematik

Das AG München[62] hatte entschieden, dass nicht schon bei einer Überschreitung des sogenannten technischen Maßnahmewertes von 100 KBE/100 ml (Anlage 3, Teil II der TrinkwasserVO) für die Legionellenbelastung im Trinkwasser einer Wohnimmobilie von einer minderungsrelevanten Gesundheitsgefahr auszugehen sei. Anderes gelte nur, wenn an einer der Entnahmestellen eine Legionellenkonzentration über dem Grenzwert von 10.000 KBE/100 ml, ab dem von einer Gesundheitsgefährdung auszugehen und eine direkte Gefahrabwehr notwendig ist, gemessen wurde.[63]

Der BGH[64] bejahte eine Pflicht des Wohnraumvermieters, das über die Wasserversorgungsanlage des Wohnhauses an die Mieter abgegebene Trinkwasser auf das Vorhandensein von Legionellen zu untersuchen. Zur haftungsbegründenden Kausalität, nämlich der Frage, ob eine Legionelleninfektion des Wohnraummieters durch kontaminiertes Wasser in der Mietwohnung erfolgt ist, verlangt der BGH den Vollbeweis (§ 286 Abs. 1 ZPO). Im Streitfall bejahte er eine Häufung von aussagekräftigen Indizien, die den Schluss auf eine Ansteckung des Nutzers durch das kontaminierte Wasser in seiner Mietwohnung nahelegten.

Das OLG Dresden[65] erkannte zwar, dass der Sanitärinstallateur den Einbau einer Hausinstallation schuldet, die das Trinkwasser nicht derart nachhaltig verändert, dass es an den Zapfstellen nicht mehr den Anforderungen der Trinkwasserverordnung entspricht. Jedoch sei dem Installateur im konkreten Fall eine Verschlechterung der Wasserqualität nicht anzulasten, wenn Ursache hierfür die zu geringe Wasserentnahme von täglich nur 3 bis 4 l Wasser ist, was zu einer langzeitigen Stagnation des Wassers führt. Mit einer so geringen Wasserentnahme musste der Installateur nicht rechnen. Er durfte übliche Betriebsbedingungen mit einem täglichen Wasserverbrauch von 120 l pro Person unterstellen.

Nach Ansicht des BayVGH[66] verstößt ein Wohnungseigentümer gegen seine Pflichten gegenüber den anderen Eigentümern, wenn er in seiner Wohnung Armaturen zur Wasserentnahme nutzt, die nicht den allgemein anerkannten Regeln der Technik entsprechen, wodurch das Trinkwasser im Leitungssystem der Installationsanlage gefährdet wird.

---

62 AG München, Urteil v. 25.6.2014, 452 C 2212/14, ZMR 2015, 139
63 Vgl. DVGW – Arbeitsblatt W 551
64 BGH, Urteil v. 6. 5. 2015, VIII ZR 161/14
65 OLG Dresden, Urteil v. 17.7.2002, 11 U 878/01, IBR 2003, 243 (LS)
66 BayVGH, Beschluss v. 29.9.2014, 20 CS 14.1663, ZWE 2015, 144

Nach Ansicht des AG Dresden[67] ist ein Mietobjekt auch dann mangelhaft, wenn es nur in der Befürchtung einer Gefahrverwirklichung genutzt werden kann. Ein Mangel bei einer von der Mietsache ausgehenden Gesundheitsgefährdung ist erst ab Bekanntwerden der Gefahr durch die Vertragsparteien anzunehmen. Eine deutlich höhere Legionellenkonzentration im Trinkwasser als nach der Trinkwasserverordnung festgelegt (14.000 KBE/100 ml statt 100 KBE/ml) rechtfertigt eine Mietminderung von 25 %.

Zuletzt hat das Landgericht Stuttgart in seiner Entscheidung vom 12.5.2015 (AZ 260286/14) festgestellt, dass einem Mieter einer zahnärztlichen Praxis wegen des Befalls der Trinkwasserinstallationsanlage mit Legionellen nicht nur ein Mietminderungsrecht in Höhe von 50 % der Kaltmiete zustehen kann, sondern der Mieter darüber hinaus – bei entsprechendem Fehlschlagen der Nachbesserungsversuche des Vermieters – ein Recht zur fristlosen Kündigung zustehen kann. Das Gericht führt dazu aus, dass »eine auch nur potentielle Gesundheitsgefahr im Sinne einer Legionelleninfektion, die im Einzelfall sogar zum Tode führen kann, in einer zahnärztlichen Praxis ausgeschlossen werden muss.«[68]

4.4 Hinweise zur Untersuchungsmethodik

Nach § 14 Abs. 3 der TrinkwV hat der Unternehmer oder sonstige Inhaber einer Wasserversorgungsanlage, in der sich eine Großanlage zur Trinkwassererwärmung befindet, sofern Trinkwasser im Rahmen einer gewerblichen oder öffentlichen Tätigkeit abgegeben wird, das Wasser durch systemische Untersuchungen an mehreren repräsentativen Probenentnahmestellen auf den Parameter Legionella species zu untersuchen.

Die Anlage 4 Teil II b) zur TrinkwV legt darüber hinaus fest, dass sich die Anzahl und Beschreibung der repräsentativen Probenahmestellen gemäß § 14 Abs. 3 TrinkwV nach den allgemein anerkannten Regeln der Technik richten.[69]

Im DVGW-Arbeitsblatt W 551 sind die Entnahmeorte für die Proben nicht hinreichend genau festgelegt. Der DVGW hat in seinen wasserfachlichen Informationen TWIN Nr. 066 und DVGW-Information Wasser Nr. 747 die Probenentnahmestelle am Strang weiter präzisiert, indem er mindestens eine Entnahmestelle pro Steigstrang, möglichst weit von der zentralen Trinkwassererwärmung entfernt

---

67 AG Dresden, Urteil v. 11.11.2013, 148 C 5353/13, GE 2014, 396
68 ZMR 2015, S. 720 – mit Anmerkungen Hardt
69 Pikarek, Markus, Vorstand WATERcontrol AG, Hannover Ausgewählte Problemfelder aus der Anwendungspraxis der Trinkwasseruntersuchung gemäß § 14 Abs. 3 TrinkwV, 2015

liegend empfiehlt bzw. eine geeignete Anzahl repräsentativer peripherer Entnahmestellen fordert.

Das Umweltbundesamt (UBA) hat Empfehlungen für die Probenahme herausgegeben, die Orientierungs- und Arbeitshilfe für Anlagenbetreiber und Gesundheitsämter sein sollen und ein eingeschränktes Probenahme-Schema zulassen. Nach Empfehlung des UBA muss jedoch nicht jeder Steigstrang beprobt werden. Voraussetzung für die Auswahl ist, dass die beprobten Steigstränge eine Aussage über die nicht beprobten Steigstränge zulassen (z. B. weil sie ähnlich/gebaut sind, gleichartige Gebäudebereiche versorgen und gleich genutzt werden oder möglichst hydraulisch ungünstig liegen, d. h. an entfernten Strängen oder an Endsträngen).[70] Insbesondere die Steigstränge mit vielen Duschen sind für die Beprobung interessant.

Der verantwortliche Unternehmer nach der Trinkwasserverordnung (Usl) entscheidet, ob er eine qualifizierte Person (z. B. Fachkräfte mit Schulung z. B. nach VDI 6023 oder Nachweis einer DVGW-Schulung speziell zu Probenahmen) mit der Festlegung der zu untersuchenden Steigstränge beauftragt oder ob er alle Steigstränge beproben lässt. Letzteres kann bei Anlagen mit wenigen Steigleitungen einfacher sein. Bei Anlagen mit bis zu acht Steigsträngen ist es in der Regel auch kostengünstiger, da die Kosten je Probe im Full-Service-Ansatz (Probenahme, Analytik, Mehrfachanfahrten anteilig, Befundreporting, Verbraucheraushang) in der Regel – je nach Anbieter – zwischen 50 und 70 Euro netto liegen.[71]

Lt. Entscheidung des BGH sind in der Wohnungswirtschaft die Prüfkosten, nicht aber die Festlegung der Prüfkosten als umlagefähige Betriebskosten zu betrachten. Das bedeutet: Die Voruntersuchung, was zu prüfen ist, also die Erstellung des Prüfkonzepts, ist nicht umlagefähig.[72]

Wenn durch externe Fachfirmen mit entsprechender Qualifikation Probenahmestellen verbindlich festgelegt werden, muss mit Kosten von 350 bis 700 Euro netto (exklusive Anfahrt) je Anlage gerechnet werden.[73]

---

70 Empfehlung des Umweltbundesamtes »Systemische Untersuchungen von Trinkwasser-Installationen auf Legionellen nach Trinkwasserverordnung« vom 23. August 2012, Abschnitt 4 Festlegung der Probenahmestellen

71 Pikarek, Markus, Vorstand WATERcontrol AG, Hannover Ausgewählte Problemfelder aus der Anwendungspraxis der Trinkwasseruntersuchung gemäß § 14 Abs. 3 TrinkwV, 2015

72 BGH, Urteil v. 14.02.2007, Az.: VIII ZR 123/06

73 Kostenbeispiele aus Vortrag von RA Pikarek, »Legionellenprüfung im Wohnungsbestand« vom 11. November 2014 bei Verkehrssicherungstagung des Europäischen Bildungszentrums in Bochum

Verzögerungen zwischen Probenentnahmen und Analyse im Labor sollten vermieden werden. Bei einer serviceorientierten Beprobung sind aber eventuelle Lagerungszeiten nicht zu umgehen. Dies sollte dann im Laborbericht vermerkt werden. Die Fa. Watercontrol hat dazu zum Beispiel eine Kühlungsvorrichtung entwickelt, die die Qualität der Proben im vorgeschriebenen Temperaturbereich (2 bis 8 °C) mit zweistufigem Kühlsystem sichert.[74]

Abb. 4.1: Tragbare Kühlvorrichtung für Trinkwasserproben[74]

»Bei Proben, die für längere Zeit (ab 8 h 15) transportiert werden, ist es notwendig, die Temperatur zu überwachen und zu dokumentieren. Die maximale empfohlene Lagerzeit (inklusive Transport) für Legionellen liegt nach DIN EN ISO 19458:2006[75] bei 24 Stunden, die annehmbare Zeit bei 48 Stunden.«[76]

4.5 Dokumentationspflichten

Der Umfang der vorhandenen Dokumente hat sich an den Darlegungs- und Beweislastpflichten zu orientieren. Da § 4 der TrinkwV die Einhaltung der an-

---

74 mit freundlicher Genehmigung von water-control.de
75 DIN EN ISO 19458:2006 »Wasserbeschaffenheit – Probenahme für mikrobiologische Untersuchungen«, Abschnitt 5 Transport und Lagerung sowie Anhang B empfohlene (E) und annehmbare (A) Probenlagerungszeiten
76 Pikarek, Markus, Vorstand WATERcontrol AG, Hannover, Ausgewählte Problemfelder aus der Anwendungspraxis der Trinkwasseruntersuchung gemäß § 14 Abs. 3 TrinkwV, 2015

erkannten Regeln der Technik als Mindestsorgfaltsmaßstab einfordert, sind entsprechende Nachweise über die Erfüllung dieser Pflicht unentbehrlich. Eine Möglichkeit zur Erfüllung der Umsetzungs- und Nachweispflichten bietet sich bei der Beachtung des technischen Regelwerks, beispielhaft hier die VDI/ DVGW-Richtlinie 6023 (2013-04) an. In dieser Richtlinie werden auf der Basis des Wissens der Verkehrskreise die Erfordernisse für den hygienegerechten Betrieb einer Trinkwasserinstallationsanlage dargestellt. So erfolgt an zentraler Stelle der Hinweis darauf, dass in der Trinkwasserinstallationsanlage an jeder Zapfstelle ein Wasseraustausch durch Entnahme innerhalb von 72 Stunden zu erfolgen hat. Das bedeutet, dass es von entscheidender Bedeutung ist, den bestimmungsgemäßen Betrieb der Anlage zu kennen und zu berücksichtigen.[77]

In der VDI/DVGW-Richtlinie zu Ziffer 6.5 ist dazu ausgeführt: »Bereits ab der Phase der Ausführungsplanung sind Betriebsanweisungen sowie Instandhaltungs- und Hygienepläne zu erstellen. Die Betriebsanweisung muss Angaben zu einer ausreichenden Funktionskontrolle enthalten.

Für Gebäude mit Nutzungen, die erhöhte Anforderungen an die Hygiene stellen (z. B. Lebensmittelbetriebe, Krankenhäuser, Seniorenpflegeheime) wird ein Hygieneplan mit dem Bauherrn, einem Hygieniker der zuständigen Gesundheitsbehörde sowie ggf. dem Wasserversorgungsunternehmen und möglichst mit dem späteren Unternehmer und sonstigem Inhaber abgestimmt.

Der Hygieneplan der Trinkwasserinstallation ist nutzungs- und anlagenspezifisch zu erstellen. Er muss Angaben über den bestimmungsgemäßen Betrieb der Trinkwasserinstallation enthalten.«[78]

Im Anhang A der vorbenannten Richtlinie findet sich eine ausführliche tabellarische Darstellung in Form einer Checkliste. Erfasst werden die für die Instandhaltungs- und Hygieneplanung relevanten Aspekte und Umsetzungserfordernisse.

---

77 VDI/DVGW 6023 zu Ziffer 6.1
78 VDI/DVGW 6023 zu Ziffer 6.5

4.6 Gefährdungsanalyse

4.6.1 Rechtliche und normative Grundlagen

§ 9 Trinkwasserverordnung

(6) Wird dem Gesundheitsamt bekannt, dass in einem Wasserversorgungs-gebiet Mikroorganismen oder chemische Stoffe vorkommen, die eine Gefähr-dung der menschlichen Gesundheit besorgen lassen und für die in den An-lagen 1 und 2 kein Grenzwert aufgeführt ist, legt das Gesundheitsamt unter Beachtung von § 5 Absatz 1 und § 6 Absatz 1 fest, bis zu welchen Konzent-rationen und für welchen Zeitraum diese Mikroorganismen oder chemischen Stoffe im Trinkwasser enthalten sein dürfen. Absatz 7 bleibt unberührt.

Eine Gefährdungsanalyse umfasst die systematische Ermittlung von Gefährdungen und Ereignissen in den Prozessen der Wasserversorgung. Diese Sicht des DVGW findet sich im DVGW-Arbeitsblatt W 1001.

Bei Überschreiten des technischen Maßnahmenwerts kann das zuständige Gesundheitsamt nach § 9 Abs. 6 anweisen, dass der Unternehmer bzw. Inhaber der Trinkwasserinstallation unverzüglich, spätestens innerhalb von 30 Tagen eine zu dokumentierende Ortsbesichtigung durchführt. Im Zusammenhang damit hat er eine Gefährdungsanalyse und Überprüfung zu veranlassen, ob mindestens die allgemein anerkannten Regeln der Technik eingehalten werden.[79]

Das Umweltbundesamt hat mit Datum vom 14.12.2012 »Empfehlungen für die Durchführung einer Gefährdungsanalyse gemäß Trinkwasserverordnung« bei Überschreitung des technischen Maßnahmenwerts für Legionellen verfasst.

Zentrale Frage der Gefährdungsanalyse ist: »Was kann an welcher Stelle passieren?« Die Ursachenaufklärung, zu der der Unternehmer oder sonstige Inhaber nach § 16 Abs. 7 Nr. 1 TrinkwV 2001 verpflichtet ist, verlangt diesem eine Ortsbesichtigung als wesentlichen Bestandteil der Gefährdungsanalyse ab. Die Inspektion vor Ort ist mit sachverständigem Wissen durchzuführen. Auf der Basis der Ergebnisse der Gefährdungsanalyse ist das weitere Handeln (Beseitigung der Ursachen der Kontamination, ggf. Sanierung) vorzunehmen.

»Die Gefährdungsanalyse muss spätestens im Falle der Überschreitung des technischen Maßnahmenwerts für Legionellen durchgeführt werden (ereignisorientiert). Darüber hinaus haben das Bundesministerium für Gesundheit sowie

---

79 Noack, Trinkwasserverordnung, S. 31

das Umweltbundesamt mit Erscheinungsdatum Februar 2013 Leitlinien zum Vollzug der §§ 9 und 10 der TrinkwV herausgegeben. Diese empfehlen in Kapitel 2.8 »Krankheitserreger im Trinkwasser« auch bei einem systemischen Nachweis verschiedener weiterer Parameter die Durchführung einer Gefährdungsanalyse.«[80]

4.6.2 Technische Hinweise

Sollte bei der Beprobung der technische Maßnahmenwert (Legionellen über 100 koloniebildende Einheiten pro 100 ml) überschritten werden, ist umgehend eine weitergehende Untersuchung zu veranlassen.

Dies ist die Gefährdungsanalyse gemäß § 16 Abs. 7 TrinkwV.

Dazu gibt das Umweltbundesamt in »Empfehlungen des Umweltbundesamtes für die Durchführung einer Gefährdungsanalyse gemäß Trinkwasserverordnung« vom 14. Dezember 2012[81] für größere Anlagen Hinweise.

Ergänzend gibt es für die Wohnungswirtschaft die Arbeitshilfe GdW Arbeitshilfe 70, Umsetzung der 2. Änderungsverordnung zur Trinkwasserverordnung – Legionellenprüfung, Mai 2013. Diese Arbeitshilfe enthält im Anhang auch GdW Information 139 zur Durchführung einer Gefährdungsanalyse in der Wohnungswirtschaft.[82]

In Einzelfällen treten sehr hohen Legionellenbelastungen auf, in denen eine Gefährdungsanalyse und sogar Duschverbote erforderlich sind. Ursache können

- Leerstand,
- zu niedrige Temperaturen (insbesondere bei fernwärmeversorgten Beständen) und
- Totstrecken

sein. In diesem Fall ist der Einsatz von endständigen Sterilfiltern in Miet- oder Verwaltungsobjekten eine gute Möglichkeit, um kritische Zeitphasen nach dem Bekanntwerden einer sehr hohen Legionellenbelastung (> 5.000 bis 10.000 KBE/100 ml) zu überbrücken. Damit gewinnt das betroffene Unternehmen bis zu 30 Tage, um

---

80 BTGA – Gefährdungsanalyse für Trinkwasserinstallationen, 2015; Fotos: Typische Gefahrstellen mit freundlicher Genehmigung von Watercontrol, Hannover, 2015
81 www.umweltbundesamt.de/sites/default/files/medien/419/dokumente/empfehlungen_gefaehrdungsanalyse_trinkwv.pdf
82 Hrsg. Bundesverband deutscher Wohnungs-und Immobilienunternehmen e. V., Arbeitshilfe GdW Arbeitshilfe 70, Umsetzung der 2. Änderungsverordnung zur Trinkwasserverordnung – Legionellenprüfung, Mai 2013

eine (gesetzlich vorgeschriebene) Gefährdungsanalyse und ein Sanierungskonzept zu erstellen.

Als vorübergehende Maßnahme wurde dies z. B. auch in einer Fortbildungseinrichtung im öffentlichen Bereich in Nordrhein Westfalen eingesetzt.

Geeignet für den oben genannten Einsatzzweck sind 14- oder 30-Tage-Einwegfilter von Herstellern, die im Klinikbereich tätig sind (zum Beispiel Pall GmbH Medical oder Schülke & Mayr GmbH). Funktionell unterscheiden sich die Filter der verschiedenen Hersteller kaum. Die Preise liegen bei etwa 65 bis 75 Euro zuzüglich Mehrwertsteuer. Endständige Filter werden zum Beispiel als Handbrause anstatt der vorhandenen handelsüblichen Brause an den Duschschlauch geschraubt.[83]

Die Gesundheitsämter müssen einer solchen Lösung als vorübergehender Maßnahme zustimmen.

4.7 Typische Gefahrenstellen

In der Empfehlung des Bundesumweltamtes[84] zur Durchführung einer Gefährdungsanalyse aus 2012 werden typische Gefahrenstellen aufgeführt, die zu beachten und zu vermeiden sind:

Beispiele für hygienisch relevante technische Mängel
Im Folgenden werden beispielhaft hygienisch relevante Mangel aufgeführt, die bereits zu mikrobiellen Kontaminationen führten, sowie Informationen, wie diese Mängel behoben werden können[85]

- **Mangel:** Problemverursachende Bauteile und Überdimensionierung des Systems
  Folge: Mikrobielle Auffälligkeiten
  Behebung: Entfernung von problemverursachenden Bauteilen aus der Trinkwasserinstallation (Membranausdehnungsgefäße, Wasserbehandlungsgeräte, Bauteile der Sammelsicherung usw.). Die Anforderungen des technischen Re-

---

83 Trinkwasserverordnung, Interimslösung bei starken Legionellenkontaminationen, Verbandsmagazin, 02/ 2013 Themen, Trends und Fakten der Wohnungs- und Immobilienwirtschaft für Hessen, Nordrhein-Westfalen, Rheinland-Pfalz und Saarland
84 Empfehlung, 14. Dezember 2012 Umweltbundesamt, Fachgebiet II 3.5, Heinrich-Heine-Straße 12, 08645 Bad Elster, www.umweltbundesamt.de, Empfehlungen für die Durchführung einer Gefährdungsanalyse gemäß Trinkwasserverordnung, Maßnahmen bei Überschreitung des technischen Maßnahmenwertes für Legionellen, Empfehlung des Umweltbundesamtes nach Anhörung der Trinkwasserkommission
85 Entwurf DVGW-Arbeitsblatt W 556

gelwerks sind dabei zu beachten, insbesondere DIN EN 806 in Verbindung mit der DIN 1988.

- **Mangel:** Stagnation des Kaltwassers, erhöhte Aufenthaltszeiten, unnötig komplexes System
  Behebung: Aus-/Abbau nicht genutzter Leitungen und Bauteile, Außerbetriebnahme mit Abtrennung von ungenutzten oder ungenügend genutzten Entnahmestellen oder Spülprogramme zum Erhalt der hygienischen Qualität.

- **Mangel:** Unzureichende Dämmung der Warmwasser- und Kaltwasserleitungen. Die Wärmeverluste sind zu groß bzw. das Kaltwasser ist zu warm.
  Behebung: Die vorhandene Dämmung sollte unter Berücksichtigung des technischen Regelwerkes und der EnEV instand gesetzt werden.

- **Mangel:** Fehlerhafte Dämmung
  Behebung: Ertüchtigung der Dämmung

- **Mangel:** Warmwassertemperaturen sind niedriger als die geforderten 55 °C Speicheraustrittstemperatur

- **Behebung:** Bei stark schwankenden Speicheraustrittstemperaturen (z. B. ± 5 K) muss Temperaturkonstanz (ca. 60 °C) hergestellt werden. Praxisbeispiel: Vor allem ältere Trinkwassererwärmungssysteme können häufig die Austrittstemperaturen nicht im erforderlichen Maß konstant halten.

- **Mangel:** Speicherladepumpe zu dominant
  Behebung: Einregulierung oder Austausch der Speicherladepumpe

- **Mangel:** Thermostatregelung ist auf eine zu große Hysterese eingestellt.
  Behebung: Thermostat austauschen oder Regelung anpassen

- **Mangel:** Die Wärmetauscherleistung ist unzureichend.
  Behebung: Die Wärmetauscherleistung der Trinkwassererwärmungsanlage muss erhöht werden.

- **Mangel:** Zirkulationstemperatur am Wiedereintritt in die Trinkwassererwärmungsanlage geringer als 55°C trotz regelgerechter Temperatur am Abgang des Warmwassers von der Trinkwassererwärmungsanlage
  Behebung: Zu große hydraulische Widerstände in den Zirkulationskreisen, die die Funktionalität beeinträchtigen, müssen beseitigt werden. Ausbau oder Austausch von fehlerhaft bemessenen Bauteilen, z. B. Regulierventile, überflüssige Rückflussverhinderer, Rohrleitungen

- **Mangel:** Inkrustierte, zu klein bemessene oder ungleichmäßig durchströmte Wärmetauscher im Zirkulationskreis können so hohe Strömungswiderstände aufbauen, dass kein ausreichender Zirkulationsvolumenstrom zur Temperaturhaltung im Rohrnetz bereitgestellt werden kann.
  Behebung: Vorhandene Inkrustierungen auf den Wärmetauscherflächen müssen beseitigt werden; ggf. muss der vorhandene Wärmetauscher gegen einen Wärmetauscher mit geringerem Widerstand ausgetauscht werden, Wartungsintervalle beachten.

- **Mangel:** Der Zirkulationsvolumenstrom ist zu gering, z. B. weil die verfügbare Pumpenleistung nicht den Strömungswiderständen im Rohrnetz angepasst ist.
  Behebung: Bei der Überprüfung der verfügbaren Pumpenleistung ist zu beachten, dass bei hintereinander geschalteten Zirkulationspumpen unterschiedlicher Größe, kleinere Pumpen häufig nur als Strömungswiderstand fungieren und damit keinen wesentlichen Beitrag für die Erhöhung des Zirkulationsvolumenstromes leisten können. Ersatzweise sollte eine leistungsfähige Zirkulationspumpe (möglichst drehzahlgeregelt) an zentraler Stelle im System eingebaut werden. Auf dem Zirkulationssammler müssen statische Regulierventile zur Unterstützung einer mehrstufigen Einregulierung eingebaut werden.
- **Mangel:** Zirkulationstemperatur im Zirkulationssystem niedriger als 55 °C
  Behebung: Für die Temperaturhaltung oberhalb von 55 °C muss in jeder Teilstrecke im Zirkulationssystem mindestens die Wärmemenge transportiert werden, die über die Oberfläche des Rohrleitungssystems verloren geht. In einem verzweigten Leitungssystem stellen sich die dafür erforderlichen Zirkulationsvolumenströme nur dann ein, wenn die Zirkulationsanlage mit Regulierventilen »hydraulisch abgeglichen« wird. In der Regel ist es erforderlich, dass jedem Anschluss einer Zirkulationsleitung (TWZ) an die Verbrauchsleitung (TWW) ein Regulierventil zugeordnet ist. Sofern Regulierventile nicht oder nicht in erforderlichem Maße vorhanden sind, müssen sie nachgerüstet werden. Die Einregulierung eines größeren Zirkulationssystems erfordert eine Rohrnetzberechnung, die die Größe und auch die Einstellwerte der Zirkulationsregulierventile liefert (siehe DVGW W 553).
- **Mangel:** Kaltwasser ist zu warm. Übermischung von Warmwasser mit Kaltwasser in Entnahmearmaturen oder Mischarmaturen durch Defekt oder Fehlen von Rückflussverhinderern
  Behebung: Ersetzen des Rückflussverhinderers oder der gesamten Armatur
- **Mangel:** Stagnation infolge fehlender Trennung von Trinkwasser- und Löschwassersystemen und zu geringer Entnahme von Trinkwasser
  Behebung: Trennung von Trinkwassersystem und Löschwassersystem
- **Mangel:** falsche Leitungsführung (z. B. Führung der Kaltwasserleitung durch die Heizzentrale)
  Behebung: Verlegung der Kaltwasserleitung
- **Mangel:** Erwärmung des Kaltwassers durch unzureichende Dämmung
  Behebung: Ertüchtigung der Dämmung

Der »Unternehmer oder sonstige Inhaber« (UsI) einer Trinkwasser-Installation ist für die Auswahl der Durchführung einer Gefährdungsanalyse zuständig. Wesentliche Voraussetzung für eine Gefährdungsanalyse ist eine Ortsbesichtigung durch hygienisch-technische Sachverständige.

Als Durchführende in den Bereichen Sanitärtechnik und Trinkwasserhygiene kommen qualifizierte Mitarbeiter lt. Umwetlbundesamt[86] in Betracht, u. a. aus folgenden Unternehmen:

- gemäß DIN EN ISO 170208 akkreditierte technische Inspektionsstellen für Trinkwasserhygiene
- nach Trinkwasserverordnung akkreditierte und nach Trinkwasserverordnung zugelassene Untersuchungsstellen (Labore)
- Planungs- und Ingenieurbüros (Planer)
- Handwerksbetriebe des Installationshandwerks (Vertrags-Installationsunternehmen nach AVBWasserV)

Von einer ausreichenden Qualifikation kann dann ausgegangen werden, wenn die betreffende Person ein einschlägiges Studium oder eine entsprechende Berufsausbildung nachweisen kann und fortlaufende spezielle berufsbegleitende Fortbildungen eine weitere Vertiefung erkennen lassen (z.B. Fortbildung nach VDI 6023 – Zertifikat, Kategorie A –, Fachkunde Trinkwasserhygiene des Fachverbandes Sanitär Heizung Klima, DVGW-Fortbildungen zur Trinkwasserhygiene etc.).

Die Durchführung der Gefährdungsanalyse soll lt. Empfehlung des Umweltbundesamtes[87] unabhängig von anderen Interessen erfolgen.

Insbesondere muss eine Befangenheit vermieden werden. Eine Befangenheit ist dann zu vermuten, wenn Personen an der Planung, dem Bau oder Betrieb der Trinkwasserinstallation selbst beteiligt waren oder sind.

Der »Unternehmer oder sonstige Inhaber« (UsI) einer Trinkwasserinstallation hat als Betreiber die Pflicht zu prüfen, ob in der Gefährdungsanalyse folgende Punkte[88] betrachtet wurden:

---

86 Empfehlung, 14. Dezember 2012 Umweltbundesamt, Fachgebiet II 3 5, Heinrich-Heine-Straße 12, 08645 Bad Elster, www.umweltbundesamt.de, Empfehlungen für die Durchführung einer Gefährdungsanalyse gemäß Trinkwasserverordnung, Maßnahmen bei Überschreitung des technischen Maßnahmenwertes für Legionellen, Empfehlung des Umweltbundesamtes nach Anhörung der Trinkwasserkommission

87 Abschnitt 5, Empfehlung, 14. Dezember 2012, Umweltbundesamt, Fachgebiet II 3.5 Heinrich-Heine-Straße 12, 08645 Bad Elster, www.umweltbundesamt.de, I Empfehlungen für die Durchführung einer Gefährdungsanalyse gemäß Trinkwasserverordnung, Maßnahmen bei Überschreitung des technischen Maßnahmenwertes für Legionellen, Empfehlung des Umweltbundesamtes nach Anhörung der Trinkwasserkommission

88 Abschnitt 8, Empfehlung, 14. Dezember 2012, Umweltbundesamt I, Fachgebiet II 3.5, Heinrich-Heine-Straße 12, 08645 Bad Elster, www.umweltbundesamt.de, Empfehlungen für die Durchführung einer Gefährdungsanalyse gemäß Trinkwasserverordnung, Maßnahmen bei Überschreitung des technischen Maßnahmenwertes für Legionellen, Empfehlung des Umweltbundesamtes nach Anhörung der Trinkwasserkommission

1. Liegen Messergebnisse vor, die in einer für Legionellenuntersuchungen akkreditierten und nach Trinkwasserverordnung zugelassenen Untersuchungsstelle (Labor) erhoben wurden?
2. Hat die oder der Sachverständige geprüft, ob die Vorgaben der Trinkwasserverordnung, des technischen Regelwerkes und der UBA-Empfehlung zur Probenahme und Untersuchung beachtet wurden?
3. Liegt eine geeignete Dokumentation der Anlagentechnik der Trinkwasserinstallation nach den anerkannten Regeln der Technik vor?
4. Liegt eine Dokumentation der Ortsbegehung vor?
5. Liegt eine Beurteilung der Anlagentechnik der Trinkwasseinstallation zur Einhaltung der anerkannten Regeln der Technik bzw. der vorhandenen Mängel der Anlage vor?
6. Gibt es Hinweise zum Schutz der Betroffenen?

Eine Gefährdungsanalyse[89] soll dem UsI (Betreiber) eine konkrete Feststellung der planerischen, bau- oder betriebstechnischen Mängel einer Anlage liefern. Darüber hinaus soll sie darin unterstützen, notwendige Abhilfemaßnahmen zu identifizieren und ihre zeitliche Priorisierung unter Berücksichtigung der Gefährdung der Gesundheit von Personen festzulegen.

In der Kategorisierung soll zwischen Sofortmaßnahmen sowie mittelfristig und längerfristig umzusetzenden Maßnahmen unterschieden werden.

Daraus kann der »Unternehmer oder sonstige Inhaber« (UsI) der Trinkwasserinstallation dann den in seiner Verantwortung stehenden Maßnahmenplan ableiten und aufstellen.

In der GdW Arbeitshilfe 70 mit GdW Information 139 ist im Anhang in der Anlage 2[90] als Arbeitshilfe ein übersichtliches Begehungsprotokoll als Vorlage enthalten, das dem Betreiber durch seine Vorstrukturierung hilft zu überprüfen, ob alle wesentlichen Punkte erfasst wurden.

Folgende Mängel sind lt. Erfahrungen aus Gefährdungsanalysen zum Beispiel typisch (Quelle: Fa. Watercontrol[91]):
- Es werden keine Wartungsarbeiten nach der DIN EN 806-5 durchgeführt. Zum Beispiel wurden die Filter nicht regelmäßig gewartet. Die Kaltwasserleitung

---

89 Abschnitt 2, s. o. Empfehlungen Gefährdungsanalyse Umweltbundesamt, 2012
90 GdW Arbeitshilfe 70, Umsetzung der 2. Änderungsverordnung zur Trinkwasserverordnung, Hrsg. GdW Bundesverband deutscher Wohnungs- und Immobilienunternehmen e. V., Mai 2013 mit GdW Information 139 Umsetzung der Trinkwasserverordnung – Gefährdungsanalyse Legionellen, Februar 2013
91 Fa. Watercontrol, Die häufigsten Mängel in der Trinkwasserinstallation, Bilder 4.2 bis 4.16 mit freundlicher Genehmigung von water-control.de

(Kennzeichnung »Portable Water Cold«, PWC) wurde vor Kurzem durch eine Edelstahlleitung ersetzt.

Abb. 4.2: Keine Wartungsarbeiten

- Gemeinsam gedämmte Trinkwasserwarm- und Trinkwasserkaltwasserleitungen. Die Konsequenz aus diesem Mangel ist, dass die Temperatur des kalten Trinkwassers deutlich über 25 °C ansteigen kann. Der Temperaturanstieg auf über 25 °C ist nach DIN EN 1988-200 zu vermeiden.

Abb. 4.3: Warm- und Kaltwasserleitungen gemeinsam gedämmt

- Stagnation. Die 3-Liter-Regel wird zwar eingehalten aber was ist mit dem bestimmungsgemäßen Betrieb?

Abb. 4.4: Bestimmungsgemäßer Betrieb?

- Umgehungsleitung mit Stagnation im Zirkulationssystem

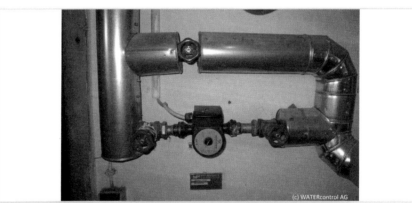

Abb. 4.5: Umgehungsleitung mit Stagnation im Zirkulationssystem

- Stagnation in der Umgehungsleitung vom Kaltwasserzähler

Abb. 4.6: Umgehungsleitung Kaltwasserzähler

- Trinkwarmwassersteigestrang, Stagnation im letzten Abzweig

Abb. 4.7: Stagnation Trinkwassersteigestrang

- Am Ende des Installationsschachts Stagnation

Abb. 4.8: Stagnation am Ende des Installationsschachts

- Kaltwasserausdehnungsgefäß nicht durchströmt angeschlossen, Stagnation

Abb. 4.9: Ausdehnungsgefäß nicht durchströmt

- Position der Probenahmeventile: Das Probenahmeventil ist im Stagnationsabschnitt eingesetzt! Armaturen vom Heizungsbau in der Trinkwasserinstallation.

Abb. 4.10: Falsche Position der Probeentnahmeventile

- Fehlende Rohrdämmung bei Warm- und Kaltwasser

Abb. 4.11: Fehlende Rohrdämmung

- Ungedämmter Kaltwasserverteiler im Heizungsraum

Abb. 4.12: Ungedämmter Kaltwasserverteiler

- Warmwasser- und Zirkulationsleitung, ungedämmt im Installationsschacht

Abb. 4.13: Ungedämmte Leitungen im Installationsschacht

- Nicht ausreichend abgesichert nach DIN EN 1717, d. h. gefordert ist keine Verbindung zwischen Trinkwasser und Betriebswasser, um eine Verkeimung zu verhindern. Heizungsbefüllung – der Klassiker – ständige Verbindung zum Trinkwasser, nicht getrennt.

Abb. 4.14: Heizungsbefüllung

- Fehlende Zirkulationsabgleichventile

Abb. 4.15: Fehlende Zirkulationsabgleichventile

- Warmwasserspeicher parallel angeschlossen, hydraulisch nicht korrekt mit Stagnationsstrecken und Heizungsbauarmaturen im Trinkwasserbereich installiert

Abb. 4.16: Paralleler Anschluss von Warmwasserspeichern

- Demontierter Waschtisch, WC-Raum wurde zum Lager umfunktioniert. Stagnation!

Abb. 4.17: Stagnation nach mangelhaftem Rückbau

5   Hinweise für die Wohnungswirtschaft

Die Gefahrenpotenziale, die durch die Wohnungsunternehmen zu überwachen sind, gliedern sich in folgende übergeordnete Bereiche:

- Konstruktion und Standsicherheit
- Feuerschutz
- Absturz und Sturzsicherung
- Maschinen und Anlagentechnik, Elektroanlagen
- Trinkwasser, Grundwasser
- Druckbehälter
- Heizungsanlagen, Tanks
- Gasleitungen
- Gasgeräte
- Abgasführung Gas
- Freianlagen
- unbebaute Grundstücke
- öffentliche Verkehrsflächen
- Sicherheit und Unfallverhütung

Im Folgenden wird auf einzelne Bereiche gesondert eingegangen.

5.1   Elektroanlagen

Für Elektroanlagen ist nach den technischen Regeln eine regelmäßige, wiederkehrende Prüfung in Wohnungen nach DIN EN 50110[92] ohne Angabe einer Prüffrist erforderlich.

Für den gewerblichen Bereich gilt nach den Regeln der Berufsgenossenschaft, dass elektrische Anlagen alle vier Jahre nach der Berufsgenossenschaftlichen Vorschrift für Sicherheit und Gesundheit bei der Arbeit[93] zu prüfen sind. Fehlerstromschutzeinrichtungen (FI-Schalter) sind nach BGV A 2 alle sechs Monate und Geräte (z. B. gewerblich genutzte Waschmaschinen) in der Regel einmal jährlich zu prüfen. Prüfungen der Elektroanlagen sind laut VDE 105 – Teil 100, Abschnitt 5.3.3 »Prüfen« – von Elektrofachkräften auszuführen. Laut Prüfliste BGV A 2 ist die Fehlerstromschutzeinrichtung durch Betätigen der Prüfeinrichtung durch

---

92   VDE 0105
93   BGV A 2

den Benutzer zu prüfen. Dieser könnte durch individualrechtliche Regelung im Mietvertrag auch der Mieter (Benutzer) sein.[94]

Laut Urteil des OLG Saarbrücken[95] wird eine Vermieterprüfpflicht für elektrische Anlagen bejaht. Das OLG Saarbrücken ist der Auffassung, dass die Prüfliste der Unfallverhütungsvorschriften nicht nur für gewerbliche, sondern auch für privat genutzte Räume gilt. Die Staatsanwaltschaft Hannover hat die Geschäftsführer der vermietenden Wohnungsgenossenschaft nach einem tödlichen Elektrounfall eines Kleinkindes strafrechtlich angeklagt und sich dabei auf die vierjährige Prüffrist der Berufsgenossenschaften bezogen. Der Rechtsstreit ist durch Vergleich im August 2001 und Zahlung von jeweils 5000 DM durch die beiden Geschäftsführer beigelegt worden.

Europäische Empfehlung Prüfpflichten für Elektroanlagen[96]		
Typ der Installation	**Datum der Fertigstellung**	**Häufigkeit der Inspektion und Prüfung**
Bestehende Installation	vor 1940	alle 5 Jahre
	vor 1940 bis 1949	alle 5 Jahre
	vor 1950 bis 1959	alle 7 Jahre
	vor 1960 bis 1969	alle 8 Jahre
	vor 1970 bis 1979	alle 9 Jahre
	vor 1980 bis 1989	alle 10 Jahre
	vor 1990 bis 1999	alle 10 Jahre
Neuinstallation	vor 2000	• bei jedem Wechsel des Mieters, maximal alle drei Jahre
		• bei jedem Wechsel des Vermieters und wenn kein Wechsel des Mieters oder Vermieters alle zehn Jahre

Der Verband der Wohnungswirtschaft in Niedersachsen und Bremen weist zur Prüffrist für Elektroanlagen auf eine europäische Empfehlung[97] hin, die zurzeit nicht durch den VDE in nationale Richtlinien umgesetzt ist. Sie sieht aber wesentliche detailliertere Regelungen zur Überprüfung – je nach Anlagenalter – im Abstand von fünf bis zehn Jahren vor. Diese Empfehlung erscheint praktikabler als eine einfache Übertragung der Vorschriften aus dem gewerblichen Bereich.

---

94 Berufsgenossenschaftliche Vorschrift für Sicherheit und Gesundheit bei der Arbeit BGV A2, Januar 1997
95 OLG Saarbrücken, Urteil v. 4.6.1993, 4 U 109/92, NJW 1993, 3077
96 ES 59009, 03-2000
97 ES 59009, März 2000

Nach aktueller Rechtsprechung des Bundesgerichtshofs verneint der BGH eine regelmäßige Überwachungspflicht des Vermieters für Elektroanlagen[98] ohne konkreten Anlass und Mängelhinweise. Die Wohnungswirtschaft[99] begrüßte dies als praxisgerecht, das Elektrohandwerk (www.e-check.de) wies auf die Verkehrssicherungspflicht des Vermieters als Nebenpflicht und den E-Check bei Mieterwechsel sowie Aus- und Umbauten hin.

Nach einer Untersuchung des VDE[100] gab es im Jahr 2001 insgesamt 28 tödliche Unfälle im privaten Bereich durch elektrischen Strom in Deutschland, insbesondere im Bad.

5.2 Wasserführende Installation – Hinweise zur Umsetzung der Trinkwasserverordnung

Bei Sicherheitsbegehungen für typische Gebäude der Wohnungswirtschaft sind insbesondere folgende Punkte zu beachten:

- Sind die Sicherheitseinrichtungen zur Rücksaugsicherheit (Ventile, Rohrbelüfter, Rohrtrenner) in der Trinkwasserinstallation in Ordnung (Wartungsvertrag)?
- Sind Filter und Dosiereinrichtungen regelmäßig gewartet worden (Wartungsvertrag)?
- Sind die Mieter ggf. nach der Trinkwasserverordnung (TrinkwV) über evtl. Zusätze zum Trinkwasser (Entkalker wie »Aquametasil«, Chlor) informiert worden?
- Sind Gartenzapfstellen (Frostsicherheit!), Heizungsfüllstellen u. Ä. funktionsfähig und ohne Leckage?
- Ist die Rohrdämmung von Trinkwasserinstallationen in Ordnung (Legionellengefahr, Kondensatprobleme)?
- Sind nach Betriebsunterbrechungen (Wohnungsleerstand, Mieterwechsel) von mehr als drei Tagen bis max. vier Wochen die Leitungen wg. Legionellengefahr gespült worden (Auslaufventile öffnen und ablaufen lassen)?

Die Inspektion und Wartung der Trinkwasserinstallation ist in der DIN EN 806-5:2012-04 in Anhang A »Empfohlene Häufigkeit für die Inspektion und Wartung von Bauteilen für Trinkwasser-Installationen«, Tabelle A.1 für 46 Anlagenbauteile, Technische Regeln Wasser Installation (TRWI) geregelt.

---

98 BGH, Urteil v. 15.10.2008, VIII ZR 321/07, NJW 2009, 143
99 GdW 40/08 v. 15.11.2008
100 Verband für Elektrotechnik, Elektrounfälle in Deutschland, 2002, www.nw-verlag.de

Wartungsintervalle für Trinkwasserinstallation		
Anlagenbauteil und Einheit	DIN EN 806-5:2012-04	
	Wartung	Inspektion
Hydraulische Sicherheitsgruppe	halbjährlich	jährlich
Sicherheitsgruppe für Expansionswasser	halbjährlich	jährlich
Sicherheitsventil	halbjährlich	halbjährlich
Filter, rückspülbar (80 µm bis 150 µm)	halbjährlich	halbjährlich
Filter, nicht rückspülbar (80 µm bis 150 µm)	halbjährlich	halbjährlich
Filter (< 80 µm)	halbjährlich	halbjährlich
Dosiersystem	alle 2 Monate	halbjährlich
Enthärter	alle 2 Monate	halbjährlich

Auszug aus der DIN EN 806-5:2012-04 Anhang A »Empfohlene Häufigkeit für die Inspektion und Wartung von Bauteilen für Trinkwasser-Installationen«, Tabelle A.1

Weitere Hinweise zum Betreiben und Instandhalten gibt die VDI-Richtlinie 3810-2 Betreiben und Instandhaltung von sanitärtechnischen Anlagen 05/2010. Diese Richtlinie soll seitens des VDI aktualisiert werden. Der zuständige Richtlinienausschuss beim VDI hat sich dazu im September 2015 konstituiert.

Gewerbliche Betreiber müssen die gesetzlichen Pflichten der Trinkwasserverordnung zur Inspektion und Beprobung auf Legionellen alle drei Jahre beachten. Dies gilt für zentrale Trinkwassererwärmungsanlagen mit mehr als 400 l Speicherinhalt und 3 l Leitungsinhalt. Auch eine Ordnungsverfügung zur Durchsetzung der novellierten Trinkwasserverordnung ist möglich.

Auch Wohnungseigentümergemeinschaften sind verpflichtet, Probeentnahmen für Legionellenuntersuchungen durchzusetzen. Entsprechend dem Beschluss des OVG Nordrhein-Westfalen vom 25.06.2015, 13 B 452/15 (Leitsatz) ist es »zulässig und ermessensfehlerfrei, eine Ordnungsverfügung nach dem Infektionsschutzgesetz, mit der die Vorschriften der Trinkwasserverordnung in Bezug auf Legionellen in einer Wohnungseigentumsanlage durchgesetzt werden sollen, an die rechtsfähige Wohnungseigentümergemeinschaft im Sinne von § 10 Abs. 6 WEG zu richten. Der auf § 9 Abs. 8 Satz 2 TrinkwV gestützten Anordnung einer Gefährdungsanalyse im Sinne von § 16 Abs. 7 Satz 1 Nr. 2 TrinkwV durch Probenahme auf Legionellen steht nicht entgegen, dass seit mehr als zwei Jahren keine durch Legionellen verursachte Erkrankung mehr bei den Nutzern aufgetreten ist, wenn der Pflichtige seit dem ursprünglichen Legionellenfund die ihm obliegenden Untersuchungen, die auch durch Ordnungsverfügung angeordnet worden waren, nicht ausgeführt hat.«

Für die Wohnungswirtschaft gab es mit der Novellierung der Trinkwasserverordnung folgende maßgebliche Änderungen[101]:

»Die erneute Novellierung der Trinkwasserverordnung (TrinkwV) gemäß der 2. Änderungsverordnung Dezember 2012 rund ein Jahr nach Inkrafttreten der ersten Novelle bringt deutliche Erleichterungen für die Anlagenbetreiber. So entfällt die Pflicht, untersuchungspflichtige Großanlagen zur Trinkwassererwärmung den Gesundheitsbehörden anzuzeigen. Der § 13 Absatz 5 TrinkwV, der die Meldepflicht regelte, wird ersatzlos gestrichen. Auch werden die Untersuchungsintervalle bei Anlagen mit ausschließlich gewerblicher Nutzung erheblich verlängert. Für Erstbeprobungen räumt der Verordnungsgeber den Unternehmern und sonstigen Inhabern von Wasserversorgungsanlagen (UsI) eine Frist bis zum 31. Dezember 2013 ein.

Folgeuntersuchungen in ausschließlich gewerblich genutzten Gebäuden mit zentraler Warmwasserbereitung sind mindestens alle drei Jahre auszuführen, nicht mehr jährlich, wie noch in der ersten Änderungsverordnung festgelegt. Die jährliche Untersuchungspflicht bleibt für Gebäude bestehen, in denen Wasser ›im Rahmen einer öffentlichen Tätigkeit‹ abgegeben wird. Dieses Tatbestandsmerkmal wird in der Verwaltungspraxis der Gesundheitsbehörden weit ausgelegt und umfasst alle Gebäude mit Publikumsverkehr im weiteren Sinne. ›Im Rahmen der gewerblichen Tätigkeit‹ ist nach Ansicht der Gesundheitsämter bei Wohnungseigentümergemeinschaften bereits dann gegeben, wenn nur eine Wohnung in der Anlage nicht selbst genutzt, sondern vermietet wird.

Andererseits werden durch die zweite Novelle aber auch Verschärfungen eingeführt: Die so genannte Gefährdungsanalyse wird selbst bei geringfügigen Überschreitungen der vorgeschriebenen Grenzwerte (technischer Maßnahmewerte) für alle Anlagenbetreiber zur Pflicht. Ein neuer § 16 Absatz 7 wurde geschaffen, mit einer Reihe von neuen Pflichten für die Anlagenbetreiber, wenn Legionellen oberhalb des Maßnahmewertes von 100 Kolonie bildenden Einheiten je 100 ml (100 KbE/100 ml) festgestellt werden. Außerdem können Sanktionen verhängt werden, wenn der Anlagenbetreiber den Gesundheitsämtern die Legionellen-Kontamination nicht oder auch nur nicht rechtzeitig meldet.«

---

101 Relevante Änderungen für wohnungswirtschaftliche Anlagenbetreiber nach Inkrafttreten der zweiten Novelle der Trinkwasserverordnung, RA Marcus Pikarek, Vorstand WATERcontrol AG, Hannover

Lt. Veröffentlichung[102] des Bundesverbandes deutscher Wohnungs- und Immobilienunternehmen (GdW) haben die aufgrund der Änderung der TrinkwV im Jahr 2011 erfolgten Untersuchungen auf Legionellen in der Wohnungswirtschaft gezeigt, dass die überwiegende Anzahl (ca. 85 %) der Proben keine bzw. nur geringe Konzentrationen an Legionellen aufweisen. Nach Angaben des Mess-Dienstleisters Techem waren bis zum Ablauf der Erstbeprobungsfrist Ende 2013 rund 13,3 % der untersuchten Anlagen (in 25.000 Mehrfamilienhäusern) von Legionellenkontaminationen betroffen.[103]

Lt. Fachausschusses für Planung und Technik des VdW Südwest bereitet die Beprobung der dritten Stelle an der ungünstigsten Position, also beim Mieter in der Wohnung, den größten Aufwand.[104]

5.3   Freianlagen und Kinderspielplätze

In den Bereichen, in denen Kinder spielen und sich aufhalten, ist es besonders wichtig, Gefahrenquellen zu vermeiden und zu kontrollieren, da Kinder nur über eine eingeschränkte Einsichtsfähigkeit verfügen. Kinderspielplätze sind nach der europäischen Norm EN 1176-7 wöchentlich (oder je nach Nutzungshäufigkeit) durch Fachkundige (visuelle Prüfung) zu kontrollieren, sowie mindestens alle ein bis drei Monate ist nach Herstelleranleitung eine operative Prüfung und einmal jährlich eine Hauptinspektion und Wirksamkeitsprüfung der Organisation der Sicherheitsmaßnahmen vorzunehmen. Nach einer Untersuchung von TÜV und Zeitschrift ÖKOTEST im Mai 2003 waren von den 150 untersuchten Spielplätzen nur die Hälfte ohne Beanstandung (»gut«). Insbesondere verrottete Holzkonstruktionen, Fangstellen für Kleidung und mangelhafte Fallschutzunterlagen bereiteten Probleme. Auf eine gute Drainage der Sandunterlagen ist u. a. zu achten, damit der weiche Sand bei plötzlichem Frost nicht steinhart überfriert. Ebenso ist zu prüfen, ob nicht giftige Pflanzen den Spielspaß beeinträchtigen, wie z. B. Pfaffenhütchen, Seidelbast, Stechpalme, Goldregen.

---

102 GdW Arbeitshilfe 70, Umsetzung der 2. Änderungsverordnung zur Trinkwasserverordnung, Hrsg. GdW Bundesverband deutscher Wohnungs- und Immobilienunternehmen e. V., Mai 2013
103 Pressemitteilung von Techem zur Legionellenprüfung vom 28.4.2014, http://newsroom.techem.de/pressemappe/studien/
104 Wohnungs- und Immobilienwirtschaft für Hessen, Nordrhein-Westfalen, Rheinland-Pfalz und Saarland VerbandsMagazin vm 12–1 2013/14

Spielplatz - Check

Technischer Teil (Überprüfung sicherheitsrelevanter Details der Spielgeräte)

Bei Fallräumen (Zone um die Spielgeräte herum) ist zu beachten, dass diese sich nicht überschneiden dürfen und frei von Gegenständen sind !

	Überprüfung	JA	NEIN
Gerätesicherheit allgemein	Bei Spielgeräten aus Holz: **Fäulnis** an den Stützen (speziell im Boden/Luft – Bereich)		
	Fäulnis an den anderen Holzbauteilen		
	Bei Spielgeräten aus Stahl: **Korrosion** an den Stützen (speziell im Boden/Luft – Bereich)		
	Korrosion an den anderen Bauteilen		
	Sind die **Spielgeräte fest mit dem Untergrund verbunden** ? (Schütteln Sie an den Geräten und besteigen sie diese, um die Standfestigkeit zu prüfen)		
	Gibt es **scharfe Ecken und Kanten an den Spielgeräten** ?		
	Sind die **Oberflächen frei von Splittern, heraustehenden Teilen**? (Schrauben, Nägel, u.ä)		
	Sind die **Befestigungselemente der Spielgeräte fest angezogen und gesichert** ? (Schrauben, Muttern, u.ä. , Sicherung durch Schutzkappen u.ä.)		
	Sie haben Mängel festgestellt ? Welchen Mangel ? Welches Spielgerät ?		
Spielgerät	**Überprüfung**	**JA**	**NEIN**
Klettergerät	**Fallraum** entspricht der DIN EN 1176 (2/3 der Fallhöhe + 50 cm = Fallraum rund um das Spielgerät)		
	Fallschutzauflage (Sand, Feinkies od. Rindenmulch n. DIN EN 1177) (bei einer Fallhöhe > 1,50 m mindestens 200 mm + 200 mm für den Wegspieleffekt)		
	Absturzsicherung entspricht der DIN EN 1176 bis 1m: keine Absturzsicherung vorgeschrieben; ab 1 – 2 m: Geländer als Absturz- sicherung (Querbalken od. Handlauf); ab 2 m: Brüstung als Absturzsicherung		
	Fangstellen vorhanden Als Fangstellen bezeichnet man Stellen, die ein Hängen bleiben von Körper, Körperteilen sowie Kleidungsstücken ermöglichen.)		
	Kopfmaße in Ordnung (Zwischenräume/Öffnungen kleiner 100 mm oder größer 230 mm)		
	Halsmaße in Ordnung (Zwischenräume/Öffnungen kleiner 45 mm)		
	Fingermaße in Ordnung (Zwischenräume/Öffnungen kleiner 8 mm (Kettenglied) oder größer 25 mm)		
	Können sich Anorakkordeln verfangen ? TIP: Am sichersten ist es, die Kordeln von Kinderkleidung zu entfernen !		
Schaukel	**Aufprallfläche & Bewegungsraum** muß in den meisten Fällen mind. 4 m Länge nach beiden Seiten vom Schaukelmittelpunkt aus betragen. (bei den meisten Schaukeln ca. 2 m auf ausreichende Fallschutzauflage achten)		
	Sitzhöhe des Schaukelsitzes max. 50 cm		
	Freiraum Abstand zwischen Schaukelsitz und Boden (beträgt der Abstand zwischen Schaukelsitz und Boden mindestens 40 cm ?)		
	Kettenglieder in Ordnung ? (Speziell das erste u. letzte nicht durchgescheuert)		
	Kettenglieder höchstens 8 mm breit (einfacher Test: Passt ein handelsüblicher Kugelschreiber hinein ?)		
	Sitzbefestigung in Ordnung		

3

Abb. 5.1: Ausschnitt aus Spielplatzcheck der Elterninitiative »Sichere Spielplätze« und dem Deutschem Grünen Kreuz[105]

105 www.dgk.de, 2008

5.4 Bäume

Bäume sind nach ständiger Rechtsprechung des Bundesgerichtshofs und der Oberlandesgerichte einmal im belaubten und einmal im unbelaubten Zustand auf ihre Standfestigkeit zu kontrollieren. Die Baumkontrollen sind als Sichtkontrollen auf Stand- und Bruchsicherheit vom Boden aus von Fachleuten bzw. fachlich eingewiesenen Personen auszuführen. Eine Baumkontrolle allein im unbelaubten Zustand ist auf jeden Fall unzureichend. Dies betrifft alle Grünanlagen, Kinderspielplätze und begleitenden Baumpflanzungen an Verkehrswegen.

Abb. 5.2: Nach Sturm gestürzter Baum

6 Hinweise zu öffentlichen Bauten und Bundesbauten

Für den Bereich des öffentlichen Bauens geben die Festlegungen für die Bundesbauten wertvolle Hinweise zur Handhabung. Zusammenfassend werden die Anforderungen für den Bundesbau im Bewertungssystem für Nachhaltiges Bauen (BNB) Verwaltungs- und Bürogebäude als Prozesssteckbrief 5.3.4[106] dargestellt und bewertet. Im Folgenden werden in Auszügen die wesentlichen Festlegungen aus dem Produktsteckbrief zitiert:

»Für die Verkehrssicherheit baulicher Anlagen des Bundes gilt die ›Richtlinie für die Überwachung der Verkehrssicherheit von baulichen Anlagen des Bundes (RÜV)‹[107]. Über die Regelungen der RÜV hinausgehend sind im Regelfall aufgrund zivilrechtlich begründeter Verkehrssicherungspflichten weitere Sicherungsmaßnahmen notwendig, um den jeweiligen Verkehrssicherungspflichten in ausreichendem Maße nachzukommen. Eine Konkretisierung der weiteren Verkehrssicherungspflichten führen z. B. die Unfallverhütungsvorschriften herbei.«

Abb. 6.1: Titelblatt der RÜV-Richtlinie des Bundes[108]

---

106 Bundesministerium für Verkehr, Bau und Stadtentwicklung (BMVBS), Bewertungssystem Nachhaltiges Bauen (BNB) Büro- und Verwaltungsgebäude BNB 5.3.4, Modul Nutzen + Betreiben, Stand 2009, www.bnb-nachhaltigesbauen.de/

107 Bundesministerium für Verkehr, Bau und Stadtentwicklung (BMVBS), Richtlinie für die Überwachung der Verkehrssicherheit von baulichen Anlagen des Bundes (RÜV), 2008, www.bmub.bund.de/themen/bauen/bauwesen/gesetzgebung-und-leitfaeden/richtlinien/richtlinien-ruev/

108 www.bmub.bund.de/P3285/

»Die Qualitätsstufe 1 der Verkehrssicherungspflicht gilt in jedem Fall als erfüllt, wenn die Verkehrssicherung entsprechend der RÜV oder einem vergleichbaren Verfahren durchgeführt wird. Dies gilt auch, wenn Anlagen bewertet werden, die keine Bundesbauten sind.

Die Überwachung der Verkehrssicherung umfasst somit:

- die i. d. R. jährliche Begehung (regelmäßige Besichtigung der baulichen Anlage, Sichtkontrolle der tragenden Bauteile, Prüfung auf schädliche Einflüsse auf die Standsicherheit)
- die sonstige Prüfung von Bauteilen und Bauelementen
- ggf. eine weitergehende Prüfung bzw. die Erstellung eines Gutachtens
- die Dokumentation der Ergebnisse der Begehung (z. B. nach RÜV, Überwachungsliste Anlage bzw. Prüfprotokoll)«[109]

Bei »der Qualitätsstufe 2 ist zusätzlich zu den bauordnungsrechtlichen geschuldeten Maßnahmen der Verkehrssicherungspflicht eine Erfassung, Analyse und Bewertung des gesamten Gefährdungspotentials der jeweiligen Liegenschaft unter Bezugnahme der einzuhaltenden Unfallverhütungsvorschriften vorzunehmen. Hierzu zählen u. a. das Freiräumen, Beleuchten, Instandhaltung von Zuwegungen, die Sicherung von Wegen und Aufenthaltsbereichen gegen Dachlawinen und herabfallende Eiszapfen, die Beschilderung bei möglichen Gefahren sowie die regelmäßige Sichtprüfung von Bäumen auf dem Grundstück.«

»Bei der Inspektion und Wartung wird die volle Punktzahl erreicht, wenn Inspektion und Wartung gemäß ›einer auf das Gebäude und seine technischen Anlagen abgestimmten Inspektions- und Wartungsplanung ausgeführt‹ werden. Die Inspektions- und Wartungsplanung beinhaltet sowohl die Umsetzung der öffentlich-rechtlichen Vorgaben als auch die der Herstellerempfehlungen. … Weiterhin die … Erstellung eines Jahresberichts mit einer Zusammenstellung der im vergangenen Jahr durchgeführten Inspektions- und Wartungsarbeiten inkl. Ergebnisse sowie einer Aufstellung der im kommenden Jahr anstehenden, über das übliche Maß hinausgehenden Inspektions- und Wartungsarbeiten.«[110]

Im öffentlichen Bereich ist für die Inspektion und Wartung die Richtlinie »Wartung 2014« vom Arbeitskreis Maschinen- und Elektrotechnik staatlicher und

---

109 Bundesministerium für Verkehr, Bau und Stadtentwicklung (BMVBS), Bewertungssystem Nachhaltiges Bauen (BNB) Büro- und Verwaltungsgebäude BNB 5.3.4, Modul Nutzen + Betreiben, Stand 2009, www.bnb-nachhaltigesbauen.de/

110 Bundesministerium für Verkehr, Bau und Stadtentwicklung (BMVBS), Bewertungssystem Nachhaltiges Bauen (BNB) Büro- und Verwaltungsgebäude BNB 5.3.4, Modul Nutzen + Betreiben, Stand 2009, www.bnb-nachhaltigesbauen.de/

kommunaler Verwaltungen (AMEV)[111] maßgeblich. Die Inhalte der Arbeitskarten sind mit den Richtlinien des Verbandes Deutscher Maschinen- und Anlagenbau e. V. VDMA[112] abgestimmt und inhaltlich vergleichbar. Bei den VDMA-Richtlinien werden allerdings in der Regel keine Fristenvorgaben für die wiederkehrenden Inspektionen und Wartungen genannt.

Die Hinweise sind auch für die für die Verkehrssicherungspflicht Verantwortlichen anderer öffentlicher und gewerblicher Gebäude geeignet.

111 amev-online.de/. Herausgegeben wird das AMEV-Portal (Arbeitskreis Maschinen-und Elektrotechnik staatlicher und kommunaler Verwaltungen) im Auftrag des Bundesministeriums für Umwelt, Naturschutz, Bau und Reaktorsicherheit (BMUB)

112 VDMA, Verband Deutscher Maschinen- und Anlagenbau e. V. www.vdma.org/

7 Hinweise für kommunale Immobilienobjekttypen

Für öffentliche Bauten im kommunalen Bereich gelten in der Fiskalverwaltung grundsätzlich die privatrechtlichen Haftungsgrundsätze der allgemeinen Verkehrssicherungspflichten nach § 823 BGB und § 836 BGB. Ein Sonderfall gilt für Bauten, deren Benutzungsmöglichkeiten durch ein Rechtsinstitut des öffentlichen Rechts, wie z.B. eine kommunale Benutzungssatzung, geregelt sind. Eine Benutzungsordnung der Verwaltung reicht hier nicht aus – entscheidend ist als Grundlage ein Kommunalgesetz, das vom Rat der Stadt entsprechend beschlossen wurde. Dies ist auch eine Möglichkeit, um Haftungsentlastung zu schaffen.

Rechtsgrundlage persönliche Haftung und Anspruchsgrundlagen[113]		
VSP als hoheitliche Aufgabe z.B. §§ 10 Abs. 1, 52 NStrG, Straßen und Wege, Art. 34 GG in Ausübung eines öffentlichen Amtes	Hoheitlich, Zugangs- und Benutzungsmöglichkeiten durch Rechtsinstitut des öffentlichen Rechts geregelt (Benutzungssatzung Sporthallen)	Innenhaftung, aber Regress bei Vorsatz und grober Fahrlässigkeit
Fiskalverwaltung, VSP grundsätzlich privatrechtlicher Natur	Haftung für rechtswidriges oder schuldhaftes Verhalten	Außenhaftung, persönliches Haftungsrisiko, Schadenersatz

Als Beispiel wird hier der Auszug aus der Benutzungssatzung der Stadt Itzehoe dargestellt.

---

113 RA Dr. Georg Krafft, Seminarunterlagen Braunschweig, 10.2.2011

Aufgrund des § 4 der Gemeindeordnung für Schleswig-Holstein vom 28. Februar 2003 in der derzeit geltenden Fassung und der §§ 1, 4 und 6 des Kommunalabgabengesetzes des Landes Schleswig-Holstein (KAG) vom 10. Januar 2005 wird nach Beschlussfassung durch die Ratsversammlung der Stadt Itzehoe vom 12. Juli 2007 folgende Satzung erlassen:

§ 1
Allgemeines

(1) Die Schulräume, Turn- und Sporthallen der städt. Schulen sowie die städt. Freisportanlagen stehen zur Verfügung:

    a) den städt. Schulen der Stadt Itzehoe für den allgemeinen Unterricht, den Sportunterricht und für Schulveranstaltungen

    und

    b) auf Antrag den nicht städt. Schulen in Itzehoe, den Sportvereinen, Verbänden und sonstigen Gruppen aus dem Stadtbereich und den Umlandgemeinden für sportliche, kulturelle und sonstige im öffentlichen Interesse liegende Veranstaltungen, sofern diese dem Charakter der Räume entsprechen und dadurch schulische und sonstige öffentliche Belange nicht beeinträchtigt werden; Belange der städt. Schulen und ortsansässigen Vereine haben Vorrang.

(2) Den städt. Schulen stehen die Hallen und Räume sowie Freisportanlagen an jedem Werktag vormittags und außerdem auch nachmittags lt. Anforderung der Schulleitung zur Verfügung. Die Benutzungszeiten werden in einem Zeitplan festgelegt.

Abb. 7.1: Beispiel für eine Benutzungssatzung: Stadt Itzehoe

Haftung der Beschäftigten

Für Schäden, die Beschäftigte im Rahmen ihrer dienstlichen Tätigkeit Dritten zufügen, besteht in der Regel ein Haftpflicht-Deckungsschutz über den Kommunalen Schadensausgleich (KSA) in den jeweiligen Bundesländern.

Der Deckungsschutz besteht in unbegrenzter Höhe. Rückgriff gegenüber den Beschäftigten wird nicht genommen, es sei denn, der Schaden wurde vorsätzlich oder durch bewusst gesetzes- oder vorschriftswidriges Handeln verursacht. Rückgriff wird auch bei Kfz-Schäden, die ohne Fahrerlaubnis oder unter Alkohol- oder Rauschmittel einfluss verursacht wurden, genommen.

Bei Schäden, die der Beschäftigte der Kommune zufügt und die nicht durch eine Versicherung abgedeckt sind, wird Regress geprüft. Im Tarifvertrag für den öffentlichen Dienst (TVöD) ist dies nicht gesondert geregelt. Es gelten jedoch die beamtenrechtlichen Vorschriften zur Haftung entsprechend Beamtengesetz, d. h. Regressansprüche bestehen nur, wenn der Schaden durch grob fahrlässiges oder vorsätzliches Verhalten verursacht wurde. Dies ist in den jeweiligen Beamtengesetzen der Länder geregelt. Hier ein Beispiel aus dem Niedersächsischen Beamtengesetz (NBG):

§ 261 NBG – Angestellte und Arbeiter (1)

(1) Für Personen, die auf Grund eines Vertrages im öffentlichen Dienst (§ 1a) stehen, gelten – vorbehaltlich einer Regelung durch Tarifvertrag –
1. die beamtenrechtlichen Vorschriften über die Haftung (§ 86), über diese Vorschrift finden für die Beschäftigten im öffentlichen Dienst weiterhin die beamtenrechtlichen Vorschriften über die Haftung Anwendung ...

Objekttypenbildung – kommunale Objekttypen

- Grundschule
- allgemeinbildende weiterführende Schule
- berufsbildende Schule
- Schulsporthallen
- Kindertagesstätten
- Verwaltungsgebäude/Arbeitsstätten
- Versammlungsstätten
- Gemeinschaftshäuser/Jugendzentren

Als Standard zur Bildung von Objekttypen kann hier auf den Bauwerkszuordnungskatalog BWZ nach den Richtlinien für Bauten des Bundes (RBBau, Anlage Muster 6) als Vorlage zurückgegriffen werden. Dieser Bauwerkszuordnungskatalog erleichtert die systematische Erfassung der Betreiberpflichten zu einzelnen Objekttypen über den jeweiligen Immobilienbewirtschafter hinaus.

4000	Bildung und Kultur
4100	Allgemeinbildende Schulen
4110	Schulen, allgemein (z.B. Grundschulen, Hauptschulen, Realschulen, Gymnasien, Gesamtschulen)

Abb. 7.2: Auszug aus den Objekttypen (BWZ-Katalog)

Für die Nutzung von kommunalen Gebäuden ist der Erlass einer Nutzungsordnung sinnvoll. Als Beispiel wird hier ein Auszug aus der Nutzungsordnung der Stadt Braunschweig dargestellt.

**Benutzungsordnung der Stadt Braunschweig für die Überlassung städtischer Schul-
räume und Schulplätze für außerschulische Nutzung[114]**

1. Einrichtungen und Geräte der städtischen Schulräume und -plätze werden in dem Zustand, in welchem sie sich befinden, überlassen.

2. Der Nutzer ist verpflichtet, die Schulräume und -plätze, Einrichtungen und Geräte jeweils vor der Nutzung auf ihre ordnungsgemäße Beschaffenheit hin für den vorgesehenen Verwendungszweck zu prüfen. Er muss sicherstellen, dass eine Nutzung bei festgestellten Schäden unterbleibt, soweit eine entsprechende Beurteilung dem Nutzer zuzumuten ist.

3. Die Nutzung der überlassenen Schulräume und -plätze, Einrichtungen und Geräte ist nur im Rahmen des vereinbarten Zeitraumes und Zweckes zulässig. Der Nutzer ist verpflichtet, sie bei Ablauf der vereinbarten Nutzungszeit in den Zustand zu versetzen, in dem sie übernommen wurden.

4. Der Nutzer ist verpflichtet, Gebäude, Anlagen, Einrichtungen und Geräte schonend und sachgemäß zu behandeln und für Sauberkeit zu sorgen. Sollte eine Sonderreinigung nach der Nutzung notwendig sein, so hat der Nutzer die Kosten hierfür zu tragen.

5. Nutzungen dürfen nur in Anwesenheit eines Verantwortlichen stattfinden. Der Verantwortliche hat für die Aufrechterhaltung von Ruhe und Ordnung zu sorgen und ist der Stadt Braunschweig auf Aufforderung namentlich zu benennen.

6. In den Schulräumen und auf den Schulplätzen sind das Rauchen sowie die Abgabe und der Genuss alkoholischer Getränke untersagt.

7. Der Nutzer stellt die Stadt von etwaigen Haftpflichtansprüchen seiner Bediensteten, Mitglieder oder Beauftragten, Besucher, seiner Erfüllungsgehilfen oder sonstiger Dritter von Schäden frei, die im Zusammenhang mit der Nutzung der überlassenen Schulräume und -plätze, Einrichtungen, Geräte und der Zuwege zu den Schulräumen und -plätzen stehen. Der Nutzer verzichtet für den Fall der eigenen Inanspruchnahme auf die Geltendmachung von Rückgriffsansprüchen gegen die Stadt sowie gegen deren gesetzliche Vertreter oder Erfüllungsgehilfen.

8. Der Nutzer haftet für alle Schäden, die der Stadt an den überlassenen Schulräumen und -plätzen, Einrichtungen, Geräten und Zuwegen durch die Nutzung entstehen, soweit die Schädigung nicht in den Verantwortungsbereich der Stadt fällt.

9. Der Nutzer hat auf Verlangen der Stadt bei Vertragsschluss nachzuweisen, dass eine ausreichende Haftpflicht-Versicherung besteht, durch welche auch die Freistellungsansprüche sowie Haftpflichtansprüche der Stadt für Schäden an den gemieteten Schulräumen und -plätzen, Einrichtungen, Geräten und Zuwegen gedeckt werden.

---

114 Benutzungsordnung der Stadt Braunschweig für die Überlassung städtischer Schulräume und Schulplätze für außerschulische Nutzung, Braunschweig, November 2005

10. Für Personenschäden, welche dem Nutzer, seinen Bediensteten, Mitgliedern oder Beauftragten, Besuchern oder seinen Erfüllungsgehilfen entstehen, haften die Stadt sowie deren gesetzliche Vertreter oder Erfüllungsgehilfen im Rahmen der gesetzlichen Vorschriften. Für sonstige Schäden haften die Stadt, deren gesetzliche Vertreter oder Erfüllungsgehilfen nur bei einer vorsätzlichen oder grob fahrlässigen Pflichtverletzung.

11. Von dieser Vereinbarung bleibt die Haftung der Stadt als Grundstücksbesitzerin gemäß § 836 BGB für den sicheren Bauzustand von Schulräumen und -plätzen unberührt.

12. Die Stadt übernimmt keine Haftung für die vom Nutzer, seinen Bediensteten, Mitgliedern, Beauftragten oder von Besuchern eingebrachten Gegenstände, Kleidung und Wertsachen, es sei denn, der Stadt fallen Vorsatz oder grobe Fahrlässigkeit zur Last.

13. Mitgebrachte Gegenstände dürfen nur im Einvernehmen mit der Schulleitung und im Rahmen der gegebenen Möglichkeiten in Schulräumen und auf Schulplätzen verwahrt werden. Die Gegenstände sind so unterzubringen, dass sie den Schulbetrieb nicht stören oder gefährden. Für den verkehrssicheren Zustand der Gegenstände ist der Nutzer allein verantwortlich. Ersatzansprüche wegen Beschädigung oder Verlust dieser Gegenstände sind ausgeschlossen.

14. Die Schulleitung übt gem. § 111 NSchG das Hausrecht auf dem Schulgrundstück aus. Von ihr beauftragte Personen sind berechtigt, bei groben und wiederholten Verstößen gegen diese Benutzungsordnung einzelne Personen vom Schulgrundstück zu verweisen oder in besonders schweren Fällen die weitere Nutzung zu untersagen.

15. Die Stadt ist berechtigt, den Nutzungsvertrag aus wichtigem Grund fristlos zu kündigen. Ein wichtiger Grund liegt insbesondere dann vor, wenn
    1. an der Kündigung ein dringendes öffentliches Interesse besteht,
    2. die Kündigung aus Gründen des Schulbetriebes erforderlich wird,
    3. gegen die Benutzungsordnung verstoßen wird,
    4. der Nutzer in Zahlungsverzug ist,
    5. der Schulraum oder -platz während der vereinbarten Nutzungszeit mehr als zweimal ohne vorherige Angabe eines Hinderungsgrundes nicht genutzt wird.

16. Erforderliche Genehmigungen oder Erlaubnisse sind vom Nutzer einzuholen. Bauordnungsrechtliche und feuerpolizeiliche Sicherheitsvorschriften sind einzuhalten.

7.1 Grundschule und allgemeinbildende weiterführende Schule

Abb. 7.3: Eine Grundschule

Als Beispiel wird hier auf die Technische Prüfverordnung in Nordrhein-Westfalen verwiesen. Die Prüfverordnungen gelten auf Grundlage der Musterverordnung über Prüfungen von technischen Anlagen nach Bauordnungsrecht – MPrüfVO (Muster-Prüfverordnung) – des Bundes in den einzelnen Bundesländern entsprechend der Landesgesetzgebung in ähnlicher Form. Von der Bauministerkonferenz verabschiedete Mustervorschriften und Mustererlasse dienen als Grundlage für die Umsetzung in spezifisches Landesrecht. Sie entfalten somit keine unmittelbare Rechtswirkung. Jedes Land entscheidet, in welchem Umfang die Landesregelung dem Muster folgt.

Eine allgemeine Übersicht über die jeweiligen Prüfverordnungen in den Bundesländern ist z. B. unter www.btr-online.de/downloads/Uebersicht_PruefVO.pdf abrufbar. Dabei ist der jeweilige aktuelle Stand über die Länderportale/Rechtsvorschriften bei der Bauministerkonferenz unter https://www.is-argebau.de/ verfügbar.

In den folgenden Aufzählungen werden jeweils die zu prüfenden Elemente bezogen auf die Bauelemente bzw. Anlagenelemente benannt. Danach wird auf die üblichen Normen und Richtlinien zu den Elementen verwiesen.

Ziel ist es, die üblichen Prüfelemente je Immobilienobjekttyp darzustellen und zu erfassen. Die landestypischen gesetzlichen Regelungen können dabei abweichen, die technischen Regeln sind in der Regel bundesländerübergreifend.

Geltungsbereich Prüfpflichten Technische Anlagen PrüfVO NRW § 1

1. Verkaufsstätten im Sinne der Verordnung über Bau und Betrieb von Sonderbauten – Sonderbauverordnung – in der jeweils geltenden Fassung (SGV. NRW. 232),
2. Versammlungsstätten im Sinne der Sonderbauverordnung in der jeweils geltenden Fassung (SGV. NRW. 232),
3. Krankenhäusern,
4. Beherbergungsstätten im Sinne der Sonderbauverordnung in der jeweils geltenden Fassung (SGV. NRW. 232),
5. Hochhäusern,
6. Mittel- und Großgaragen im Sinne der Sonderbauverordnung in der jeweils geltenden Fassung (SGV. NRW. 232),
7. Einrichtungen mit Räumen für Pflege- und Betreuungsleistungen von mehr als insgesamt 500 m² Bruttogrundfläche in einem Gebäude,
8. **allgemeinbildenden und berufsbildenden Schulen,**
9. Hallenbauten für gewerbliche oder industrielle Betriebe mit einer Geschossfläche von mehr als 2000 m²,
10. Messebauten und Abfertigungsgebäuden von Flughäfen und Bahnhöfen mit einer Geschossfläche von mehr als 2.000 m² und
11. sonstigen baulichen Anlagen und Räumen besonderer Art oder Nutzung, soweit die Prüfung durch die zuständige Bauaufsichtsbehörde nach § 54 Absatz 2 Nummer 22 BauO NRW im Einzelfall angeordnet worden ist.

Prüfpflichten Technische Anlagen PrüfVO NRW § 1

§ 1 Folgende technische Anlagen sind durch Prüfsachverständige
zu prüfen:
(alle drei Jahre)

1. CO-Warnanlagen in geschlossenen Großgaragen,
2. ortsfeste, selbsttätige Feuerlöschanlagen,
3. lüftungstechnische Anlagen,
4. maschinelle Lüftungsanlagen in geschlossenen Mittel- und Großgaragen,
5. Druckbelüftungsanlagen zur Rauchfreihaltung von Rettungswegen,
6. maschinelle Rauchabzugsanlagen,
7. Sicherheitsbeleuchtungs- und Sicherheitsstromversorgungsanlagen,
8. Brandmelde- und Alarmierungsanlagen
(alle 6 Jahre)
9. elektrische Anlagen (…),
10. natürliche Rauchabzugsanlagen,
11. ortsfeste, nicht-selbsttätige Feuerlöschanlagen.

Abb. 7.4: Eine Rauchabzugsanlage

Löschwassereinspeisungen

Eine Prüfung/Instandhaltung durch Sachkundigen ist nach DIN 14462 alle zwei Jahre bei Löschwasseranlage (LWA) trocken, jährlich bei LWA nass vorgeschrieben. Der Betreiber ist nach VDI 38102-2 verpflichtet, eine halbjährliche Prüfung auf Erkennbarkeit, Zugänglichkeit, Vollständigkeit und einwandfreien Zustand durchzuführen.

Prüfpflichten Technische Anlagen PrüfVO NRW § 2

1. auf Veranlassung und auf Kosten des Bauherrn in den Fällen der ersten Inbetriebnahme und nach wesentlichen Änderungen vor der Wiederinbetriebnahme als Erstprüfung und
2. auf Veranlassung und auf Kosten des Betreibers in den übrigen Fällen als wiederkehrende Prüfung.
3. Die wiederkehrenden Prüfungen sind seit der letzten Prüfung in Zeiträumen von nicht mehr als
   1. 3 Jahren für Anlagen gemäß § 1 Nr. 1 bis 8 und
   2. 6 Jahren für Anlagen gemäß § 1 Nr. 9 bis 11 zu veranlassen.

7.1.1 Checkliste Wärmeversorgung

Elemente/Gefahrstellen

- Heizwasser-Hausstation: Inspektion, Wartung
- Dampf-Hausstation: Inspektion, Wartung
- Plattenwärmetauscher: Inbetriebnahme, äußere Prüfung, innere Prüfung

- Intervall: Wartung durch Sachkundigen (SK) i. d. R. jährlich
- Bedienung regeln, SK i. d. R. monatlich
- energetische Qualität aufrechterhalten (Heizungstechnik, Warmwasserversorgung)
- Membranausdehnungsgefäße: wiederkehrende Sicht- und Druckprüfung, Prüfung vor Inbetriebnahme nach BetrsichV entsprechend Einstufung nach Druckgeräterichtlinie Diagramm 2
- Intervall: Wartung durch SK i. d. R. jährlich

Hinweise zu Gesetzen, Normen, Richtlinien
- Anerkannte Regeln der Technik (ArdT)
- BetrSichV
- DVGW-Regeln, Arbeitsblätter
- Druckgeräterichtlinie
- AMEV-Empfehlungen
- TAB Technische Anschlussbedingungen Fernwärme
- Herstellerempfehlungen

7.1.2 Checkliste Elektrotechnik/Regelungstechnik

7.1.2.1 Elektrische Anlagen

Elemente/Gefahrstellen
- ortsfeste elektrische Anlagen: vor Inbetriebnahme, wiederkehrende Prüfung

Abb. 7.5: Defekter Not-Aus in Schulanlage mit Prüfvermerk

- Außen-/Feuchtbereich und Innenbereich
- Prüfeinrichtungen: Funktionsprüfung, Fehlerstrom-, Differenzstrom und Fehlerspannungsschutzschalter
- ortsveränderliche elektrische Betriebsmittel: wiederkehrende Prüfung (Kaffeemaschine bis Beamer), Intervall i. d. R. jährlich
- Sicherheitsbeleuchtungsanlagen: vor Inbetriebnahme, bei Änderung und Instandsetzung, arbeitstägliche Prüfung, wiederkehrende Prüfung, sicherheitstechnische Prüfung

Abb. 7.6: Sicherheitsbeleuchtung

- Notstromversorgung, Batterieladeeinrichtungen, explosionsgefährdete Bereiche: Gefährdungsbeurteilung; stationäre Batterien: Prüfungen

Hinweise zu Gesetzen, Normen, Richtlinien
- ArdT
- BetrSichV
- § 823 BGB; Verkehrssicherungspflicht
- § 19 BauO NRW
- DIN EN 50110-1, -2, -100 (VDE 0105)
- Feuchtbereich VDE 0100 Gruppe 700
- BGV A3 Elektrische Anlagen und Betriebsmittel, ASR
- AMEV-Empfehlungen
- Herstellerempfehlungen

- M Schulbaurichtlinie, NDS, NRW
- PrüfVO NRW, DVNBauO
- Allgemeine Feuerversicherungsbedingungen (VdS)

7.1.2.2 Weitere elektrische Anlagen

Elemente/Gefahrstellen
- Alarmierungsanlagen nach Schulbaurichtlinie: Leucht- und Schallzeichen prüfen, Inbetriebnahme, wiederkehrende Prüfung, ELA-Anlagen, alle drei Jahre
- Sicherheits- und Gesundheitsschutzkennzeichnung: wiederkehrende Prüfung durch Sachverständigen (SV) alle drei Jahre
- Blitzschutzeinrichtungen (Blitzschutzklasse III oder IV): Prüfung vor Inbetriebnahme, Sichtprüfung alle zwei Jahre durch Sachkundigen, umfassende Prüfung alle vier Jahre
- Brandmeldeanlagen: Organisation und Betrieb der Gefahrenmeldeanlagen, zusätzliche Anforderungen bei Brandmeldeanlagen, Prüfung vor Inbetriebnahme der Brandmeldeanlagen, wiederkehrende Begehung
- Gefahrenmeldeanlagen: wiederkehrende Inspektion, Wartung, Funktionsprüfung
- Hausalarmanlagen: wiederkehrende Prüfungen

Hinweise zu Gesetzen, Normen, Richtlinien
- ArdT
- BetrSichV
- § 823 BGB Verkehrssicherungspflicht
- § 19 BauO NRW
- DIN EN 50110-1, -2, -100 (VDE 0105)
- Feuchtbereich VDE 0100 Gruppe 700
- BGV A3 Elektrische Anlagen und Betriebsmittel, ASR
- AMEV-Empfehlungen
- AMEV-Empfehlung »Wartung 2014 – Wartung, Inspektion und damit verbundene kleine Instandsetzungsarbeiten von technischen Anlagen und Einrichtungen in öffentlichen Gebäuden«
- Herstellerempfehlungen
- M Schulbaurichtlinie, NDS, NRW
- PrüfVO NRW
- DVNBauO
- Allgemeine Feuerversicherungsbedingungen (VdS)
- DIN V VDE V 0185-3, 2002-11, Blitzschutz – Teil 3: Schutz von baulichen Anlagen und Personen
- VdS 2010 Risikoorientierter Blitz- und Überspannungsschutz

»Mit 66 Toten im Jahr 2001 hat die Zahl der Stromtoten den niedrigsten Stand in Deutschland erreicht. Von ca. 300 im Jahr 1968 sank die Zahl auf 86 in 1999 und jetzt auf 66.
Mit 28 Fällen spielte auch der private Bereich weiterhin eine große Rolle.«[115]

7.1.3 Checkliste Brandschutz

Elemente/Gefahrstellen

- Feuerlöscher, tragbar: wiederkehrende Prüfung, festgelegter Ort, SK alle zwei Jahre
- Rauch- und Wärmeabzug RWA: Wartung SK jährlich, sicherheitstechnische Prüfung durch Sachverständigen (SV) alle 3 Jahre
- Rauchabzugsanlagen, Überdruckanlagen zur Rauchfreiheit von Rettungswegen (Treppenhäuser): Wartung, sicherheitstechnische Prüfung SV alle 3 Jahre

Abb. 7.7: Rauchabzugsanlage mit Kontrolllampe

- feuerhemmende und rauchdichte Türen und Tore mit Feststelleinrichtung, nicht kraftbetätigt: bei Abnahme, unterjährige Überwachung durch eingew. Person; alt: monatlich je nach Zulassung; neu: alle drei Monate, Sicht- und Funktionsprüfung mit ggf. Wartung durch Sachkundigen i. d. R. jährlich

---

115 VDE Pressemitteilung »Unfallschwerpunkt Bad« Elektrounfälle in Deutschland,2002, www.nw-verlag.de

- elektrische Verriegelung von Türen in Rettungswegen: Funktionsprüfung eingew. Person; alt: monatlich je nach Zulassung; neu: alle drei Monate

Abb. 7.8: Feuerschutztür mit Feststelleinrichtung im Rettungsweg

Hinweise zu Gesetzen, Normen, Richtlinien

- ArdT, BetrSichV
- § 823 BGB; Verkehrssicherungspflicht
- § 19 BauO NRW
- M Schulbaurichtlinie, NDS, NRW
- PrüfVO NRW, DVNBauO
- VDI-Richtlinie 38102-2 Betreiben und Instandhaltung von sanitärtechnischen Anlagen 05/2010, zzt. Aktualisierung durch Richtlinienausschuss beim VDI seit 09/2015
- DIN 14462 Löschwassereinrichtungen – Planung, Einbau, Betrieb und Instandhaltung von Wandhydrantenanlagen sowie Anlagen mit Über- und Unterflurhydranten
- Das technische Regelwerk für die Durchführung einer Wartung für Trinkwasserinstallationen ist DIN EN 806-5 »Betrieb und Wartung«, in diesem Fall bis zur Löschwasserübergabestelle (LWÜ). Für die mit der LWÜ beginnenden Feuerlösch- und Brandschutzanlagen sind für den Betrieb und die Wartung die Angaben der Normen DIN EN 12845, DIN 14462, DIN EN 671-3, DIN 14494 und DIN 14495 zu beachten.

Abb. 7.9: Löschwassereinspeisung im Eingangsbereich vor der Schule

- DIN EN 806-5:2012-04 Technische Regeln für Trinkwasser-Installationen (TRWI)
- DIN 1988-600 Trinkwasserinstallationen in Verbindung mit Feuerlösch- und Brandschutzanlagen

Abb. 7.10: Löschwasserentnahmestelle in der Schule

- DIN 14677 (Feststellanlagen Feuerschutz- und Rauchschutzabschlüsse)
- AMEV-Empfehlungen, Herstellerempfehlungen
- Erste Hilfe, Brandschutz und Evakuierung in Schulen RdErl. d. MK v. 28.7.2008 – 23.5-40 183/2 (Nds. MBl. Nr. 31/2008 S. 847)
- Musterchecklisten Brandschutz im Betrieb des vds: http://www.vds-industrial.de/brandschutz/

Übersicht über die Prüfintervalle von Brandschutzanlage

Brandschutz-anlage	Feuerlöscher	Löschwasseranlage nass	Löschwasseranlagen
Norm	DIN 14406 T 4 BetrSichV	DIN 14462 DIN EN 671-3 VDI 3810-2	DIN 14462 DIN EN 671-3 VDI 3810-2
Prüfintervall	2 Jahre nach DIN; 5 Jahre Innenprüfung nach BetrSichV; 10 Jahre Festigkeits(Druck)prüfung nach BetrSichV	12 Monate Wandhydranten und Wasserversorgung; 25 Jahre Dichtheitsprüfung	12 Monate Wandhydranten und Wasserversorgung; 25 Jahre Dichtheitsprüfung
Prüfer	Sachkundiger nach DIN befähigte Person/ZüS	Sachkundiger nach DIN 14462	Sachkundiger nach DIN 14462
Brandschutz-anlage	Löschwasseranlage trocken	Löschwassereinspeisungen	Druckerhöhungsanlage
Norm	DIN 14462	DIN 14462	DIN 14462 VDI 3810-2
Prüfintervall	2 Jahre Instandhaltung mit Dichtheitsprüfung 16 bar	2 Jahre bei LWA trocken; 1 Jahr bei LWA nass	12 Monate bzw. 6 Monate gemäß Herstellervorgabe
Prüfer	Sachkundiger nach DIN 14462	Sachkundiger nach DIN 14462	Sachkundiger nach DIN 14462, bei Trinkwasser zusätzl. WVU-Anerkennung erf.
Brandschutz-anlage	Feststellanlagen	Brandschutztüren/-tore	Brandschutzklappen
Norm	DIN 14677	DIN 14677 Wartungsanleitungen der Hersteller	(mit Wartungsauflagen) VDMA 24186 Landesbauordnung (LBO)

Übersicht über die Prüfintervalle von Brandschutzanlage

Brandschutz-anlage	Feuerlöscher	Löschwasseranlage nass	Löschwasseranlagen
Prüfintervall	12 Monate durch Fachkraft Funktionspüfung einge-wiesene Person max. 3 Monate je nach DiBt Zulassung	12 Monate durch Fachkraft Funktionspüfung ein-gewiesene Person max. 3 Mon. je nach DiBt Zulassung	12 Monate
Prüfer	Fachkraft für Feststell-anlagen eingewiesene Person	fachkundige Person	Sachkundiger für Brandschutzklappen
Brandschutz-anlage	Füll- und Entleerungsstation	Über-/Unterflur-hydranten	Rauchwärmeabzugs-anlagen RWA
Norm	DIN 14462 VDI 3810-2	DIN 14462 (nicht-öffentl. Ber.) DVGW W 331 (öffentl. Ber.) DVGW W 393 (öffentl. Ber.)	DIN 18232 T 5
Prüfintervall	12 Monate, teilw. 6 Monate gemäß Herstellervorgabe 12 Monate im nichtöf-fentlichen Bereich	5 Jahre im öffentlichen Bereich eines Wasser-versorgers	12 Monate
Prüfer	Sachkundiger DIN 14462, bei Trinkwasser zusätzl. WVU-Anerkennung erf.	Sachkundiger DIN 14462, bei Trinkwasser zu-sätzl. WVU-Anerken-nung erf.	Sachkundiger nach DIN Sachkundiger nach VdS

7.1.4 Checkliste Lüftungstechnik – Lüftungsanlagen

Elemente/Gefahrstellen

- lüftungstechnische Anlagen: vor Inbetriebnahme, bei wesentlicher Ände-rung, wiederkehrend auf Betriebssicherheit und Wirksamkeit, SK jährlich bei Wartung
- Brandschutzklappen: Prüfung auf Einbau und Funktion
- Absaugklappen, Tellerventile, Hygiene: SK ohne Befeuchtung alle zwei Jahre, mit Befeuchtung alle drei Jahre, SV alle drei Jahre

- Abluftventilatoren (keine Luftrückführung): Wartung der Filter durch be- rechtigte Person alle sechs Monate, Prüfung elektrische ortsfeste Anlage, SK alle vier Jahre
- Klimaanlagen über 12 kW Nennleistung: regelmäßige Inspektion auf Energie- effizienz nach ENEV, SK jährlich bei Wartung

Abb. 7.11: Lüftungsanlage Zu- und Abluft

Hinweise zu Gesetzen, Normen, Richtlinien
- ArdT
- BetrSichV
- § 823 BGB; Verkehrssicherungspflicht
- § 19 BauO NRW
- M Schulbaurichtlinie, NDS, NRW
- PrüfVO NRW, DVNBauO
- M LÜAR Lüftungsanlagenrichtlinie
- LÜAR NRW, NDS
- AMEV-Empfehlungen, Bedien RLT, http://www.amev-online.de/AMEVInhalt/ Detriebsfuehrung
- AMEV Wartung 2014
- Herstellerempfehlungen

7.1.5 Checkliste für wasserführende Installationen

Elemente/Gefahrstellen

- Trinkwasserinstallation
- Sicherheitseinrichtungen für Rücksaugsicherheit (Ventile, Rohrbelüfter, Rohrtrenner)
- Gartenwasserzapfstellen, Heizungsfüllanschlüsse, nutzungsspezifische Maschinen mit Wasseranschluss
- Rückspülfilter, sonstige Filter, Dosiergeräte, Enthärtungsanlagen
- Warmwasserverteilanlagen
- Löschwasseranlage nass
- Löschwasseranlage nass/trocken
- Löschwassereinspeisung
- Über/Unterflurhydranten
- Füll- und Entleerungsstation
- Hebeanlagen Abwasser (BGV A3)

Prüfungen/Kontrollen

- Sind die Sicherheitseinrichtungen zur Rücksaugsicherheit (Ventile, Rohrbelüfter, Rohrtrenner) in der Trinkwasserinstallation in Ordnung (Wartungsvertrag)?
- Sind Filter und Dosiereinrichtungen regelmäßig gewartet worden (Wartungsvertrag)?
- Sind die Nutzer ggf. nach der Trinkwasserverordnung über evtl. Zusätze zum Trinkwasser (Entkalker wie »Aquametasil«, Chlor) informiert worden?
- Sind Gartenzapfstellen (Frostsicherheit!), Heizungsfüllstellen u. Ä. funktionsfähig und ohne Leckage?
- Ist die Rohrdämmung von Trinkwasserinstallationen in Ordnung (Legionellengefahr, Kondensatprobleme)?
- Sind nach Betriebsunterbrechungen (Schulferien) von mehr als drei Tagen bis max. vier Wochen die Leitungen wg. Legionellengefahr gespült worden (Auslaufventile öffnen und ablaufen lassen)?
- Sind die Betreiberpflichten nach VDI-Richtlinie 3810-2 – Sanitärtechnik beachtet worden?
- Sind die Intervalle nach DIN EN 806-5:2012-04 Anhang A »Empfohlene Häufigkeit für die Inspektion und Wartung von Bauteilen für Trinkwasser-Installationen«, Tabelle A.1 beachtet worden?
  Tabellenauszug s. Kapitel 5.2

Hinweise zu Gesetzen, Normen, Richtlinien

- § 823 BGB; Verkehrssicherungspflicht
- Trinkwasserverordnung (TRINKWV)
- § 19 BauO NRW Verkehrssicherung
- DVGW W 551, Legionellengefahr
- VDI 6023, Trinkwasserhygiene
- DIN 14462 Löschwassereinrichtungen – Planung, Einbau, Betrieb und Instandhaltung von Wandhydrantenanlagen sowie Anlagen mit Über- und Unterflurhydranten
- Das technische Regelwerk für die Durchführung einer Wartung für Trinkwasserinstallationen ist DIN EN 806-5 »Betrieb und Wartung«, in diesem Fall bis zur Löschwasserübergabestelle (LWÜ). Für die mit der LWÜ beginnenden Feuerlösch- und Brandschutzanlagen sind für den Betrieb und die Wartung die Angaben der Normen DIN EN 12845, DIN 14462, DIN EN 671-3, DIN 14494 und DIN 14495 zu beachten.
- DIN EN 806-5:2012-04 Technische Regeln für Trinkwasser-Installationen (TRWI)
- DIN 1988-600 Trinkwasserinstallationen in Verbindung mit Feuerlösch- und Brandschutzanlagen
- DIN EN 806-5:2012-04 Technische Regeln für Trinkwasser-Installationen (TRWI)
- BetrSichV (Wassererwärmungsanlage)
- VDI Richtlinie 38102-2, Anhang A 1, 05/2010

Hinweise zu Pflichten der Trinkwasserverordnung

- Prüfpflicht einmal jährlich für öffentliche Gebäude
- Es gibt für den Parameter »Legionellen« umfassende neue Regelungen, die einen technischen Maßnahmenwert (100 Legionellen pro 100 Milliliter Trinkwasser) einführen und im Bedarfsfall eine Ortsbesichtigung der betroffenen Trinkwasserinstallation und eine Gefährdungsanalyse vorschreiben.
- Für die Trinkwasserinstallation in Gebäuden fordern die neuen Vorschriften explizit den Einsatz von geeigneten Sicherungseinrichtungen bei der Verbindung mit Nicht-Trinkwasser-Anlagen (z. B. Wasser-Nachspeisung von Heizungsanlagen).

Dokumentation zur Exkulpation

- Überwachung und Dokumentation der Betriebsparameter
- Durchführung der Inspektionsmaßnahmen und Führen eines Betriebsbuches
- Durchführung bzw. Anforderung der Wartungsmaßnahmen sowie entsprechende Dokumentation (Betriebsbuch)

Tipp   **!**

Weitere Hinweise gibt es auf der FAQ-Seite des DVGW:

http://www.dvgw.de/wasser/trinkwasser-und-gesundheit/legionellen/

7.1.6 Checkliste Sondertechnik – Aufzüge

Elemente/Gefahrstellen

- Personenaufzüge nach Aufzugsrichtlinie ARL 95/16/EG: Erstprüfung, wiederkehrende Prüfung in sicherheitstechnischer Sicht (Zugelassene Überwachungsstelle ZÜS) alle 12/24 Monate; ortsfeste elektrische Anlage ab 1. Juni 2015: Prüfung vor Inbetriebnahme durch eine ZÜS für Anlagen nach Aufzugsrichtline, Prüfplakette alle 24 Monate nach BetrsichV, Nachrüstung Gegensprechablage bis 12/2020
- Kleinlastenaufzug (Speiseaufzug Küche u. Ä.) nach Maschinenrichtlinie MRL 93/37/EG Gütertransport, ab 1.6.15 Aufzug nach Maschinenrichtlinie (MRL) alle 24 Monate durch ZÜS
- Behindertenaufzüge (Plattformlift) nach Anhang IV A, Nr. 16 MRL 98/37/EG (SV alle 24/48 Monate) ab 1. Juni 2015, Aufzüge nach MRL nach BetrsichV alle 24 Monate durch ZÜS
- Aufzüge mit Hydraulik, Hydraulik-Schlauchleitungen: SK jährlich, Sicherheits- und Gesundheitsschutzkennzeichnung, Betriebsanweisung für Verwender der Aufzugsanlage, Unterweisung des Wartungspersonals nach Arbeitsschutzgesetz, Wartung

Hinweise zu Gesetzen, Normen, Richtlinien

- ArdT
- BetrSichV 2015
- § 823 BGB; Verkehrssicherungspflicht
- § 19 BauO NRW
- AMEV-Empfehlungen, Wartung 2014
- Energie 2010
- Herstellerempfehlungen

7.1.7 Checkliste Fachunterrichtsräume (FUR)

Elemente/Gefahrstellen
1. FUR Chemie, FUR Biologie, FUR Physik

- Abzüge für Gefahrstoffe Gase, Dämpfe, Stäube nach DIN 12924-1 alt, ersetzt durch neu DIN EN 14175, Überwachung Funktionstüchtigkeit (Warneinrichtung, Wollfaden zur Prüfung der Funktion als Strömungsanzeiger), Sachkundigenprüfung jährlich,
- TRGS 526 Laboratorien, Abschnitt 7.3
- BGR 120: Laboratorien, Abschnitt 7.3
- BGI/GUV I 850-0 Sicheres Arbeiten in Laboratorien – Grundlagen und Handlungshilfen, Abschnitt 6.3 und 7.3

- BGI 850-2, T032 Laborabzüge: Bauarten und sicherer Betrieb
- DIN EN 14175 1-6 Abzüge
- DIN 12924 2-4 Laboreinrichtungen; Abzüge
- Geräte zur Brandbekämpfung
- Notruftelefon: bP jährlich
- Flüssiggasbehälter: SK jährlich
- Druckgasbehälter: SK jährlich
- ortsfeste Flüssiggasanlagen: Prüfnachweis Sachkundiger, SK alle vier Jahre
- DVGW-geprüfte Schläuche: vor Benutzung
- Notaus für elektrische Anlagen und Gasleitungen an zentraler Stelle: bP jährlich

2. FUR Chemie, FUR Biologie, FUR Physik, FUR Werken/Technik

- Absperreinrichtung der Gaszuleitung zu den Schülertischen
- Sicherungen gegen Abreißen der fest installierten Ver- und Entsorgungsanlagen
- Fehlerstromschutzschalter an den Netzstromkreisen der Experimentier stände: bP alle sechs Monate
- Sicherung der Maschinen mit Schlüsselschalter gegen unbefugte Benutzung
- Schutzeinrichtungen an Holzbearbeitungsmaschinen, Absaugung: SK jährlich
- Brennöfen mit Entlüftung ins Freie (Temperaturregler, Sicherheitsthermo stat, Türendschalter, Wärmeisolierung): jährliche elektrische Prüfung nach GUV V3 durch Elektrofachkraft

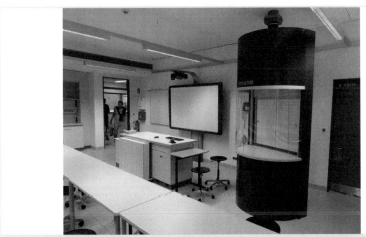

Abb. 7.12: Gefahrstoffabzug in einem Fachunterrichtsraum einer Gesamtschule

7.2 Berufsbildende Schule

Abb. 7.13: Berufsbildende Schule

Sicherheitsbegehungen: Ersterfassung der Immobilienobjekte – Gefahrstellenkatalog

Für die Ersterfassung eines komplexen Immobilienobjekts, z. B. einer berufsbildenden Schule, hat sich folgendes Vorgehen nach Verfahrensschritten bewährt:

- Plananalyse on desk nach Bauteilen DIN 276
- Analyse nach gleichartigen Nutzungen DIN 277
- Vergleich der Nutzungen mit Tätigkeiten nach UVV/Arbeitsschutz
- Begehung mit Tablet/mobilem Endgerät
- Verortung der Nutzungen und Baulelemente
- Auswertung im Nachgang

i 276 Sch	DIN276 Bezeichnung	Bauteilkatego	Bauteil	Pflicht	Intervall	Qualifikation	Arbeitsanweisung	FM Bereich
526 Spielplatzflächen		Außenanlage	Spielplatzanlage	Sichtkontrolle Spielplatz	1-wöchentlich	unterwiesene Person	- Ist der Allgemeinzustandes des Spielplatzes (gefährliche Gegenstände, Verunreinigungen, Spielsand, giftige Pflanzen) in Ordnung (Hauswart)? - Sind die Spielgeräte nach Sichtkontrolle in Ordnung? - Gefahrstellen: - Verschleißstellen, wie Ketten, Seilen, Gelenken, Sprossen, benutzte Flächen - Holzteile im Boden, Verbindungsmittel, Kunststoffteile - Treppen, Leitern, Podeste, Standflächen - Geländer, Handläufe, Absturzsicherungen - Schaukeln und Zubehör - Fallschutz - Literatur: www.sgk.de Spielplatzcheck	Grün und Freiflächen
531 Einfriedungen		Außenanlage	Zäune	Sicherheitsbegehung	1-jährlich	unterwiesene Person	- Sind die Zäune von Grundstücken standsicher? - Sind Bauzäune, Absperrungen ohne Lücken? - Sind Bauzäune (ggf. durch Auftragnehmer) regelmäßig (wöchentlich) kontrolliert worden? - Sind bei Grundstücksbrachen die Zäune hoch genug (2 m) um das Übersteigen durch Jugendliche zu verhindern? - Sind die Einfriedungen / Abdeckungen bei Wasserflächen in Ordnung und/oder ist die Wassertiefe auf 40 cm nach DIN 18034-Spielplätze und Freiräume zum Spielen begrenzt?	Grün und Freiflächen
533 Mauern, Wände		Außenanlage	Mauern	Sicherheitsbegehung	1-jährlich	unterwiesene Person	- Sind die Mauern standsicher und zeigen keine konstruktiven Risse und großflächigen Putzabplatzungen? - Sind die Abdeckungen der Mauern in Ordnung? - Sind Stützmauern standsicher und ohne Risse? - Sind Trockenmauern standsicher und ohne Fehlstellen?	Hochbau / GM
541 Abwasseranlagen		Außenanlage	Abwasseranlagen, Grundstücksentwässerungsanlagen (Kleinkläranlagen als Anlagen zur Abwasservorbehandlung)	Inspektion	6-monatlich	Fachkraft	Inspektions-, Wartungs- und Entsorgungsmaßnahmen sowie Entsorgungsintervalle nach DIN EN 12566-1 r Verbindung mit DIN 4261-1. [...]	Technische Gebäudeausrüstung /TGA

Abb. 7.14: Gefahrstellenkatalog – Auszug aus BBS. Bei einer Analyse auf Gefahrstellen durch das iMBFW Institut e. V. in einer Berufsschule nach Zuständigkeiten haben sich ca. 280 Gefahrstellenpunkte/Prüfelemente herausgestellt, die zu kontrollieren sind.

7.2.1 Checkliste Lehrküche/Küche

Elemente/Gefahrstellen

- Fachraumordnung, Lebensmittel-Hygiene-Verordnung
- Lüftungsanlage (Zu-und Abluftanlage) mit wirksamem Fettfilter: Prüfung und Reinigung alle 14 Tage
- Dunstabzugsanlage: Reinigung, jährlicher Prüfnachweis
- Beleuchtung: ausreichend (500 lx), blendfrei, abgeschirmte Leuchtstoffröhren
- ortsfeste elektrische Anlage: Prüfnachweis, SK alle vier Jahre
- nicht ortsfeste elektrische Betriebsmittel: Prüfnachweis Küchen (SK alle sechs Monate)
- Feuerlöscheinrichtungen (Handfeuerlöscher CO_2, SK alle zwei Jahre, Feuerlöschdecke)
- Kleinlastenaufzüge: Prüfung durch ZÜS alle 24 Monate
- Gasanlagen: Gasgeräte, Prüfnachweis BetrSichV alle zwei Jahre; Flüssiggasanlagen, Prüfnachweis BetrSichV alle vier Jahre

Abb. 7.15: Schulküche mit Ausgabetresen

Abb. 7.16: Warmküche

Hinweise zu Gesetzen, Normen, Richtlinien

- ArdT
- BetrSichV
- § 823 BGB; Verkehrssicherungspflicht
- § 19 BauO NRW
- AMEV-Empfehlungen, Wartung 2014
- Energie 2010
- M Schulbaurichtlinie
- PrüfVO NRW, DVNBauO NDS
- BG/ GUV-V S1 (UVV Schulen)
- GUV-SI 8460 Checklisten allgemeinbildende Schulen
- Herstellerempfehlungen

7.3 Schulsporthallen

7.3.1 Checkliste Sportstätten – Schulsporthallen

Abb. 7.17: Schulsporthalle

Elemente/Gefahrstellen

- Sicherheitsbeleuchtung: wiederkehrende Prüfung
- zwei gekennzeichnete Rettungswege
- selbst schließende Rauch- oder Brandschutztüren
- Rauchabzugseinrichtungen für die Treppenräume
- Kennzeichnung der Fluchtwege und Türen, lang nachleuchtend oder Rettungszeichenleuchte
- ortsfeste elektrische Anlage: Prüfnachweis
- ausreichend Feuerlöscher, tragbar
- Feuerlöscheinrichtungen
- Steigleitung trocken: Kaltwasserdruckprüfung, Funktionsfähigkeitsprüfung
- Steigleitung nass: Funktionsprüfung, Wartung, Gebrauchsdruckprüfung, Intervalle wie unter 7.1.3 Checkliste Brandschutz: Übersicht über Prüfintervalle bei Brandschutzanlagen

Hinweise zu Gesetzen, Normen, Richtlinien

- Versammlungsstättenverordnung, NDS, NRW, ab 200 Personen Platzkapazität zusätzlich zu beachten
- BetrSichV
- BGV-A3
- M Schulbaurichtlinie, NDS, NRW
- PrüfVO NRW, DVNBauO NDS
- BG/ GUV-V S1 (UVV Schulen)
- GUV-SI 8468 Schulsportstätten sicher betreiben

- DIN 14462 Löschwassereinrichtungen – Planung, Einbau, Betrieb und In-standhaltung von Wandhydrantenanlagen sowie Anlagen mit Über- und Un-terflurhydranten
- Das technische Regelwerk für die Durchführung einer Wartung für Trinkwas-serinstallationen ist DIN EN 806-5 »Betrieb und Wartung«, in diesem Fall bis zur Löschwasserübergabestelle (LWÜ). Für die mit der LWÜ beginnenden Feu-erlösch- und Brandschutzanlagen sind für den Betrieb und die Wartung die Angaben der Normen DIN EN 12845, DIN 14462, DIN EN 671-3, DIN 14494 und DIN 14495 zu beachten.
- DIN EN 806-5:2012-04 Technische Regeln für Trinkwasser-Installationen (TRWI)
- DIN 1988-600 Trinkwasserinstallationen in Verbindung mit Feuerlösch- und Brandschutzanlagen
- DIN EN 806-5:2012-04 Technische Regeln für Trinkwasser-Installationen (TRWI)
- DIN 1988-600 Trinkwasserinstallationen in Verbindung mit Feuerlösch- und Brandschutzanlagen
- DIN 14677 Feststellanlagen Feuerschutz- und Rauchschutzabschlüsse

Weitere Elemente/Gefahrstellen
- Lüftungsanlagen: vor Inbetriebnahme, bei Änderung, wiederkehrende Prü-fung; Duschräume: Luftwechselrate acht bis zehn je Stunde, in Umkleide-räumen sechsfacher Luftwechsel je Stunde, Feuchtesensor Lüftungsanlage
- Alarmierungseinrichtungen nach Schulbaurichtlinie
- elektroakustische Anlagen (ELA)
- Blitzschutzanlage
- Notruftelefon
- Waschräume: Maßnahmen zur Legionellenbekämpfung
- Waschräume: Auslauftemperatur max. 40 °C

Abb. 7.18: Sanitärraum einer Gesamtschule mit Brandmeldern

Hinweise zu Gesetzen, Normen, Richtlinien

- M Schulbaurichtlinie, NDS, NRW
- M Lüftungsanlagenrichtlinie LüAR
- PrüfVO NRW, DVNBauO NDS
- UV-SI 8468 Schulsportstätten sicher betreiben
- DIN 18032-1, Abschnitt 10, Lüftung
- BGV-A3
- Trinkwasserverordnung aktuelle Fassung, DVGW 551, 552
- DIN 14462 Löschwassereinrichtungen – Planung, Einbau, Betrieb und Instandhaltung von Wandhydrantenanlagen sowie Anlagen mit Über- und Unterflurhydranten
- Das technische Regelwerk für die Durchführung einer Wartung für Trinkwasserinstallationen ist DIN EN 806-5 »Betrieb und Wartung«, in diesem Fall bis zur Löschwasserübergabestelle (LWÜ). Für die mit der LWÜ beginnenden Feuerlösch- und Brandschutzanlagen sind für den Betrieb und die Wartung die Angaben der Normen DIN EN 12845, DIN 14462, DIN EN 671-3, DIN 14494 und DIN 14495 zu beachten.
- DIN EN 806-5:2012-04 Technische Regeln für Trinkwasser-Installationen (TRWI)
- DIN 1988-600 Trinkwasserinstallationen in Verbindung mit Feuerlösch- und Brandschutzanlagen
- DIN EN 806-5:2012-04 Technische Regeln für Trinkwasser-Installationen (TRWI)
- DIN 1988-600 Trinkwasserinstallationen in Verbindung mit Feuerlösch- und Brandschutzanlagen
- BG/GUV-V S1 (UVV Schulen), ArbStättV

7.3.2 Checkliste Schulsporthallen

7.3.2.1 Elektrotechnik (ELT)

Elemente/Gefahrstellen

- Stromkreise in Wasch-, Dusch- und Umkleideräumen: einphasige Steckdosenstromkreise mit Fehlerstrom-Schutzeinrichtungen, Funktionsprüfung, bP alle sechs Monate
- Stromkreissicherungen in Verteilerkästen bezeichnet und Stromkreise gegen direktes Berühren gesichert (Abdeckung an Schraubkappen, Leerkappen, Passeinsätzen), Sichtprüfung
- Trennwandvorhänge: vor Inbetriebnahme Sachverständigenprüfung, wiederkehrende Sachkundigenprüfung, Totmannschaltung, Sicherung gegen unbefugte Benutzung, Einsehbarkeit für Bediener, SK jährlich
- Beleuchtungsanlage: gleichmäßig, ausreichend, tageslichtabhängig, Betriebsarten, Wettkampf (z.B. für Tischtennisturniere geeignet), Blendung, Wartungs-

plan nach Bedarf, Prüfung auf Erfüllung der Anforderungen durch Sachkundigen (SK) mind. alle drei Jahre

Hinweise zu Gesetzen, Normen, Richtlinien

- BGV-A3
- M Schulbaurichtlinie, NDS, NRW
- PrüfVO NRW, DVNBauO NDS
- BG/GUV-V S1 (UVV Schulen)
- GUV-SI 8468 Checklisten allgemeinbildende Schulen
- Trennvorhänge: DIN 7892, DIN 18032-4
- Beleuchtung: DIN 18032-1, Abschnitt 8, DIN EN 12193, BGR 131-1, Abschnitt 3

7.3.2.2 Tribünen

Elemente/Gefahrstellen

- Türen zur Tribüne: automatische Verriegelung und nur öffenbar bei ausgefahrener Tribüne, Wartung
- Bedienung ausfahrbarer Tribünen nur durch besonders unterwiesene Personen
- elektromotorische Hebevorrichtungen für Sportgeräte: Steuerung durch elektrischen Motorantrieb, Wartung, Sicherung gegen unbefugte Benutzung, Sichtkontakt, Totmannschaltung
- Wartungsintervall: i. d. R. durch SK jährlich nach Herstellervorschriften

Hinweise zu Gesetzen, Normen, Richtlinien

- Versammlungsstättenverordnung, NDS, NRW, ab 200 Personen Platzkapazität zusätzlich zu beachten
- BGV-A3
- M Schulbaurichtlinie, NDS, NRW
- PrüfVO NRW, DVNBauO NDS
- BG/GUV-V S1 (UVV Schulen)
- GUV-SI 8468 Sportstätten sicher betreiben
- Tribüne: DIN 18032-5
- elektrischer Motorantrieb, Hebevorrichtung: DIN 7892, DIN 18032-5

Abb. 7.19: Das Präventionsportal Niedersachsen, unterteilt nach Betriebsarten

7.4 Kindertagesstätten

7.4.1 Checkliste für technische Anlagen

Abb. 7.20: Kindertagesstätte mit Außengelände

Elemente/Gefahrstellen

- Wärmeversorgung: Raumtemperatur 20 °C, in Wickelbereichen u. Ä. 24 °C
- Heizkörper, heiße Oberflächen kleiner 60 °C
- Wasserentnahmestellen: Wassertemperatur von Entnahmearmaturen kleiner 43 °C
- elektrische Anlagen: Berücksichtigung der Kindersicherheit, SK alle vier Jahre
- Steckdosen mit integriertem erhöhten Berührungsschutz nach VDE 0620-1
- elektrische Dekorationen mit Schutzkleinspannung: SK jährlich
- Sicherung von Steckdosenstromkreisen mit Fehlerstromschutzschaltern: bP alle sechs Monate
- Küchen: Mithilfe von Kindern bei der Zu- und Aufbereitung von Essen
- Schutzvorkehrungen bei Küchenherden: Energiefreigabe durch gesonderten Schalter außer Kinderreichweite
- Kochstellen: Sicherung von Schutzgittern gegen Herabziehen
- Sondertechnik, Aufzugsanlagen, Speisenaufzüge (Kleinlastenaufzüge): Sicherung gegen unbefugtes Benutzen von Kindern z. B. mit Schlüsselschalter
- elektrische Betriebsmittel (ortsfest, nicht ortsfest), Warmwasserbereiter, Waschmaschinen, Wäschetrockner: Sicherung gegen unbefugte Benutzung von Kindern
- Werkräume: Sicherung von Maschinen durch Schlüsselschalter oder Aufstellung in abschließbaren Räumen, Schränken
- Sanitärräume: Beleuchtung, lichttechnische Anlagen nach DIN VDE 0100-701 ausgeführt

7.4.2 Checkliste für technische Anlagen/Brandschutz

Elemente/Gefahrstellen

- Sicherheitsbeleuchtung
- Feuerlöscher, tragbar: wiederkehrende Prüfung, festgelegter Ort
- Rauch- und Wärmeabzug RWA: Wartung, sicherheitstechnische Prüfung
- Rauchabzugsanlagen, Überdruckanlagen zur Rauchfreiheit von Rettungswegen (Treppenhäuser): Wartung, sicherheitstechnische Prüfung
- feuerhemmende und rauchdichte Türen und Tore mit Feststelleinrichtung, nicht kraftbetätigt: Abnahme, unterjährige Überwachung, Sicht- und Funktionsprüfung ggf. mit Wartung
- elektrische Verriegelung von Türen in Rettungswegen: Funktionsprüfung

Hinweise zu Gesetzen, Normen, Richtlinien

- BG/GUV-V S2 (UVV Kindertageseinrichtungen)
- BG/GUV-V SR S2 Regel Kindertageseinrichtungen
- Gesetz über Tageseinrichtungen für Kinder (KiTaG), NDS, § 6 Räume und Ausstattung der Kindertagesstätten
- Verordnung über Mindestanforderungen an Kindertagesstätten (1. DVO-KiTaG)
- Gesetz zur frühen Bildung und Förderung von Kindern (Kinderbildungsgesetz – KiBiz) NRW
- VDI 6000 Blatt 6 Ausstattung von und mit Sanitärräumen – Kindergärten, Kindertagesstätten, Schulen

7.5 Verwaltungsgebäude/Arbeitsstätten/Bürobauten

7.5.1 Checkliste für technische Anlagen

Abb. 7.21: Arbeitsstätte Niedersächsisches Forschungszentrum Fahrzeugtechnik NFF, Braunschweig

Abb. 7.22: Arbeitsstätte mit Fensterblick in transparentes Büro im Niedersächsischen Forschungszentrum Fahrzeugtechnik

Elemente/Gefahrstellen

- Versammlungsstätten
- Brandschutz
- Aufzugsanlagen nach DIN EN 81-70 für öffentliche Gebäude
- Plattformlift, Treppenlift nach DIN EN 81-40
- Hebeplattformen bis ca. 1,5 Meter zum senkrechten Transport von Behinderten in Rollstühlen, Gehbehinderten oder auch Kinderwagen
- Sanitärbereiche, Notrufanlagen öffentliche WC-Anlagen
- Trinkwasserversorgungsanlagen
- Lüftungsanlagen
- Beleuchtungsanlagen

Abb. 7.23: Plattformlift

Hinweise zu Gesetzen, Normen, Richtlinien

- M Versammlungsstättenverordnung NDS, NRW
- Arbeitsstättenverordnung
- Betriebssicherheitsverordnung
- DIN 18040-1 Barrierefreies Bauen – Öffentlich zugängliche Gebäude Ausgabe: 2010-10
- VDI 6000 Blatt 3: Ausstattung von und mit Sanitärräumen, Versammlungsstätten und Versammlungsräume
- VDI 6008 Barrierefreie und behindertengerechte Lebensräume – Anforderungen an die Elektro- und Fördertechnik
- DIN EN 1125 Paniktürverschluss
- Betriebssicherheitsverordnung
- M Hochhausrichtlinien
- Technische Regeln für Arbeitsstätten (ASR)
- Arbeitsstättenregeln (ASR) ab 01.01.2013
- ASR 3.6 Lüftung
- A4.1* Sanitärräume (*bis 31.12.2012)
- ASR A 4.2 Pausen- und Bereitschaftsräume
- ASR A 4.3 Erste-Hilfe-Räume, Mittel und Einrichtungen zur ersten Hilfe
- ASR V3a.2 Barrierefreie Gestaltung von Arbeitsstätten
- BGI 5109 VBG Gebäude effektiv nutzen
- GUV-I-652 Hausmeister, Hausverwalter und Beschäftigte in der Haustechnik
- Leitlinien zur Arbeitsstättenverordnung
- Leitlinien zur Betriebssicherheitsverordnung

Ein besonderes Thema sind die Geländerhöhen in Arbeitsstätten, da das Baurecht teilweise von anderen Anforderungen ausgeht.

Treppengeländer in Arbeitsstätten – Arbeitsstättenrichtlinie ASR 17/1 (s. ASR A2.3)

In einem Gebäude, in dem sich Arbeitsplätze befinden, gilt die Arbeitsstättenverordnung – ArbStättV und gelten die dazu erlassenen Arbeitsstättenrichtlinien – ASR.

Beim Errichten eines Treppengeländers ist insbesondere § 17 ArbStättV Verkehrswege und § 12 ArbStättV in Verbindung mit ASR 17/1,2 Ziffer 5 Geländer und Handläufe zu beachten.

Danach müssen die freien Seiten der Treppen, Treppenabsätze und Treppenöffnungen durch Geländer gesichert sein. Die Höhe der Geländer muss lotrecht über der Stufenvorderkante mindestens 1 m betragen. Bei möglichen Absturzhöhen von mehr als 12 m muss die Geländerhöhe mindestens 1,10 m betragen. Die ASR 17/1,2 ist eine allgemein anerkannte sicherheitstechnische Regel im Sinne des § 3 Abs. 1 Nr. 1 der ArbStättV. Gemäß § 3 Abs. 1

ArbStättV hat der Arbeitgeber die Arbeitsstätte nach diesen Regeln einzurich-
ten und zu betreiben.
Weniger weit gehende baurechtliche Anforderungen bleiben unberücksichtigt.
(...)
Niedrige Umwehrungen, die dem Baurecht entsprechen, werden in Arbeits-
stätten akzeptiert, die Bestandsschutz genießen.[116]

7.6 Versammlungsstätten/Aula

7.6.1 Checkliste Schulaula/Bühne

Abb. 7.24: Aula/Versammlungsraum mit Regiekanzel

Elemente/Gefahrstellen

- Sicherheitsbeleuchtung: wiederkehrende Prüfung
- zwei gekennzeichnete Rettungswege
- Verdunkelung: Wartung
- ortsfeste elektrische Anlage: Prüfnachweis
- nicht ortsfeste elektrische Betriebsmittel: Prüfnachweis
- ausreichend Feuerlöscher, tragbar
- Rauchabzugsanlagen (oder Fenster) im oberen Bereich der Wände: Prüfung
  vor Inbetriebnahme, bei Änderung, wiederkehrende Prüfung
- Lüftungsanlagen: vor Inbetriebnahme, Änderung, wiederkehrende Prüfung

---

116 www.komnet.de v. 16.5.06 Auszug KomNet Dialog 2004.

Hinweise zu Gesetzen, Normen, Richtlinien

- Versammlungsstättenverordnung, NDS, NRW, ab 200 Personen Platzkapazität zusätzlich zu beachten
- BetrSichV
- BGV-A3
- AMEV-Empfehlungen, Wartung 2006-VHB
- Energie 2010
- M Schulbaurichtlinie, NDS, NRW
- PrüfVO NRW, DVNBauO NDS
- BG/GUV-V S1 (UVV Schulen)
- GUV-SI 8460 Checklisten allgemeinbildende Schulen

Abb. 7.25: GUV-Information Sicherheit in Schulaulen und Bürgerhäusern

7.7 Gemeinschaftshäuser/Jugendzentren

Abb. 7.26: Gemeinschaftshaus/Bürgerhaus

7.7.1 Checkliste für technische Anlagen

Elemente/Gefahrstellen

- Versammlungsstätten
- Brandschutz
- Aufzugsanlagen nach DIN EN 81-70 für öffentliche Gebäude
- Plattformlift, Treppenlift nach DIN EN 81-40
- Hebeplattformen bis ca. 1,5 Meter zum senkrechten Transport von Behinderten in Rollstühlen, Gehbehinderten oder auch Kinderwagen
- Sanitärbereiche, Notrufanlagen öffentliche WC-Anlagen
- Trinkwasserversorgungsanlagen
- Lüftungsanlagen
- Beleuchtungsanlagen

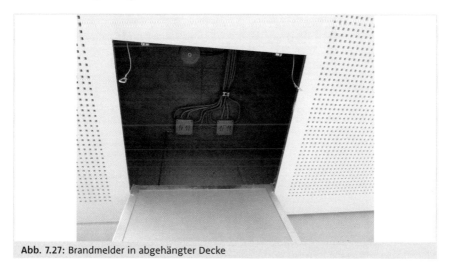

Abb. 7.27: Brandmelder in abgehängter Decke

Hinweise zu Gesetzen, Normen, Richtlinien

- M Versammlungsstättenverordnung NDS, NRW
- Arbeitsstättenverordnung
- Betriebssicherheitsverordnung
- Technische Regeln für Arbeitsstätten
- DIN 18040-1 Barrierefreies Bauen – öffentlich zugängliche Gebäude Ausgabe: 2010-10

Abb. 7.28: Escapechair

- VDI 6000 Blatt 3: Ausstattung von und mit Sanitärräumen, Versammlungs-stätten und Versammlungsräumen
- VDI 6008 Barrierefreie und behindertengerechte Lebensräume – Anforderungen an die Elektro- und Fördertechnik
- DIN EN 1125 Paniktürverschluss

8 Hinweise zu gewerblichen Bauten

8.1 Verkaufsstätten

Abb. 8.1: Supermarktgang[117]

Bei Geschäftsräumen, insbesondere in Supermärkten und Kaufhäusern, die dem Publikumsverkehr offenstehen, gilt der Grundsatz, dass strenge Sicherheitsstandards als Maß der einzuhaltenden Sorgfalt gegeben sind. Es sind die Sicherheitserwartungen zu erfüllen, die Dritte vor Gefahren schützen, die bei bestimmungsgemäßem oder bei nicht ganz fern liegendem bestimmungswidrigem Benutzen drohen.[118]

Als Verkaufsstätten sind laut § 60 Sonderbauverordnung NRW[119] die Bauwerke wie folgt definiert:

---

117 von Kira Nerys aus der deutschsprachigen Wikipedia, CC BY-SA 3.0, https://commons.wikimedia.org/w/index.php?curid=1043125

118 OLG Koblenz, Beschluss v. 10.4.2013, 3U 1493/12; s. Kapitel 1.1.2 Rechtliche Grundlagen der Verkehrssicherungspflichten in Leiturteilen

119 Verordnung über Bau und Betrieb von Sonderbauten (Sonderbauverordnung – SBauVO) vom 17. November 2009

§ 60 Begriffe für Verkaufsstätten

(1) Verkaufsstätten sind Gebäude oder Gebäudeteile, die

1. ganz oder teilweise dem Verkauf von Waren dienen,

2. mindestens einen Verkaufsraum haben und

3. keine Messebauten sind.

Zu einer Verkaufsstätte gehören alle Räume, die unmittelbar oder mittelbar, insbesondere durch Aufzüge oder Ladenstraßen, miteinander in Verbindung stehen; als Verbindung gilt nicht die Verbindung durch notwendige Treppenräume sowie durch Leitungen, Schächte und Kanäle haustechnischer Anlagen.

(2) Erdgeschossige Verkaufsstätten sind Gebäude mit nicht mehr als einem Geschoss, dessen Fußboden an keiner Stelle mehr als 1 m unter der Geländeoberfläche liegt; dabei bleiben Treppenraumerweiterungen sowie Geschosse außer Betracht, die ausschließlich der Unterbringung haustechnischer Anlagen dienen.

(3) Verkaufsräume sind Räume, in denen Waren zum Verkauf oder sonstige Leistungen angeboten werden oder die dem Kundenverkehr dienen, ausgenommen notwendige Treppenräume, Treppenraumerweiterungen sowie Garagen. Ladenstraßen gelten nicht als Verkaufsräume.

(4) Ladenstraßen sind überdachte oder überdeckte Flächen, an denen Verkaufsräume liegen und die dem Kundenverkehr dienen.

(5) Treppenraumerweiterungen sind Räume, die Treppenräume mit Ausgängen ins Freie verbinden.

Auch in Verkaufsstätten sind die Verkehrssicherungspflichten wahrzunehmen und zu beachten. Auch große Filialbetriebe führen regelmäßige Sicherheitsbegehungen in ihren Verkaufsstellen durch. Neben den baulichen Prüfungen und der Prüfung der Brandschutzanlagen nach Technischer Prüfverordnung sind insbesondere die elektrotechnischen Anlagen nach DGUV A3 zu prüfen.

Die Rutschsicherheit von Böden in Verkaufsstätten und deren regelmäßige Kontrolle ist ein wichtiges Thema: Der Betreiber eines Baumarkts muss die Fußböden seiner Geschäftsräume, insbesondere im Kassenbereich, regelmäßig kontrollieren und die eine Rutschgefahr begründenden Verunreinigungen sofort beseitigen. So hat das Oberlandesgericht (OLG) Hamm[120] entschieden. Eine 35-jährige Kundin aus Hamm hatte eine Baumarktkette auf Schadenersatz verklagt, nachdem sie im September 2011 in einer Filiale im Kassenbereich stürzte, als sie auf einer auf dem Boden befindlichen Flüssigkeit ausrutschte[121]: »Diese Verpflichtung trifft auch ein Einzelhandelsunternehmen in Bezug auf seine Geschäfsräume. Es hat

---

120 9. Zivilsenat des Oberlandesgerichts Hamm, Urteil v. 15.03.2013, 9 U 187/12
121 Haftung 1.6.2013 Händler haften für rutschige Fußböden, Der Handel, Wirtschaftsmagazin

in den Grenzen des technisch Möglichen und wirtschaftlich Zumutbaren dafür zu sorgen, dass die Kunden durch die angebotene Ware und den Zustand der Geschäftsräume – insbesondere auch des Fußbodens – keine Schäden erleiden (OLG Köln, VersR 2009, 233f; OLG Köln, VersR 1997, 1113; Grams, a. a. O.). Der Umfang der Kontrollpflichten hängt dabei von den Umständen des Einzelfalls ab – u. a. von der Kundenfrequenz, der Witterung sowie dem von den zum Verkauf angebotenen Waren ausgehenden Gefahrenpotential (OLG Hamm, NJW-RR 2002, 171).

So besteht in der Obst- und Gemüseabteilung eines Supermarktes, in der die Kunden die Ware selbst auswählen und abwiegen, ein großes Risiko, dass dabei Teile auf den Boden fallen und eine Gefahr des Ausrutschens verursachen. Aus diesem Grunde sind dort die Verkehrssicherungspflichten besonders streng. Es muss organisatorisch sichergestellt werden, dass eine bestimmte Person in regelmäßigen und kurzen Abständen von 15 bis 20 Minuten den Boden reinigt und dass dies auch durch die Laden- und Abteilungsaufsicht überwacht wird (OLG Koblenz, NJW-RR 1995, 158 f.).

Für einen Selbstbedienungs-Drogeriemarkt hat das OLG Hamm hingegen eine regelmäßige Kontrolle im Abstand von 30 Minuten als ausreichend angesehen, weil dessen Warensortiment nur ausnahmsweise eine Rutschgefahr begründe (OLG Hamm, NJW-RR 2002, 171).

Als ausreichend wurde auch angesehen, wenn sich in einem Warenhaus ein mit der Ladensicherheit betrauter Mitarbeiter ständig dort aufhält und alle Mitarbeiter angewiesen sind, auf Verunreinigungen zu achten und diese zu beseitigen oder zu melden (OLG Köln, VersR 2009, 233 f.).

Für einen Lebensmittelmarkt mit einer Größe von 650 m² ist es als ausreichend angesehen worden, wenn alle Mitarbeiter angewiesen sind, den Zustand des Bodens regelmäßig zu kontrollieren und Verunreinigungen sogleich zu beseitigen, und wenn der Filialleiter die Einhaltung dieser Weisung regelmäßig – im Kassenbereich im Abstand von 10 bis 15 Minuten – kontrolliert (OLG Köln, VersR 1997, 1113).«[122]

Von dem beklagten Betreiber eines Selbstbedienungsbaumarktes fordern die Richter bei einem durchschnittlich starken Kundenaufkommen Kontrollen im Abstand von 30 Minuten.

---

122 www.justiz.nrw.de/nrwe/olgs/hamm/j2013/9_U_187_12_Grund_und_Teilurteil_20130315.html, Rechtsprechungsdatenbank der Gerichte in NRW

Das Warensortiment mit meist verpackten Produkten habe zwar nicht das Gefahrenpotenzial eines Lebensmittelmarktes mit einer Obst- und Gemüseabteilung. Doch der Händler verkaufe in den Baumärkten auch unverpackte Pflanzen. Dabei bestehe die Gefahr, dass sie beispielsweise Blätter verlieren oder aus ihrer bewässerten Erde Wasser austrete. Dem müsse der Baumarktbetreiber durch die regelmäßigen Kontrollen insbesondere im Kassenbereich Rechnung tragen.[123]

Daraus folgt: Kontrollen des Fußbodens sind im Supermarkt alle 15 bis 20 Minuten und im Baumarkt mit Gartenprodukten alle 30 Minuten durchzuführen.

Technische Prüfverordnung für Verkaufsstätten

In der Verordnung über die Prüfung technischer Anlagen und wiederkehrende Prüfungen von Sonderbauten (Prüfverordnung – PrüfVO NRW) sind die Prüfpflichten für sicherheitstechnische Anlagen für Verkaufsstätten, im Sinne der Verordnung über Bau und Betrieb von Sonderbauten – Sonderbauverordnung –, deren Verkaufsräume und Ladenstraßen einschließlich ihrer Bauteile eine Fläche von insgesamt mehr als 2.000 m² haben, geregelt. Für andere Bundesländer gilt dies in den jeweiligen Technischen Prüfverordnungen vergleichbar.

Folgende technische Anlagen sind durch Prüfsachverständige gemäß § 3 PrüfVO NRW alle drei Jahre zu prüfen:

1. CO-Warnanlagen in geschlossenen Großgaragen
2. ortsfeste, selbsttätige Feuerlöschanlagen
3. lüftungstechnische Anlagen
4. maschinelle Lüftungsanlagen in geschlossenen Mittel- und Großgaragen
5. Druckbelüftungsanlagen zur Rauchfreihaltung von Rettungswegen
6. maschinelle Rauchabzugsanlagen
7. Sicherheitsbeleuchtungs- und Sicherheitsstromversorgungsanlagen
8. Brandmelde- und Alarmierungsanlagen

Folgende technische Anlagen sind durch Prüfsachverständige gemäß § 3 alle sechs Jahre zu prüfen:

9. elektrische Anlagen
    - in den übrigen Gebäuden gemäß Satz 1 (d. h. die nicht Verkaufsräume oder Ladenstraßen sind) alle elektrischen Anlagen
10. natürliche Rauchabzugsanlagen
11. ortsfeste, nicht-selbsttätige Feuerlöschanlagen

---

123 Haftung: Händler haften für rutschige Fußböden, Der Handel, Wirtschaftsmagazin v. 1.6.2013

Arbeitsschutz in Verkaufsstellen

Für den Arbeitsschutz in Verkaufsstellen gilt die Berufsgenossenschaftliche Regel BGR 202 »Arbeiten in Verkaufsstellen«[124]. Berufsgenossenschaftliche Regeln für Sicherheit und Gesundheit bei der Arbeit (BG-Regeln) sind lt. Präambel Zusammenstellungen bzw. Konkretisierungen von Inhalten aus

- staatlichen Arbeitsschutzvorschriften (Gesetze, Verordnungen) und/oder
- berufsgenossenschaftlichen Vorschriften (Unfallverhütungsvorschriften) und/oder
- technischen Spezifikationen und/oder
- den Erfahrungen berufsgenossenschaftlicher Präventionsarbeit.

Im Einzelnen werden dort für arbeitstypische Gefährdungen Maßnahmen empfohlen, die sich wie folgt gliedern:

3.1 Allgemeine Maßnahmen
3.2 Bauliche Einrichtungen
3.3 Brandschutz
3.4 Lärmschutz
3.5 Sicherheits- und Gesundheitsanforderungen für technische Arbeitsmittel
3.6 Anlieferung
3.7 Lager
3.8 Kühlräume
3.9 Verkaufsstellen im Freien
3.10 Organisation
3.11 Prüfungen

»Der Unternehmer hat dafür zu sorgen, dass prüfbedürftige Einrichtungen vor Inbetriebnahme und in regelmäßigen Abständen geprüft werden. Siehe hierzu BG-Information ›Prüfungsbedingte Einrichtungen in Einzelhandelsbetrieben‹ (B 6).«[125]

Softwarewerkzeuge

Für die Überwachung der Instandhaltungspflichten und technischen Prüfungen werden von den Filialisten[126] geeignete Softwarewerkzeuge und Instrumente[127] eingesetzt. Dies dient insbesondere der Überwachung der wiederkehrenden Prüfung und der Anlagenbuchhaltung. Der Einsatz einer zentralen Software lohnt sich, sobald übliche Excel-Listen keine strukturierte Steuerung und Überwachung mehr ermöglichen.

124 www.hvbg.de/bgvr
125 BGR 202, Arbeiten in Verkaufsstellen, Aktualisierte Nachdruckfassung September 2006, www.hvbg.de
126 www.comtradenet.de/de/referenzen
127 www.comtradenet.de/de/module/technik

Geeignete Softwareinstrumente für die Überwachung der Verkehrssicherungs-pflichten und Kontrollgänge sind kaum auf dem Markt vertreten. Insbesondere die Entwicklung von Lösungen mit Georeferenzierung für die notwendigen Sicherheitsbegehungen, möglichst bundeslandspezifisch, könnte hier eine hilfreiche Weiterentwicklung bei den Filialbetrieben zur Überwachung der Betreiberpflichten sein.

8.2 Hinweise zur Organisation der Betreiberpflichten in Aktiengesellschaften und GmbHs

In einem Betrieb oder (öffentlichen) Unternehmen obliegt der Leitungsebene ein hohes Maß an strategischer Verantwortung. Die Interessen des Unternehmens oder Betriebes sind zu wahren. Dazu gehört, dass die Geschäftsführung, die Behördenleitung oder die Vorstandsebene den an sie gerichteten Organisationspflichten genügen, indem sie eine auf Schadensprävention und Risikomanagement angelegte Complianceorganisation vorhalten. Die Einhaltung der rechtsstaatlichen Anforderungen an die gesetztestreue Verhaltensweise gehört zur Gesamtverantwortung des Vorstands/der Geschäfts- oder Behördenleitung und wird in der Existenz eines funktionierenden Compliance-Systems abgebildet.[128]

Organisation des Geschäftsbetriebs
Die Geschäftsführung oder Behördenleitung trifft Entscheidungen und hat diese zu verantworten. Gesetzliche Vorgabe ist hierbei, dass durch die Errichtung eines Organisationssystems und dessen Einhaltung Verstöße gegen Pflichten vermieden oder zumindest so wesentlich erschwert werden, dass diese keine nennenswerten Fallzahlen erreichen. Das heißt für die Geschäftsführung oder Behördenleitung, dass der Betrieb oder das Unternehmen so zu organisieren sind, dass sämtliche Anforderungen aus

- den Gesetzen,
- den bestehenden Verträgen,
- der fallrelevanten Rechtsprechung und
- nach dem Stand der Technik

erfüllt werden.

---

128 LG München I, Urteil v. 10.12.2013, AZ 5HKO1387/10

Geschäftsführer/Behördenleitung als Normadressat

Der Geschäftsführer/Behördenleiter ist als personalisierter Inhaber rechtlich dafür verantwortlich, dass die an den Betrieb oder das Unternehmen gerichteten Anforderungen erfüllt werden. Wer für die Einhaltung der Compliance-Vorgaben im Rahmen der hierarchischen Strukturen verantwortlich zeichnet, schuldet dem Betrieb oder Unternehmen in garantengleicher Verantwortung die Erfüllung des rechtmäßigen Handelns des Unternehmens.

Aufbaustruktur und Ablaufprozesse

Bei der horizontalen Delegation der unternehmerischen Verantwortung bezieht sich die Pflichtenübertragung auf einzelne Ressorts innerhalb des Geschäftsführungsgremiums oder der jeweiligen Behördenebene. Sind im Entscheidungsgremium mehrere Entscheidungsträger gleichberechtigt, gilt für sie der Grundsatz der umfassenden Verantwortung – also der Gesamtverantwortung für alle Regelungsbereiche im Unternehmen oder in der Behörde.

Bei der vertikalen Delegation wird im Rahmen der hierarchischen Strukturen auf die nächstfolgende Ebene und dort auf einzelne Mitarbeiter eine Teilbereichsverantwortung übertragen. Die Pflichtenübertragung ist aber nur dann haftungsmindernd oder haftungsbefreiend, wenn die Delegation an sachgerecht ausgewählte, fachkundig unterwiesene und entsprechend beauftragte Mitarbeiter in überschneidungsfreier Weise erfolgt. Zur Übertragung der originär der Unternehmensleitung obliegenden Pflichten bedarf es auch der Gewährleistung, dass die für die Pflichterfüllung nötigen Mittel bereitstehen. Die Erfüllung der Aufgaben ist durch die Geschäftsführung in geeigneter Weise zu überwachen.

Überwachungspflicht

Die haftungsrechtliche Verantwortung der Unternehmens- oder Behördenleitung geht davon aus, dass der Inhaber in einem Schadensfall nicht wegen Verfehlungen seiner Mitarbeiter bestraft wird. Macht der nachgeordnete Mitarbeiter einen Fehler, dann ist zunächst dieser dafür verantwortlich. Wurde dieser Fehler aber deshalb begangen, weil es an betriebsbezogenen Geboten oder Verboten mangelt oder an der Kontrolle der Einhaltung derselben, dann muss sich die Unternehmens- und Behördenleitung rechtlich vorwerfen lassen, dass die erforderlichen Aufsichtsmaßnahmen schuldhaft nicht getroffen wurden. Es ist durch ein geeignetes Kontrollsystem nachzuweisen, dass über die verschiedenen Hierarchiestufen hinweg jeweils eine ununterbrochene Überwachungskette besteht.

9 Allgemeine Hinweise zur Durchführung von Sicherheitsbegehungen

Sicherheitsbegehungen sind ein wirksames Mittel, um durch Inaugenscheinnahme und mithilfe von Checklisten Gefährdungspotenziale rechtzeitig zu erkennen. Wesentlich zur Entlastung im rechtlichen Sinne ist, dass bei einer Sicherheitsbegehung strukturiert alle Gefährdungspotenziale in Augenschein genommen werden und nicht nur einzelne Mängel in Begehungsbüchern beschrieben werden.

Das Ziel ist also die Erstellung einer Positivliste, indem insbesondere erfasst wird, welche Bau- und Anlagenteile in Ordnung sind. Eine Negativliste nur mit Aufzählung der Mängel lässt die Frage offen, welche Bauteile bei einem Schadensfall vorher in Ordnung waren und kontrolliert wurden. Die Positivliste kann im Schadensfall mithilfe einer Checkliste exkulpieren, d. h. im rechtlichen Sinne entlasten.

Ersterfassung Gefahrstellenkatalog
- Plananalyse on desk nach Bauteilen DIN 276
- Analyse nach gleichartigen Nutzungen DIN 277
- Vergleich der Nutzungen mit Tätigkeiten nach UVV/Arbeitsschutz
- Begehung mit Tablet/mobilem Endgerät
- Verortung der Nutzungen und der Baulemente
- Auswertung im Nachgang

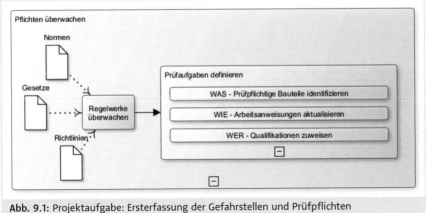

Abb. 9.1: Projektaufgabe: Ersterfassung der Gefahrstellen und Prüfpflichten

Die Analyse einer Berufsschule in einer Großstadt in NRW durch das iMBFW-Institut e. V. 2014 nach Zuständigkeiten und Gefahrenquellen ergab 280 Gefahrstellenpunkte, die in wiederkehrenden Abständen zu inspizieren und zu kontrollieren sind.

DIN 276 Schlüssel	DIN276 Bezeichnung	Bauteilkategorie	Bauteil	Pflicht	Intervall	Qualifikation	Arbeitsanweisung	FM-Bereich
531	Einfriedungen	Außenanlage	Zäune	Sicherheitsbegehung	1-jährlich	unterwiesene Person	- Sind die Zäune von Grundstücken standsicher? - Sind Bauzäune, Absperrungen ohne Lücken? - Sind Bauzäune (ggf. durch Auftragnehmer) regelmäßig (wöchentlich) kontrolliert worden? - Sind bei Grundstücksbrachen die Zäune hoch genug (2 m) um das Übersteigen durch Jugendliche zu verhindern? - Sind die Einfriedungen / Abdeckungen bei Wasserflächen in Ordnung und/oder ist die Wassertiefe auf 40 cm nach DIN 18034-Spielplätze und Freiräume zum Spielen begrenzt?	Grün und Freiflächen
533	Mauern, Wände	Außenanlage	Mauern	Sicherheitsbegehung	1-jährlich	unterwiesene Person	- Sind die Mauern standsicher und zeigen keine konstruktiven Risse und großflächigen Putzabplatzungen? - Sind die Abdeckungen der Mauern in Ordnung? - Sind Stützmauern standsicher und ohne Risse? - Sind Trockenmauern standsicher und ohne Fehlstellen?	Hochbau/GM
541	Abwasseranlagen	Außenanlage	Abwasseranlagen, Grundstücksentwässerungsanlagen (Kleinkläranlagen als	Inspektion	6-monatlich	Fachkraft	Inspektions-, Wartungs- und Entsorgungsmaßnahmen sowie Entsorgungsintervalle nach DIN EN 12566-1 in Verbindung mit DIN 4261-1. [...]	Technische Gebäudeausrüstung /TGA

Abb. 9.2: Auszug aus dem Gefahrstellenkatalog einer Berufsschule mit Inspektionsintervallen und Arbeitsanweisungen

Durch die Erfassung mit verifizierten Objekttypen und zugehörigen Gefahrstellenkatalogen auf einem Web-Server mit mobilen Datengeräten (Tablets) konnte die Ersterfassung durch Experten des iMBFW-Institut e. V. für diese gewerbliche Berufsschule an einem Tag durchgeführt werden. Nach der Begehung und Ersterfassung stand gleich der Katalog als mobiles Sicherheitsbegehungssystem zur Verfügung.

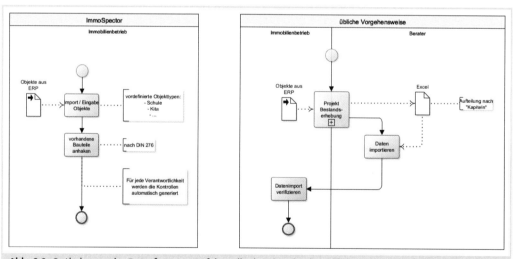

Abb. 9.3: Optimierung der Ersterfassung: Gefahrstellenkatalog durch verifizierte Objekttypenkataloge

Durch eine Ersterfassung mit Geodaten konnte die unmittelbare Verwendbarkeit weiter erprobt und verbessert werden.

Ersterfassung mit Geodaten
- Georeferenzierung der Grundrisspläne/Raster/CAD nach Standort
- Georaster über Pläne
- Erfassung vor Ort mit Weltkoordinaten im Raster
- validiertes, geprüftes Raumnummernsystem vorab nicht erforderlich, somit beschleunigter Beginn der Ersterfassung

Zur Dokumentationssicherheit sollten die Sicherheitsbegehungen regelmäßig durchgeführt werden:
- Sichtkontrolle vor Ort durch unterwiesenes Personal (z. B. Hausmeister mit handwerklicher Vorbildung)
- Aufnahme nach Augenschein mit definierten Hinweisen zur Beschreibung der Mängel
- Nachkontrolle bei Mängeln durch Sachkundige/Sachverständige on desk/vor Ort
- Effizienz durch gestufte Nutzung von Qualifikationen und damit Kostenreduzierung beim Personaleinsatz

Zur Einschätzung eines Mangels ist die genaue Beobachtung vor Ort wichtig, die dann im Backoffice von einem Techniker oder Sachverständigen beurteilt werden kann.

Nach Mängelbeseitigung sollte eine Nachbegehung und Stichprobenkontrolle erfolgen:
- stichprobenartige Kontrolle nach DIN/ISO 2859 (z. B. 3 bis 5 % der Begehungen im Zufallsprinzip)
- Neuvergabe der Dienstleistungen mit Nachbegehung
- Revierwechsel/Rotation der Dienstleister/Begeher
- Audit durch Sachverständigen

Vorgehensweise/Hilfsmittel zur Begehung
- Begehung im Uhrzeigersinn
- vier Fotos von jeder Seite des Gebäudes, Kennzeichen zum Ort mit aufnehmen
- Begehung von oben nach unten
- Hilfsmittel:
  - gelber Wachsmalstift/Ölkreide für Markierungen
  - Münzen als Maßstab für Foto (10 Cent, Durchmesser 19,75 mm); ab 2 cm werden z. B. Versätze bei Wegen als Stolperkanten eingestuft
  - Zollstock (Gliedermaßstab)
  - Taschenlampe

Abb. 9.4: Ad-hoc-Maßstab 10-Cent-Münze für Stolperkante ab 2 cm

10 Sicherheitsbegehungen von Gebäuden: außen

Hier werden die Sicherheitsbegehungen für den Bereich Gebäude von außen dargestellt. Auf die allgemeinen Hinweise zum regelmäßigen Vorgehen für Sicherheitsbegehungen in Kapitel 9 wird verwiesen.

10.1 Bereich Dach

10.1.1 Elemente/Gefahrstellen

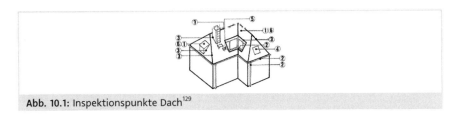

Abb. 10.1: Inspektionspunkte Dach[129]

- Dachdeckung (1)
- Dachentwässerung (2)
- An- und Abschlüsse (3)
- Dacheinbauteile (4)
- Dachsystemteile (4)
- Sicherheitseinrichtung (5), z. B. Tritte
- lose Ziegel, Windsogsicherung der Dachdeckung (6)
- Antennen, Satellitenantennen, Mobilfunkanlagen, Schneefanggitter
- Blitzschutzanlage

10.1.2 Prüfungen/Kontrollen bei einem Steildach

- Fehlen einzelne Dachziegel oder sind Dachziegel beschädigt?
- Ist die Befestigung der Dachdeckung noch funktionstüchtig (lose Ziegel)?
- Gibt es mangelhafte Befestigungen von Dacheinbauteilen (Lüftungselemente, Firstabschlusselement, Kehlelement, Ortgangelement, Schneefanggitter)?
- Sind Metallan und -abschlüsse sicher befestigt und regensicher?

---

129 Instandhaltung von Ziegeldächern, Arbeitsgemeinschaft Ziegeldach e. V., www.Ziegeldach.de

- Sind Dachausstiegsfenster und Wohnraumdachfenster sicher eingebaut und unbeschädigt?
- Sind die Tritte und Wege für die Dachbegehungen schadhaft?
- Sind Dachrinnen und Regenfallrohre in Ordnung?

Abb. 10.2: Steildach

Abb. 10.3: Komplexes Mansarddach

10.1.3 Prüfungen/Kontrollen bei einem Flachdach

- Halte ich ohne Sicherung einen Abstand von mindestens 2 m vom Dachrand?
- Ist die Randeinfassung in Ordnung und ist die Kiesdeckung bzw. Dachbegrünung gleichmäßig verteilt?
- Gibt es mangelhafte Befestigungen und Anschlüsse von Dacheinbauteilen (Dachoberlichter, Entlüfter, Dachentwässerung)?
- Gibt es Pfützenbildung auf dem Dach (Wassersäcke)?
- Gibt es Verschiebungen, lose Bereiche (Verklebung, Windsogsicherheit) im Flachdach?
- Sind die Tritte und Wege für die Dachbegehungen schadhaft?
- Sind vorhandene Sekuranten in Ordnung (7,5 KN Tragkraft)?

Abb. 10.4: Flachdach

10.1.4 Hinweise zu Gesetzen, Normen, Richtlinien

- § 836 BGB; Verkehrssicherungspflicht
- § 19 BauO NRW
- VdS 2089 Sturm – Eine Gefahr für das Dach; vor Sturm zusätzliche Sichtkontrollen
- VdS 3000-1 Schadenverhütung in Wohngebäuden

- ARGE Ziegeldach e. V, Instandhaltung von Ziegeldächern
- ZVDH, Musterwartungsvertrag (Zentralverband des Deutschen Dachdecker-handwerks)
- BGH, 1993-02-23, VI ZR 176/92: jährliche Kontrolle durch Fachkundigen (Dach-deckermeister)
- BGV C 22 Bauarbeiten, Eigensicherung, Absturzsicherung

Die Eigensicherung hat bei Dacharbeiten und Dachinspektionen in jedem Fall Vorrang. In folgenden Fällen ist keine Absturzsicherung nach der Unfallverhü-tungsvorschrift BGV C 22 »Bauarbeiten« erforderlich:

BGV C 22 §12 Abs. 4

(4) Einrichtungen und Maßnahmen nach den Absätzen 1 bis 3 sind nicht er-forderlich, wenn Arbeiten, deren Eigenart und Fortgang eine Sicherungsein-richtung oder -maßnahme nicht oder noch nicht rechtfertigen, von fachlich geeigneten Beschäftigten nach Unterweisung durchgeführt werden.

BGV C 22 §12 Abs. 5

(5) Einrichtungen und Maßnahmen zur Sicherung gegen Absturz von Perso-nen sind abweichend von den Absätzen 1 bis 3 unabhängig von der Absturz-höhe nicht erforderlich, wenn

1. *Arbeitsplätze oder Verkehrswege höchstens 0,30 m von anderen tragfähi-gen und ausreichend großen Flächen entfernt liegen,*
2. *Arbeitsplätze innerhalb gemauerter Schornsteine oder ähnlicher Bau-werke mindestens 0,25 m unter der Mauerkrone liegen,*
3. *Arbeitsplätze oder Verkehrswege auf Flächen mit weniger als 20° Neigung liegen und in mindestens 2,00 m Abstand von den Absturzkanten fest ab-gesperrt sind.*

BGV C 22 § 12 – Absturzsicherungen

(1) Einrichtungen, die ein Abstürzen von Personen verhindern (Absturzsiche-rungen), müssen vorhanden sein:

1. *unabhängig von der Absturzhöhe an*
    - *Arbeitsplätzen an und über Wasser oder anderen festen oder flüssigen Stoffen, in denen man versinken kann,*
    - *Verkehrswegen über Wasser oder anderen festen oder flüssigen Stoffen, in denen man versinken kann;*
2. *bei mehr als 1,00 m Absturzhöhe, soweit nicht nach Nummer 1 zu sichern ist, an*
    - *freiliegenden Treppenläufen und -absätzen,*
    - *Wandöffnungen,*
    - *Bedienungsständen von Maschinen und deren Zugängen*

3. *bei mehr als 2,00 m Absturzhöhe an allen übrigen Arbeitsplätzen und Verkehrswegen;*
4. *bei mehr als 3,00 m Absturzhöhe abweichend von Nummer 3 an Arbeitsplätzen und Verkehrswegen auf Dächern;*
5. *bei mehr als 5,00 m Absturzhöhe abweichend von Nummern 3 und 4 beim Mauern über die Hand und beim Arbeiten an Fenstern.*

Wenn eigene Mitarbeiter des Wohnungsunternehmens Dachinspektionen ausführen, ist es empfehlenswert, dass es sich um fachlich geeignete Personen handelt (Dachdecker, Zimmerleute u. Ä.) und diese Personen entsprechend unterwiesen werden. Außerdem ist zu empfehlen, dass die Einsatzbereiche (z. B. des Hausmeisters) entsprechend den Unfallverhütungsvorschriften im Vorfeld mit dem Arbeitsschutzbeauftragten und dem Betriebsrat abgestimmt sind.

10.2 Holzkonstruktionen

10.2.1 Elemente/Gefahrstellen

- Dachbalken, Sparrenköpfe, Pfetten u. Ä.
- Traufbretter, Stirnbretter u. Ä.
- Holzbekleidungen

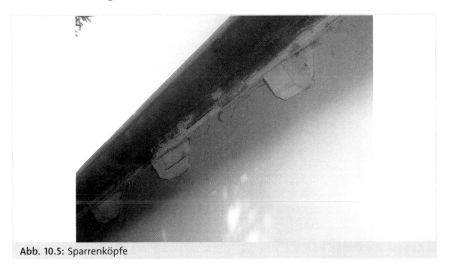

Abb. 10.5: Sparrenköpfe

10.2.2 Prüfungen/Kontrollen

- Gibt es Wasserschäden, Feuchtigkeitsflecken?
- Sind die Holzverbindungen in Ordnung?
- Hängen Dachflächen durch?
- Gibt es Ausflugslöcher am Konstruktionsholz, viele umherfliegende Käfer vor dem Gebäude?
- Tritt Holzmehl an Tragbalken (Sparrenköpfe u. Ä.) aus?
- Verwerfen sich Holzbekleidungen (Traufbretter, Stirnbretter, Fassade)?
- Tritt Würfelbruch im Holz auf (Hausschwamm)?
- Wachsen Pilzfruchtkörper aus?
- Gibt es verbreitet rostbraunen Staub (Sporen, Hausschwamm (meldepflichtig!))?

10.2.3 Hinweise zu Gesetzen, Normen, Richtlinien

- § 836 BGB: Verkehrssicherungspflicht
- § 19 BauO NRW
- VdS 3000-1 Schadenverhütung in Wohngebäuden
- ARGE Ziegeldach e. V., Instandhaltung von Ziegeldächern
- ZVDH, Musterwartungsvertrag
- BGH, 1993-02-23, VI ZR 176/92; jährliche Kontrolle durch Fachkundigen (Dachdeckermeister) Kamine

10.3 Kamine

10.3.1 Elemente/Gefahrstellen

- Kamine
- Schornsteine
- Abgasrohre

Abb. 10.6: Schadhafte Kaminköpfe

10.3.2 Prüfungen/Kontrollen

- Sind die Kamine standsicher und weisen keine erkennbaren Schäden (Abplatzungen, Risse) auf?
- Sind Abgasrohre sicher befestigt und verankert?
- Sind die Einfassungen und Abdeckungen in Ordnung?
- Sind die Tritte und Wege zum Kamin sicher zu begehen?
- Kontrolle durch Wohnungsunternehmen, soweit einsehbar, ansonsten durch Dachdecker oder Bezirksschornsteinfeger

10.3.3 Hinweise zu Gesetzen, Normen, Richtlinien

- § 836 BGB; Verkehrssicherungspflicht
- § 19 BauO NRW
- Feuerungsverordnung (FeuVO NW)
- VdS 2089 Sturm – eine Gefahr für das Dach; vor Sturm zusätzliche Sichtkontrollen
- VdS 3000-1 Schadenverhütung in Wohngebäuden
- ARGE Ziegeldach e. V, Instandhaltung von Ziegeldächern
- ZVDH, Musterwartungsvertrag
- BGH, Urteil v. 23.2.1993, VI ZR 176/92, NJW 1993, 1782; jährliche Kontrolle durch Fachkundigen (Dachdeckermeister)
- AG Düsseldorf, Urteil v. 5.12.1984, 36 C 263/84, ZfS 1985, 34; indirekte Überprüfung durch Bezirksschornsteinfeger
- BGV C 22 Bauarbeiten, Eigensicherung, Absturzsicherung

10.4 Vordächer/Dachbegrünung

10.4.1 Elemente/Gefahrstellen

- Vordach
- Dachbegrünung
- Dachabläufe
- Dachüberläufe

Abb. 10.7: Vordach im Eingangsbereich einer Wohnanlage

10.4.2 Prüfungen/Kontrollen

- Sind die Vordächer sicher befestigt und die Befestigungen nicht korrodiert?
- Sind Dachrinnen, Dachüberläufe, Dachabläufe und Fallrohre funktionsfähig?
- Sind bei Dachbegrünungen die Kontrollschächte, Oberflächenbefestigungen und Randeinfassungen nach Sichtkontrolle in Ordnung (ggf. durch Fachkundigen zu prüfen)?

10.4.3 Hinweise zu Gesetzen, Normen, Richtlinien

- § 836 BGB; Verkehrssicherungspflicht
- § 19 BauO NRW
- VdS 2089 Sturm – eine Gefahr für das Dach; vor Sturm zusätzliche Sichtkontrollen
- VdS 3000-1 Schadenverhütung in Wohngebäuden
- FLL, Richtlinie für die Planung, Ausführung und Pflege von Dachbegrünungen, 2002
- BGV C 22 Bauarbeiten, Eigensicherung, Absturzsicherung

10.5 Blitzschutz

10.5.1 Elemente/Gefahrstellen

- Anlagen für den äußeren Blitzschutz
- Oberflächenbefestigungen
- Leitungen
- Auflager
- elektrisch betriebene Anlagen und Einrichtungen auf Dachflächen
- Metalldächer

Abb. 10.8: Korrosionsanfälliger Fußpunkt: Blitzschutz mit Prüfmarke[130]

---

130 Instandhaltung von Ziegeldächern, Arbeitsgemeinschaft Ziegeldach e. V., www.Ziegeldach.de

10.5.2 Prüfungen/Kontrollen

- Sind die Leitungen nicht unterbrochen oder korrodiert?
- Liegen die Leitungen sicher auf Auflagern?
- Sind Metalldächer an den äußeren Blitzschutz angeschlossen?
- Sind elektrisch betriebene Anlagen und Einrichtungen auf Dachflächen (Klimaanlage, Lüftung, Aufzüge) mit einer Fangstange (äußerer Blitzschutz) gegen direkten Blitzeinschlag geschützt?

10.5.3 Hinweise zu Gesetzen, Normen, Richtlinien

- § 836 BGB; Verkehrssicherungspflicht
- § 19 BauO NRW
- Technische Prüfverordnung (NRW)
- VdS 2089 Sturm – eine Gefahr für das Dach; vor Sturm zusätzliche Sichtkontrollen
- VdS 3000-1 Schadenverhütung in Wohngebäuden
- DIN 18015-1 Elektrische Anlagen in Wohngebäuden
- DIN V VDE V 0185-3, 2002-11, Blitzschutz – Teil 3: Schutz von baulichen Anlagen und Personen
- VdS 2019 Überspannungsschutz in Wohngebäuden
- VdS 2010 Risikoorientierter Blitz- und Überspannungsschutz

10.6 Treppengeländer

10.6.1 Elemente/Gefahrstellen

- Treppenlauf
- Handlauf
- Treppenauge

Abb. 10.9: Treppenzugang einer Wohnanlage mit zu weit entferntem Handlauf

10.6.2 Prüfungen/Kontrollen

- Kontrollieren, ob Handläufe mit mindestens 90 cm bis zu einer Absturzhöhe von 12 m angeordnet sind (gemessen lotrecht über Stufenvorderkante bis Oberkante Handlauf) bzw. mit mindestens 110 cm ab einer Absturzhöhe von über 12 m, sofern das Treppenauge nicht breiter als 20 cm ist.
- Kontrolle, ob als Maximallichte zwischen Geländerstäben, Kniegurten oder ähnlichen Füllungsbauteilen 12 cm eingehalten werden und im Fußbereich kein Kind hindurchfallen kann (Prüfwürfel 15/15/15 cm).
- Sind bei notwendigen Treppen, die zur Rettung von Personen im Gefahrenfall dienen, die Handläufe durchgehend?
- Sind bei den Handläufen alle Kanten entgratet?

10.6.3 Hinweise zu Gesetzen, Normen, Richtlinien

- § 823 BGB; Verkehrssicherungspflicht
- § 36–41, Bauordnung für das Land Nordrhein-Westfalen – Landesbauordnung – (BauO NRW)

- § 87 BauO NRW Bestehende Anlagen und Einrichtungen, Anforderungen im Einzelfall
- DIN 18 065 Gebäudetreppen – Definitionen, Messregeln, Hauptmaße

10.7 Kellerabgänge

10.7.1 Elemente/Gefahrstellen

- Treppengeländer
- Treppenstufen
- Kellertür
- Außenbeleuchtung
- Ablauf vor Zugang

Abb. 10.10: Kellerabgang

10.7.2 Prüfungen/Kontrollen

- Kontrollieren, ob bei mehr als drei Stufen in Folge zum gefahrlosen Herabsteigen Handläufe angeordnet sind.
- Kontrollieren ob ab einer Absturzhöhe von mehr als 150 cm zusätzlich Geländer um den Kellerabgang eingebaut sind.
- Sind Stufen trittsicher und rutschfest (Laubfall)?
- Ist der Zugang zum Keller mit einem Schlüssel gesichert?
- Funktioniert die Außenbeleuchtung?
- Ist der Ablauf vor dem Kellerzugang frei und nicht verstopft (Überschwemmungsgefahr)?

10.7.3 Hinweise zu Gesetzen, Normen, Richtlinien

- § 823 BGB; Verkehrssicherungspflicht
- § 19 BauO NRW
- § 36–41 BauO NRW
- DIN 18 065 Gebäudetreppen – Definitionen, Messregeln, Hauptmaße

10.8 Kellerlichtschächte

10.8.1 Elemente/Gefahrstellen

- Abdeckroste
- Kohlenklappen
- Kellerklappen
- Abdeckungen für Sickerschächte o. Ä.

Abb. 10.11: Kellerschachtabdeckung

10.8.2 Prüfungen/Kontrollen

- Sind die Abdeckungen von Schächten gegen unbefugtes Abheben gesichert?
- Sind die Abdeckungen trittsicher und liegen fest auf?
- Sind Stufen trittsicher und rutschfest (Laubfall)?

- Bilden die Kanten keine Stolperfallen?
- Funktioniert die Außenbeleuchtung?

10.8.3 Hinweise zu Gesetzen, Normen, Richtlinien

- § 823 BGB; Verkehrssicherungspflicht
- § 19 BauO NRW
- § 41 BauO NRW Umwehrungen, Kellerlichtschächte
- BGH, Urteil v. 19.12.1989, VI ZR 182/89, VersR 1990, 498

> **§ 41 BauO NRW Umwehrungen, Kellerlichtschächte**
> *(3) Kellerlichtschächte und Betriebsschächte, die an Verkehrsflächen liegen, sind zu umwehren oder verkehrssicher abzudecken; Abdeckungen an und in öffentlichen Verkehrsflächen müssen gegen unbefugtes Abheben gesichert sein.*

10.9 Fassaden

10.9.1 Elemente/Gefahrstellen

- Fassadenbekleidungen
- Putz
- Wärmedämmverbundsysteme
- Werbeträger
- Attika bei Flachdächern
- Rankgerüste, Spanndrähte
- Außenbeleuchtung auf der Fassade
- Einbauteile in der Fassade (z. B. Briefkastenanlage)

Abb. 10.12: Potenziell gefährdete Spaltklinkerfassade

10.9.2 Prüfungen/Kontrollen

- Sind Fassadenbekleidungen gesichert und keine Platten verrutscht oder vorstehend (ggf. Verankerung prüfen)?
- Weist die Putzfassade keine stärkeren Risse (größer 0,5 mm) und keine großflächigen Putzabplatzungen auf?
- Ist das Wärmedämmverbundsystem ordnungsgemäß instandgehalten? – Das ist Voraussetzung für die Schutzwirkung einer Fassade im Fall einer Brandeinwirkung von innen oder außen. Hierzu gehört insbesondere die regelmäßige Kontrolle der gesamten Fassade auf Beschädigungen. Putzschäden bedürfen immer einer zeitnahen und fachgerechten Beseitigung, um die Schutzwirkung des Systems gegen Feuchtigkeit oder Brandeinwirkung zu gewährleisten.
- Ist bei der Lagerung von brennbaren Materialien (z. B. Brennholz) ein Mindestabstand von drei Metern zur Fassade zur Vermeidung von Brandlasten an der Außenfassade eingehalten?
- Ist der Kunststoffmüllcontainer mindestens drei Meter entfernt von der Fassade und mit einer Einhausung aus nichtbrennbarem Material versehen?
- Weist die Attika keine Risse im Anschlussbereich zur Fassade auf?
- Sind die Befestigungen bei Außenbeleuchtungen, Werbeträgern u. Ä. vollständig und nicht korrodiert?
- Sind Rankgerüste und Spanndrähte sicher befestigt?
- Ist die Briefkastenanlage in Ordnung und geht von vorstehenden Teilen (Vandalismusschäden) keine Verletzungsgefahr aus?

Abb. 10.13: WDVS-Fassade: drei Meter Abstand für Kunststoffabfallbehälter notwendig

Abb. 10.14: Verschmorter Kunststoffabfallbehälter nach Brand

Abb. 10.15: Gesicherter Müllstandplatz vor WDVS-Fassade mit feuerfester Einfriedung aus Metall

10.9.3 Hinweise zu Gesetzen, Normen, Richtlinien

- § 823 BGB; Verkehrssicherungspflicht
- § 836 BGB; Verkehrssicherungspflicht
- § 19 BauO NRW
- LG Essen, Urteil v. 9.3.1978, 4 O 454/77, VersR 1979, 777, Deckenputz im Museum, besondere Sorgfaltspflicht bei Verkehrsflächen zugewandten Gebäudeteilen
- ARGEBAU, Hinweise für die Überprüfung der Standsicherheit von baulichen Anlagen durch den Eigentümer/Verfügungsberechtigten, September 2006

Nach einer Meldung aus dem Deutschen Architektenblatt (12/2006, S. 13) aus Anlass eines Falles, in dem bei einem Gebäude aus den 1950er-Jahren die komplette mehrgeschossige Vormauerfassade auf die Straße stürzte – zum Glück ohne Personenschaden –, weist das Bauordnungsamt der Stadt Hannover darauf hin, dass ein Erlass der obersten Bauaufsichtsbehörde 1991 Kriterien aufgestellt hat, welche Fassaden als gefährdet gelten müssen, weil vermutlich keine korrosionsbeständigen Drahtanker verwendet wurden. Dies betrifft folgende, vor 1976 hergestellten Fassaden:

- Vorsatzschale mit einer Dicke von 5,2 cm
- Vorsatzschale mit über 8 m Höhe auf der Wetterseite und einer Dicke von 11,5 cm und unregelmäßigen Rissen oder Ausbeulungen
- Vorsatzschale mit über 8 m Höhe auf der Wetterseite ohne Dachüberstand und einer Dicke von 11,5 cm

In diesen Fällen sind mindestens fünf Drahtanker auf Korrosion und ggf. Tragfähigkeit zu überprüfen. Bei einer um 50 Prozent geminderten Tragfähigkeit ist eine Sanierung unbedingt erforderlich. Werden an diesen Ankern keine Korrosionsschäden festgestellt, gelten auch diese Fassaden – nach Kenntnisstand des Jahres 1991 – als sicher. Nach 1976 hergestellte Fassaden müssen nur untersucht werden, wenn Schäden erkennbar werden.

Bauministerkonferenz Merkblatt (Stand 18.06.2015) – Empfehlungen zur Sicherstellung der Schutzwirkung von Wärmedämmverbundsystemen (WDVS) aus Polystyrol

Bei Bestandsbauten mit Fassadensystemen aus Polystyrol werden nachfolgende Maßnahmen empfohlen, die die Eigentümer oder andere Verfügungsberechtigte eigenverantwortlich umsetzen können.

Instandhaltung der Fassade

Die ordnungsgemäße Instandhaltung des Wärmedämmverbundsystems ist Voraussetzung für die Schutzwirkung einer Fassade im Fall einer Brandeinwirkung von innen oder außen. Hierzu gehört insbesondere die regelmäßige Kontrolle der gesamten Fassade auf Beschädigungen. Putzschäden bedürfen immer einer zeitnahen und fachgerechten Beseitigung, um die Schutzwirkung des Systems gegen Feuchtigkeit oder Brandeinwirkung zu gewährleisten.

Vermeidung von Brandlasten an der Außenfassade

Bei der Lagerung von brennbaren Materialien (z. B. Brennholz) wird ein Mindestabstand von drei Metern zur Fassade empfohlen. Bei der Aufstellung von Müllcontainern oder Mülltonnen aus Kunststoff direkt am Gebäude sollte eine geschlossene Einhausung aus nichtbrennbarem Material (z. B. aus Stahl oder Beton) vorgesehen werden.

Nachträgliches Aufbringen von WDVS an bestehende Gebäude

Wärmedämmverbundsysteme entfalten ihre Schutzfunktion erst, wenn der Einbau entsprechend den technischen Regelungen fertiggestellt ist. Für die Bauphase und Baustellensituation ergibt sich in Bezug auf den Brandschutz eine besondere Verantwortung, die von den am Bau Beteiligten wahrzunehmen ist. Dies sind neben dem Bauherrn insbesondere der Unternehmer und ggf. der Bauleiter. Besonderes Augenmerk
muss dem vorbeugenden Brandschutz und der Sicherheit der Rettungswege (Treppen und Anleiterstellen) gelten, wenn an genutzten Gebäuden nachträglich WDVS aufgebracht werden. Für Gebäude der Gebäudeklassen 4 und 5 sowie für Sonderbauten sollte daher, eigens für die Bauausführung der WDVS, ein in Brandschutzfragen erfahrener Fachbauleiter bestellt werden.

Auslöser zu diesem Merkblatt waren insbesondere Hinweise aus Schadensfällen und praktischen Brandversuchen, dass bisher nur der Brandfall von innen, aber nicht der Brandfall von außen ausreichend betrachtet wurde. Sobald die schwerentflammbare Beschichtung eines WDVS-Systems beschädigt ist, ist die Brandschutzeigenschaft nicht mehr vollständig gewährleistet. Deshalb ist die regelmäßige Inspektion von WDVS-Systemen auf Polystyrol-Basis entsprechend dem Merkblatt der Bauministerkonferenz vom 18.06.2015 für Bestandsfassaden notwendig.

DIBt: Konstruktive Brandschutzmaßnahmen für EPS-WDVS: Hinweis[131] DIBt: Referat II 1 Kunststoffbau, Fassadenbau, Stand: 27. Mai 2015

WDVS mit EPS-Dämmstoff – Konstruktive Ausbildung von Maßnahmen zur Verbesserung des Brandverhaltens von als »schwerentflammbar« einzustufenden Wärmedämmverbundsystemen mit EPS-Dämmstoff

Im Rahmen einer durch die Bauministerkonferenz beauftragten Versuchsreihe wurden konstruktive Maßnahmen erarbeitet, die Fassaden, die als schwerentflammbares WDVS mit EPS-Dämmstoff ausgebildet sind, widerstandsfähiger gegen eine außerhalb des Gebäudes und in unmittelbarer Nähe zur Fassade wirkende Brandbeanspruchung machen sollen. Diese konstruktiven Vorgaben werden künftig in den allgemeinen bauaufsichtlichen Zulassungen der EPS-WDVS Berücksichtigung finden.

---

131 https://www.dibt.de/de/Fachbereiche/data/II1_Hinweis_WDVS%20mit%20EPS-D%C3%A4mmstoff_Mai_2015.pdf

Es handelt sich um die Anordnung zusätzlicher Brandriegel aus nichtbrennbarer Mineralfaserdämmung und Hinweisen zu geeigneten Befestigungen je nach Untergrund.

Die vom DIBt angekündigten Änderungen der allgemeinen bauaufsichtlichen Zulassungen für schwerentflammbare Wärmedämm-Verbundsysteme (WDVS) mit EPS-Dämmstoffen sollten bis Ende 2015 erteilt und ein Gültigkeitsdatum ab 1. Januar 2016 aufweisen.[132]

10.10 Balkone

10.10.1 Elemente/Gefahrstellen

- Balkonplatten
- Balkonentwässerung
- Balkonbrüstungen
- Pflanzkästen
- Balkongerüste
- Sonnenschutz bei Balkonen, Terrassen

Abb. 10.16: Sanierungsbedürftiger Balkon

---

132 https://www.dibt.de/de/DIBt/Neues-aus-dem-DIBt.html

10.10.2 Prüfungen/Kontrollen

- Weisen die Balkonkragplatten von unten betrachtet keine Risse und Abplatzungen auf?
- Sind die Befestigungen von Balkonplatten sicher und z. B. keine Rostfahnen erkennbar?
- Sind Balkonbrüstungen, Bekleidungen (Windsog!) sicher befestigt?
- Sind Pflanzkästen sicher befestigt?
- Wurde die Balkonbrüstungshöhe z. B. durch Plattenbeläge nicht unzulässig verändert (90 cm bis 12 m Absturzhöhe, darüber 1,10 m)?
- Sind die Balkongerüste in Ordnung und nicht korrodiert?
- Ist der Sonnenschutz (Markisen u. Ä.) sicher befestigt?

10.10.3 Hinweise zu Gesetzen, Normen, Richtlinien

- § 823 BGB Verkehrssicherungspflicht
- § 836 BGB Verkehrssicherungspflicht
- § 19 BauO NRW
- LG Essen, Urteil v. 9.3.1978, 4 O 454/77, VersR 1979, 777, Deckenputz im Museum, besondere Sorgfaltspflicht bei Verkehrsflächen zugewandten Gebäudeteilen
- ARGEBAU, Hinweise für die Überprüfung der Standsicherheit von baulichen Anlagen durch den Eigentümer/Verfügungsberechtigten, September 2006

10.11 Brandschutz

10.11.1 Elemente/Gefahrstellen

- Wandhydranten (Typ S Selbsthilfeeinrichtung und Typ F Feuerwehr Kombinationshydrant Feuerwehr und Selbsthilfe)
- Trockenleitungen
- Nassleitungen
- Sperrmüllablagerungen
- Notausgänge

Abb. 10.17: Notausgang

10.11.2 Prüfungen/Kontrollen

- Sind Wandhydranten zugänglich?
- Sind die die Prüfungen bei Trockenleitungen nach DIN 14462 Instandhaltung mit Dichtheitsprüfung alle zwei Jahre durch einen Sachkundigen durchgeführt worden?
- Sind die Prüfungen bei Wandhydranten nass und nass/trocken alle zwölf Monate durch einen Sachkundigen durchgeführt worden?
- Wurden die Wandhydranten regelmäßig (vierteljährlich, DIN 671-3; halbjährlich, VDI 3810-2) auf Erkennbarkeit, Zugänglichkeit, Vollständigkeit und einwandfreien Zustand durch den Betreiber geprüft?

Sperrmüllablagerungen
- Gibt es keine Sperrmüllablagerungen direkt vor Kellerfenstern (Vermeidung von Brandüberschlägen)?
- Haben Abfallcontainer ausreichend (mindestens 3 m nach ARGEBAU) Abstand zum Gebäude, um Brandübertragung zu verhindern?
- Sind evtl. Notausgänge freigehalten?

Abb. 10.18: Sperrmüllablagerung direkt an Hauswand mit potenziell im Brandfall giftige Gase bildender Schaumstoffmatratze

10.11.3 Hinweise zu Gesetzen, Normen, Richtlinien

- § 823 BGB Verkehrssicherungspflicht
- § 836 BGB Verkehrssicherungspflicht
- § 19 BauO NRW Verkehrssicherung
- § 17 BauO NRW Brandschutz
- DIN 14462 Löschwassereinrichtungen – Planung, Einbau, Betrieb und Instandhaltung von Wandhydrantenanlagen sowie Anlagen mit Über- und Unterflurhydranten
- Das technische Regelwerk für die Durchführung einer Wartung für Trinkwasserinstallationen ist DIN EN 806-5 »Betrieb und Wartung«, in diesem Fall bis zur Löschwasserübergabestelle (LWÜ). Für die mit der LWÜ beginnenden Feuerlösch- und Brandschutzanlagen sind für den Betrieb und die Wartung die Angaben der Normen DIN EN 12845, DIN 14462, DIN EN 671-3, DIN 14494 und DIN 14495 zu beachten.
- DIN EN 806-5:2012-04 Technische Regeln für Trinkwasser-Installationen (TRWI)
- DIN 1988-600 Trinkwasserinstallationen in Verbindung mit Feuerlösch- und Brandschutzanlagen
- VDI-Richtlinie 3810-2 Anhang 1 (05/2010)

10.12 Thermische Solaranlagen

10.12.1 Elemente/Gefahrstellen

- Entlüftungsorgane im Solarkreis
- Pumpe
- Manometer (und Durchflussmesser)
- Schwerkraftbremse
- thermostatisches Mischventil
- Regler auf Betriebsweise prüfen
- Fühler und Thermometer überprüfen
- Kollektorflächen überprüfen

Abb. 10.19: Thermische Solaranlage mit Vakuumröhrenkollektoren

10.12.2 Prüfungen/Kontrollen

Inspektion[133]
Jährliche Feststellung des Ist-Zustandes der Solaranlage und Abgleich mit dem Soll-Zustand, Fehlersuche:[134]
- Entlüftung
- Prüfung zu Druck und Durchfluss
- Glykolmessungen
- Reglereinstellungen

133 BDH (Bundesverband der deutschen Heizungsindustrie, Köln), Merkblatt Nr. 44 S. 10 ff., Thermische Solaranlagen – Dokumentation von Übergabe und Inspektion, 03/2011
134 BDH (Bundesverband der deutschen Heizungsindustrie, Köln), Merkblatt Nr. 17, Thermische Solaranlagen, Teil 3: Fehlersuche

Sichtprüfungen (alle 3 bis 5 Jahre)

- Kollektoren
- Rohrleitungen im Außenbereich
- dazugehörige Befestigungen

Wartung[135]

Bedarfsabhängige Tätigkeit zur Erhaltung des Soll-Zustandes wie:

- Nachfüllen oder Auswechseln von Wärmeträgern
- Nachfüllen von Stickstoff im Membranausdehnungsgefäß (MAG)
- Reinigen der Kollektorabdeckung oder anderer optisch relevanter Bauteile des Kollektors (Spiegel)

10.12.3 Hinweise zu Gesetzen, Normen, Richtlinien

- (Große) Solaranlagen nach BetrSichV, Druckbehälter mit Gefährdungsbeurteilung
- BDH (Bundesverband der deutschen Heizungsindustrie, Köln)[136] Merkblatt Nr. 44 S.10 ff.: Thermische Solaranlagen – Dokumentation von Übergabe und Inspektion, 03/2011
- Betriebssicherheitsverordnung – Druckausgleichbehälter

10.13 Fotovoltaik/Solaranlagen

10.13.1 Elemente/Gefahrstellen

- Notaus
- Wechselrichter
- Gleichrichter
- Generatorfläche/Solarpanels
- Zähler

---

135 BDH (Bundesverband der deutschen Heizungsindustrie, Köln), Merkblatt Nr. 44
136 www.bdh-koeln.de/fachleute/publikationen/infoblaetter.html

Abb. 10.20: PV-Anlage mit Trennungsabstand und Fangstangen für den Blitzschutz

10.13.2 Prüfungen/Kontrollen

- Hat der Betreiber für die Generatorfläche monatlich eine Sichtprüfung veranlasst und geprüft, ob gravierende offensichtliche Mängel vorhanden sind, wie z. B. herunterhängende Module, Modulkammern, Montagegestellteile oder Solarleitungen und Wechselrichter?[137]
- Wird die Betriebsanzeige des Wechselrichters täglich durch den Betreiber kontrolliert (sofern nicht automatisch überwacht)?
- Zähler: Hat der Betreiber oder die Elektrofachkraft eine monatliche Ertragskontrolle durchgeführt (ausgenommen automatische Betriebsdatenerfassung)?
- Wird der Betriebszustand per Fernüberwachung (für den Brandschutz ist insbesondere auf Isolationsfehler zu achten) durch den Betreiber oder die Elektrofachkraft täglich kontrolliert?
- Wird die Gesamtanlage jährlich auf alle Anlagenteile, Notaus, Generatorfläche, Blitzschutz sowie ggf. mit Wärmebildkamera auf Isolationsfehler kontrolliert?

10.13.3 Hinweise zu Gesetzen, Normen, Richtlinien

- In VDE 0100 Gruppe 700 sind PV-Anlagen als Teil 712 aufgelistet.
  Die DGUV V3 sieht für DIN VDE 0100 Gruppe 700 Prüffristen von einem Jahr vor (i. d. R. für Aufdachanlagen).
- BGV A3 Prüfung von »elektrische Anlagen und ortsfesten Betriebsmitteln«; Intervall: alle vier Jahre

---

[137] https://www.elektrofachkraft.de/pruefung-von-pv-anlagen-nach-dguv-vorschrift-3, Fachexperte Dr.-Ing. Florian Krug

- Betriebssicherheitsverordnung: Prüffrist nach Gefährdungsbeurteilung
- TRBS 1201
- Die Richtlinie 2010 »Risikoorientierter Blitz- und Überspannungsschutz für Objekte« des Gesamtverbandes der deutschen Versicherungswirtschaft ordnet einem Gebäude mit einer PV-Anlage den Gefährdungspegel III zu, d.h. Erfordernis einer Blitzschutzanlage der Schutzklasse III mit Überspannungsschutzmaßnahmen.
- VDE 0185-305-3, Beiblatt 2 Blitzschutz bei PV-Anlagen: Hinweis auf notwendigen Trennungsabstand zu PV-Anlagen[138]

10.14 Sonstiges

10.14.1 Elemente/Gefahrstellen

- Außenbeleuchtung
- Dämmerungsschalter
- Bewegungsmelder
- Schnee und Eiszapfen

Abb. 10.21: Außenbeleuchtung

---

138 https://www.elektrofachkraft.de/expertenbeitraege/blitz-und-ueberspannungsschutz-bei-photo-voltaik-anlagen, Fachexperte Dr.-Ing. Florian Krug

10.14.2 Prüfungen/Kontrollen

- Ist die Außenbeleuchtung funktionsfähig und beleuchtet sie die Verkehrswege ausreichend (evtl. Mieter fragen)?
- Funktioniert der evtl. Bewegungsmelder?
- Funktioniert der evtl. Dämmerungssensor?
- Wird vor Schnee und Eiszapfenbildung im Winter gewarnt (schneereiche Regionen)?
- Sind ggf. Schneefanggitter vorhanden?

10.14.3 Hinweise zu Gesetzen, Normen, Richtlinien

- § 823 BGB Verkehrssicherungspflicht
- § 19 BauO NRW
- Ortssatzungen mit ggf. Regelungen zu Schneefanggittern
- Checkliste: Begehung des Gebäudes von außen

Verkehrssicherheitcheck Immobilien
augenscheinliche Kontrolle

Liegenschaft:	
Wirtschaftseinheit Nr.:	
Gebäude Nr.:	
Straße:	
HausNr.	

Datum der letzten Begehung:	

Gebäude - außen

Nr.	⌂	i.O. ☺	Mängel ?	Gefahr !	n. vorh. /
101	Steildach				
102	Flachdach				
103	Vordächer				
104	Holzkonstruktionen				
105	Dach / Fallrinnen				
106	Schornsteine				
107	Blitzschutz				
108	Fassaden				
109	Fenster				
110	Balkonplatte				
111	Balkongeländer				
112	Treppengeländer				
113	Treppenaufgänge				
114	Kellerschächte / -fenster				
115	Brandschutz (Notausgang u.ä.)				
116	Beleuchtung				
117	technische Anlagen (Wasserabsteller, techn. Installationen, Geräte etc.)				
118	Sonstiges				
119					

Nr. Übertrag	Es wurden folgende Mängel festgestellt:	Ort, Whg. Etage, Raum	weitergeleitet an Fa. am

Datum: Unterschrift Prüfer: Name:

Datum: Unterschrift Sachbearbeiter: Name:

Quelle: © Damm, Hans-Thomas, Verkehrssicherungspflichten in der Wohnungswirtschaft

Abb. 10.22: Checkliste: Begehung des Gebäudes von außen

11 Sicherheitsbegehungen von Gebäuden: innen und Technik

Im Folgenden sollen Hinweise zu den Gefahrstellen im Bereich des Gebäudes innen und der in der Wohnungswirtschaft wesentlichen technischen Anlagen gegeben werden.

Eine Sicherheitsbegehung sollte erst einmal mit einem Rundgang um das Gebäude beginnen. Danach sollte das Gebäude von oben nach unten in den öffentlich zugänglichen Bereichen begangen werden. Dabei ist auf eine möglichst immer wieder gleiche Vorgehensweise zu achten – das erleichtert später die Orientierung.

Für die Begehung und turnusgemäße Kontrolle von überwachungsbedürftigen Anlagen in den Wohnungen (z. B. Elektroanlagen, gesetzlich vorgeschriebene Rauchwarnmelder nach Landesbauordnung sowie Gasinnenleitungen) sind gesonderte Termine zu vereinbaren.

Die Abgaswegeüberprüfung von Einzelthermen und Einzelfeuerstätten in den Wohnungen wird entsprechend der Kehr- und Überprüfungsordnung vom Bezirksschornsteinfeger bzw. vom beauftragten Schornsteinfeger vorgenommen. Zusätzlich gibt es ggf. Termine für die Ablesung von eingebauten Trinkwasserzählern und Wärmezähleinrichtungen.

11.1 Bereich Holzkonstruktionen

11.1.1 Elemente/Gefahrstellen

- Dachbalken, Sparren, Pfetten u. Ä.
- Traufbretter, Stirnbretter u. Ä.
- Holzbekleidungen
- Kellerabtrennungen

Abb. 11.1: Dachstuhl mit Windrispe

11.1.2 Prüfungen/Kontrollen

- Gibt es Wasserschäden, Feuchtigkeitsflecken?
- Sind die Holzverbindungen in Ordnung?
- Sind evtl. Dachlatten gebrochen?
- Gibt es Ausflugslöcher am Konstruktionsholz, viele Käfer vor den Fenstern?
- Tritt Holzmehl an Tragbalken aus?
- Verwerfen sich Holzverkleidungen?
- Tritt Würfelbruch im Holz auf (Hausschwamm)?
- Wachsen Pilzfruchtkörper aus?
- Gibt es verbreitet rostbraunen Staub (Sporen, Hausschwamm)?
- Sind die Holzkonstruktionen frei zugänglich?

11.1.3 Hinweise zu Gesetzen, Normen, Richtlinien

- § 836 BGB Verkehrssicherungspflicht
- § 19 BauO NRW
- VdS 3000-1 Schadenverhütung in Wohngebäuden
- ARGE Ziegeldach e. V., Instandhaltung von Ziegeldächern
- ZVDH, Musterwartungsvertrag

- BGH, Urteil v. 23.3.1993, VI ZR 176/92, NJW 1993, 1782: jährliche Kontrolle durch Fachkundigen (Dachdeckermeister)
- DIN 6800 Teil 1–5 Holzschutz im Hochbau
- WTA e. V.-Merkblätter: I-2-05/D, Der echte Hausschwamm; 1-4-00/D, Baulicher Holzschutz Teil 2: Dachwerke, Holz (1-2-05 und 1-4-00), Hrsg.: Wissenschaftlich-Technische Arbeitsgemeinschaft für Bauwerkserhaltung und Denkmalpflege, München

11.2 Kamine

11.2.1 Elemente/Gefahrstellen

- Kamine
- Schornsteine
- Abgasrohre

Abb. 11.2: Schornstein innen mit anliegenden Holzteilen

11.2.2 Prüfungen/Kontrollen

- Sind die Kamine standsicher und weisen keine erkennbaren Schäden (Abplatzungen, Risse) auf?
- Sind Abgasrohre sicher befestigt?
- Sind Inspektionsöffnungen und Reinigungsklappen in Ordnung?
- Gibt es sichtbare Undichtigkeiten im Abgasrohr?
- Gibt es ggf. Risse im Schornstein nach einem Schornsteinbrand?

- Haben Holzteile genügend Abstand vom »heißen« Schornstein (mind. 2 cm nach § 8 FeuVO NW)?
- Kontrolle durch Wohnungsunternehmen soweit einsehbar, ansonsten durch Dachdecker oder Bezirksschornsteinfeger

11.2.3 Hinweise zu Gesetzen, Normen, Richtlinien

- § 836 BGB Verkehrssicherungspflicht
- § 19 BauO NRW
- Feuerungsverordnung (FeuVO NRW)
- Kehr- und Überprüfungsordnung (KÜO NRW)
- VdS 3000-1 Schadenverhütung in Wohngebäuden
- ARGE Ziegeldach e. V, Instandhaltung von Ziegeldächern
- ZVDH, Musterwartungsvertrag
- BGH, Urteil v. 23.3.1993, VI ZR 176/92, NJW 1993, 1782: jährliche Kontrolle durch Fachkundigen (Dachdeckermeister)
- AG Düsseldorf, Urteil v. 6.6.83, 1 C 1062/83, ZfS 1985, 34: indirekte Überprüfung durch Bezirksschornsteinfeger

11.3 Blitzschutz

11.3.1 Elemente/Gefahrstellen

- Anlagen für den inneren Blitzschutz
- Potenzialausgleich
- Satellitenantennen

Abb. 11.3: Potenzialausgleich

11.3.2 Prüfungen/Kontrollen

- Sind die Verbindungen am Potenzialausgleich in Ordnung?
- Sind Satellitenantennen am Potenzialausgleich angeschlossen?
- Sind gusseiserne Badewannen nach ggf. Reparatur wieder an den Potenzialausgleich angeschlossen worden (anerkannte Regel der Technik zum Zeitpunkt der Abnahme)?
- Ist beim Teilaustausch von metallischen Rohrleitungen durch nichtmetallische der Potenzialausgleich wiederhergestellt worden?

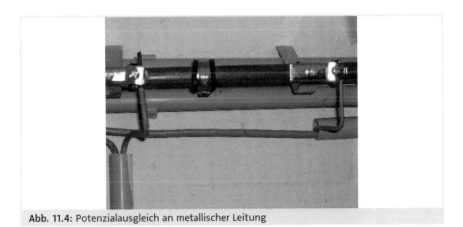

Abb. 11.4: Potenzialausgleich an metallischer Leitung

11.3.3 Hinweise zu Gesetzen, Normen, Richtlinien

- § 823 BGB Verkehrssicherungspflicht
- § 19 BauO NRW
- DIN 18014 Fundamenterder
- DIN 18 015 Elektrische Anlagen in Wohngebäuden

11.4 Treppen

11.4.1 Elemente/Gefahrstellen

- Treppenlauf
- Treppengeländer
- Handlauf
- Treppenauge
- Fußbereich

Abb. 11.5: Treppenaufgang

11.4.2 Prüfungen/Kontrollen

- Kontrollieren, ob Handläufe mit mindestens 90 cm bis zu einer Absturzhöhe von 12 m angeordnet sind (gemessen lotrecht über Stufenvorderkante bis Oberkante Handlauf) bzw. mit mindestens 110 cm ab einer Absturzhöhe von über 12 m, sofern das Treppenauge nicht breiter als 20 cm ist.
- Kontrolle, ob als Maximallichte zwischen Geländerstäben, Kniegurten oder ähnlichen Füllungsbauteilen 12 cm eingehalten werden und im Fußbereich kein Kind hindurchfallen kann (Prüfwürfel 15/15/15 cm).
- Sind bei notwendigen Treppen, die zur Rettung von Personen im Gefahrenfall dienen, die Handläufe durchgehend?
- Sind bei den Handläufen alle Kanten entgratet?

11.4.3 Hinweise zu Gesetzen, Normen, Richtlinien

- § 823 BGB Verkehrssicherungspflicht
- § 36–41, Bauordnung für das Land Nordrhein-Westfalen – Landesbauordnung (BauO NRW)
- § 87 BauO NRW Bestehende Anlagen und Einrichtungen, Anforderungen im Einzelfall
- DIN 18 065 Gebäudetreppen – Definitionen, Messregeln, Hauptmaße

Erläuterungen zur Arbeitsstättenrichtlinie ASR 17/1,2

»In einem Gebäude, in dem sich Arbeitsplätze befinden, gilt die Arbeitsstättenverordnung – ArbStättV und es gelten die dazu erlassenen Arbeitsstättenrichtlinien – ASR. Beim
Errichten eines Treppengeländers ist insbesondere § 17 ArbStättV Verkehrswege und § 12
ArbStättV in Verbindung mit ASR 17/1,2 Ziffer 5 Geländer und Handläufe zu beachten.
Danach müssen die freien Seiten der Treppen, Treppenabsätze und Treppenöffnungen durch Geländer gesichert sein. Die Höhe der Geländer muss lotrecht über
der Stufenvorderkante mindestens 1 m betragen. Bei möglichen Absturzhöhen von
mehr als 12 m muss die Geländerhöhe mindestens 1,10 m betragen. Die ASR 17/1,2 ist
eine allgemein anerkannte sicherheitstechnische Regel im Sinne des § 3 Abs. 1 Nr. 1
der ArbStättV. Gemäß § 3 Abs. 1 ArbStättV hat der Arbeitgeber die Arbeitsstätte
nach diesen Regeln einzurichten und zu betreiben. Weniger weitgehende baurechtliche Anforderungen bleiben unberücksichtigt.«[139]
»Niedrige Umwehrungen, die dem Baurecht entsprechen, werden in Arbeitsstätten
akzeptiert, die Bestandsschutz genießen.«[140]

11.5 Treppenaufgänge

11.5.1 Elemente/Gefahrstellen

- Dachzugang
- Zugang zum Aufzugsmaschinenraum (Triebwerksraum)
- Zugang zum Flachdach

Abb. 11.6: Zugang zum Aufzugsmaschinenraum

---

139   www.komnet.de v. 16.5.06 Auszug KomNet Dialog 2004
140   www.komnet.de v. 16.5.06 Auszug KomNet Dialog 2004

11.5.2 Prüfungen/Kontrollen

- Sind die Stufenkanten nicht ausgetreten bzw. beschädigt?
- Sind Stufenauftrittsflächen besonders im Bereich ihrer Vorderkanten rutsch-hemmend und Kantenschutzleisten flächenbündig und sicher befestigt?
- Sind die Treppen frei von Gegenständen?
- Sind die Treppenkanten gut erkennbar und ist eine ausreichende Treppenbe-leuchtung gewährleistet?
- Sind die Zugänge zum Dachraum, Aufzugsmaschinenraum und ggf. Flach-dach mit einem Schlüssel gesichert und mit Hinweisschildern versehen?

11.5.3 Hinweise zu Gesetzen, Normen, Richtlinien

- § 823 BGB Verkehrssicherungspflicht
- § 19 BauO NRW
- § 36–41 BauO NRW
- DIN 18 065 Gebäudetreppen – Definitionen, Messregeln, Hauptmaße
- Technische Regeln für Aufzüge (TRA) 007 Betrieb, Nr. 2.2.5, Zugang zum Triebwerksraum
- Technische Regeln für Betriebssicherheit (TRBS) s. unter www.baua.de

11.6 Kellerabgänge

11.6.1 Elemente/Gefahrstellen

- Treppengeländer
- Treppenstufen
- Kellertür
- Kellerabläufe
- Zugang zu Hausanschlussraum
- Zugang zu Heizungsraum
- Zugang zu Geräteraum
- Kellerfenster

Abb. 11.7: Kellerzugang (Rettungsweg) durch Fahrräder verstellt

11.6.2 Prüfungen/Kontrollen

- Kontrollieren, ob bei mehr als drei Stufen in Folge zum gefahrlosen Hinab-steigen Handläufe bzw. Geländer angeordnet sind.
- Sind Stufen trittsicher und rutschfest?
- Sind die Abläufe im Kellerbereich frei und nicht verstopft (Überschwem-mungsgefahr)?
- Ist der Zugang zum Hausanschlussraum, Heizungsraum und Geräteraum ge-sichert, aber im Notfall für die Feuerwehr öffenbar (Feuerwehraxt)?
- Sind die notwendigen Hinweisschilder (Heizung, HA) vorhanden?
- Sind die Kellerfenster in Ordnung und einbruchsicher?

11.6.3 Hinweise zu Gesetzen, Normen, Richtlinien

- § 823 BGB Verkehrssicherungspflicht
- § 19 BauO NRW
- § 36–41 BauO NRW
- DIN 18 065 Gebäudetreppen – Definitionen, Messregeln, Hauptmaße
- § 6 FeuVO NW (Feuerungsverordnung Nordrhein-Westfalen) Heizräume

11.7 Bodenbeläge

11.7.1 Elemente/Gefahrstellen

- Bodenbeläge
- Fußmatten, Läufer, Teppiche
- Vorleger
- Kabelbrücken

Abb. 11.8: Stolperkante Bodenfläche

11.7.2 Prüfungen/Kontrollen

- Wird eine rutschhemmende Wirkung durch richtige Reinigung und Pflege erreicht?
- Wird Fußbodenpflegemittel genau dosiert verwendet (Oberflächenglanz, Fingernagelprobe)?
- Sind in der ebenen Fläche keine Stolperkanten höher als 4 mm?
- Sind Fußmatten, Läufer und Teppiche gegen Wegrutschen und Aufkantungen gesichert?
- Binden Vorleger im Eingangsbereich Nässe und Staub?
- Werden erkannte Glätte und Beschädigungen beseitigt?
- Sind ggf. für Arbeiten verlegte Kabel z. B. durch Kabelbrücken gesichert?

11.7.3 Hinweise zu Gesetzen, Normen, Richtlinien

- § 823 BGB Verkehrssicherungspflicht
- § 19 BauO NRW
- § 36–41 BauO NRW
- Berufsgenossenschaftliche Regeln für Sicherheit und Gesundheit bei der Arbeit: BGR 181, BG-Regeln für Fußböden in Arbeitsräumen und Arbeitsbereichen mit Rutschgefahr
- BGI 652: Handbuch für Hausmeister, Hausverwalter und Beschäftigte in der Haustechnik (Hrsg. VBG – Verwaltungsberufsgenossenschaft, Hamburg)

Achtung !

Fast jeder vierte Arbeitsunfall erfolgt durch Sturz auf ebenem Boden oder auf Treppen.[141] Im Jahr 2014 registrierten die Berufsgenossenschaften von insgesamt rund 840.000 meldepflichtigen Arbeitsunfällen bundesweit mehr als 171.000 Arbeitsunfälle durch Stolpern, Rutschen und Stürzen.[142]

11.8 Gasinnenleitungen

11.8.1 Elemente/Gefahrstellen

- Gasinnenleitungen
- Befestigungen von Gasinnenleitungen
- Verbindungen, Muffen
- Verkleidungen von Gasinnenleitungen
- Verbrenungsluftöffnungen, Fenster, Dunstabzugshauben
- Kochgas
- Heizgas
- Gasstrahler

---

141 BGI 652, 08-2002
142 http://www.deutsche-handwerks-zeitung.de/arbeitsunfall-stolpern-rutschen-und-stuerze-am-haeufigsten/150/22776/324665 v. 25.4.2016, nach: Berufsgenossenschaft Holz und Metall

Abb. 11.9: Gaszähler mit Warnhinweis

11.8.2 Prüfungen/Kontrollen

- Prüfen der Gasinnenleitungen auf Anzeichen von Korrosion z. B. in Feucht-räumen und unbelüfteten Abstellräumen; Befestigungen der Gasleitungen und Verbindungen prüfen.
- Prüfen, ob Gasleitungen nicht z. B. als Aufhänger für Gegenstände wie Fahr-räder u. Ä. missbraucht werden.
- Prüfen, ob nachträglich Verkleidungen ohne Lüftungsöffnungen angebracht worden sind.
- Prüfen, ob die vorgeschriebenen Verbrennungsluftöffnungen in Türen oder Wänden bei raumluftabhängigen Gasfeuerstätten offen sind.
- Prüfen, ob bauliche Veränderungen (z. B. Einbau einer Abluft-Dunstabzugs-haube oder Einbau dichter Fenster) bei raumluftabhängigen Gasfeuerstät-ten mit dem Bezirksschornsteinfeger abgestimmt sind.

11.8.3 Hinweise zu Gesetzen, Normen, Richtlinien

- § 823 BGB Verkehrssicherungspflicht
- § 19 BauO NRW
- Feuerungsverordnung FeuVO NRW
- DVGW-TRGI 2008 (Technische Regeln Gasinstallation)
- Die TRGI wurde 2008 komplett überarbeitet und der bisherige DVGW-Hinweis G 600 III »Betrieb und Instandhaltung« als Kapitel V integriert:

– Anhang 5c und Anhang 2, Technische Regeln Gasinstallation, jährliche
  Sichtkontrolle, alle zwölf Jahre Dichtheitsprüfung (»Gas-Check«)
– Der Schutz vor Manipulation wurde in das DVGW-Arbeitsblatt G 600
  »Technische Regeln für Gasinstallationen«, TRGI 2008 in Kapitel 5 aufgenommen. Ergänzt wurde der Begriff der »Sichtkontrolle durch den Betreiber der Gasinstallation« für die jährliche Hausschau.
– TRGI (Technische Regeln Gasinstallation) 12/03: Erschwerung von Manipulationen, neu aufgenommen im TRGI 2008, Kapitel 5, Betrieb und Instandsetzung

---

Achtung !

Bei bekanntem kritischen Nutzungsverhalten und Nutzungssituationen ist eine
Anpassung an die allgemein anerkannten Regeln der Technik notwendig.

■ Aktive Maßnahmen, A 1 bis A 3, die bei bestimmten Manipulationen selbsttätig
  die Gaszufuhr unterbrechen:
  – A 1: Einbau von Gasströmungswächtern zur Absicherung der Hausanschluss-
    leitung, der Verteilungs- bzw. Verbrauchsleitung
  – A 2: Einbau von Gaszählern mit Abschaltung bei unterem und oberem
    Grenzgasvolumenstrom sowie bei nicht systemgerechtem Druckabfall oder
    Volumenstrom
  – A 3: Einbau von Hauptabsperreinrichtungen mit elektrischem Stellorgan und
    aufgeschalteten Gassensoren
■ Passive Maßnahmen, P 1 und P 2, die dem Manipulationseingriff höhere Schran-
  ken und Hemmschwellen entgegensetzen:
  – P 1: Reduzierung von Leitungsenden auf ein notwendiges Mindestmaß;
    Einbau von Sicherheitsstopfen/-kappen, Sichern von Verschraubungen
  – P 2: Verschließen des Hausanschlussraumes, Einhausung der Gasdruckregel-
    gerät-/Zählereinheit, Anordnung des Hausanschlusskastens außerhalb des
    Gebäudes.[143]

Gefährdungspotenzial

Nach Auswertung des DVGW über Gasunfälle an Kundenanlagen gab es 1999 unter 20 Unfälle, davon ca. die Hälfte durch vorsätzliche Eingriffe in die Gasanlage,
der restliche Anteil ist annähernd gleichmäßig auf kundenbedingte Ursachen,
technische Mängel und Installationsfehler aufgeteilt.[144]

---

143 Ergänzungen zur DVGW-TRGI 86, Ausgabe 1996, Kommentierung zur Ergänzung August 2000 – Mani-
    pulationserschwerung
144 Entwicklung der Unfälle nach Ursachen (UK) – ca. 17 Mio. Kundenanlagen in 2000, DVGW Schaden- und
    Unfallstatistik Gas 10/2000

Nachrüstung von Altanlagen

- Die bestehenden Gasanlagen haben gemäß § 87 der Bauordnung Bestandsschutz, d. h. eine Nachrüstpflicht besteht grundsätzlich nicht, nur bei Neu-
  anlagen und wesentlichen Änderungen. Von einer wesentlichen Änderung
  ist im Regelfall nicht auszugehen beispielsweise bei
    - Inspektions- und Wartungsarbeiten an Gasgeräten,
    - der Anlageninaugenscheinnahme und/oder Gebrauchsfähigkeitsprüfung,
    - Turnuswechsel, -überprüfung von Gaszähler und/oder Gas-Druckregel-
      gerät,
    - Austausch eines Gasgeräts im etagenversorgten Mehrfamilienhaus,
    - Wiederverbindung nach Austausch der Hausanschlussleitung.

Weitere Gesetze, Normen, Richtlinien

- DVGW G 624 Nachträgliches Abdichten von Gasleitungen
- AVBGasV, Verordnung über Allgemeine Bedingungen für die Gasversorgung
  von Tarifkunden
- AMEV Wartung 2014

11.9 Elektrische Installationen

11.9.1 Elemente/Gefahrstellen

- Starkstromanlage allgemein
- Starkstromanlage Wohnung
- »gewerbliche« Elektrogeräte, z. B. Waschmaschinen im Waschkeller
- Elektrogeräte als Bestandteil der Mietsache (E-Herd, Durchlauferhitzer, Kühl-
  schrank u. Ä.)
- FI-Schalter
- Sicherungstafel
- Treppenhaus- und Hauszugangsbeleuchtung

Abb. 11.10: Offen zugängliche Elektroverteilung im Kellerabgang

11.9.2 Prüfungen/Kontrollen

- Wurde eine Prüfung der Elektroanlage bei Mieterwechsel in der Wohnungs-wirtschaft und zurückliegend innerhalb von ca. zehn Jahren durch eine Elek-trofachkraft durchgeführt (Wartungsvertrag)?
- Wurden gewerbliche (mietereigene) Elektrogeräte einmal jährlich durch eine Elektrofachkraft überprüft?
- Wurden Elektrogeräte als Bestandteil der Mietsache bei Mieterwechsel über-prüft?
- Ist der Zugang zur Sicherungstafel gesichert?
- Funktioniert die Treppenhausbeleuchtung und ist eine ausreichende Be-leuchtungszeit eingestellt?
- Funktioniert die Gegensprech- und Schließanlage an der Haustür?
- Funktioniert der FI-Schalter der Außensteckdose?

Abb. 11.11: Fehlerstromschutzschalter

11.9.3 Hinweise zu Gesetzen, Normen, Richtlinien

- § 823 BGB Verkehrssicherungspflicht
- § 19 BauO NRW
- DIN EN 50110-1, -2, -100 (VDE 0105)
- BGV A3 Elektrische Anlagen und Betriebsmittel
- VdS 3000-1 Schadenverhütung in Wohngebäuden
- OLG Saarbrücken, Urteil v. 4.6.1993, 4 U 109/92, NJW 1993, 3077: Prüfpflicht des Vermieters für elektrische Anlagen; vgl. aber nachfolgendes Urteil des BGH
- BGH, Urteil v. 15.10.2008, VIII ZR 321/07, NJW 2009, 143: Der Vermieter ist nicht verpflichtet, ohne besonderen Anlass eine regelmäßige Generalinspektion der Elektroleitungen und Elektrogeräte in den Wohnungen seiner Mieter vorzunehmen.
- Europäische Spezifikation ES 59009 CENELEC/BTTF 95-1 Inspektion und Prüfung von elektrischen Installationen in Wohnungen

Gefährdungspotenzial

Mit 63 Toten im Jahr 2008 hat die Zahl der Stromtoten den niedrigsten Stand in Deutschland erreicht. Von ca. 300 im Jahr 1968 sank die Zahl auf 86 im Jahr 1999 und 2008 auf 63. Mit 23 Fällen spielt der private Bereich weiterhin eine große Rolle, obwohl es im Vergleich zum Jahr 2000 gelang, die Zahl von 49 Toten drastisch zu verringern. Das Bad ist der unfallträchtigste Ort im Haushalt. Hier ereignet sich ca. jeder fünfte tödliche Stromunfall. In Gewerbe und Industrie ist die Zahl der Opfer von 16 im Jahr 1999 auf 4 im Jahr 2008 zurückgegangen.[145]

---

145 www.vde.com/de/Ausschuesse/suf/Arbeitsgebiete/stromunfaelle/Seiten/2008.aspx v. 25.4.2016

11.10 Wasserführende Installationen

11.10.1 Elemente/Gefahrstellen

- Trinkwasserinstallation
- Sicherheitseinrichtungen für Rücksaugsicherheit (Ventile, Rohrbelüfter, Rohrtrenner)
- Gartenwasserzapfstellen, Heizungsfüllanschlüsse, mietereigene Maschinen
- Rückspülfilter, sonstige Filter, Dosiergeräte, Enthärtungsanlagen
- Warmwasserverteilanlagen
- Nassleitungen Brandschutz

Abb. 11.12: Rückspülfilter

11.10.2 Prüfungen/Kontrollen

- Sind die Sicherheitseinrichtungen zur Rücksaugsicherheit (Ventile, Rohrbelüfter, Rohrtrenner) in der Trinkwasserinstallation in Ordnung (Wartungsvertrag)?
- Sind Filter und Dosiereinrichtungen regelmäßig gewartet worden (Wartungsvertrag)?
- Sind die Mieter ggf. nach der Trinkwasserverordnung (TrinkwV) über evtl. Zusätze zum Trinkwasser (Entkalker wie »Aquametasil«, Chlor) informiert worden?
- Sind Gartenzapfstellen (Frostsicherheit!), Heizungsfüllstellen u. Ä. funktionsfähig und ohne Leckage?
- Ist die Rohrdämmung von Trinkwasserinstallationen in Ordnung (Legionellengefahr, Kondensatprobleme)?

- Sind nach Betriebsunterbrechungen (Wohnungsleerstand, Mieterwechsel) von mehr als drei Tagen bis max. vier Wochen die Leitungen wg. Legionellengefahr gespült worden (Auslaufventile öffnen und ablaufen lassen)?
- Sind Wandhydranten regelmäßig auf Funktion durch den Betreiber kontrolliert worden?

Abb. 11.13: Wasseruhr an der Übergabestelle der Kundenanlage

11.10.2.1 Anzeigepflichten nach der Trinkwasserverordnung

- Bauliche Änderungen an Wasser führenden Teilen: Anzeige vier Wochen vorher beim zuständigen Gesundheitsamt
- Änderung der Nutzungsrechte: Anzeige vier Wochen vorher beim zuständigen Gesundheitsamt
- Ganz oder teilweise Stilllegung oder Inbetriebnahme einer öffentlichen Hausinstallation: Anzeige innerhalb von drei Tagen beim Gesundheitsamt
- Der Betreiber einer Trinkwasserverteilungsanlage hat grobsinnlich wahrnehmbare Veränderungen des Trinkwassers unverzüglich dem zuständigen Gesundheitsamt anzeigen. Das Gleiche gilt für »außergewöhnliche Vorkommnisse in der Umgebung des Wasservorkommens oder an einer Wasserversorgungsanlage, die Auswirkungen auf die Beschaffenheit des Trinkwassers haben können«.
- Sollte bei einer Untersuchung eine Überschreitung des Maßnahmenwertes bei Legionellen (100 koloniebildende Einheiten/100 ml) festgestellt werden, muss das Untersuchungsergebnis unverzüglich dem zuständigen Gesundheitsamt mitgeteilt werden. Der Betreiber (UsI, Unternehmer und sonstige Inhaber einer Trinkwasserinstallation) hat unverzüglich Maßnahmen zur Auf-

klärung der Ursache des Legionellenbefalls zu veranlassen, die eine Ortsbesichtigung sowie die Prüfung der Einhaltung der einschlägigen technischen Regeln beinhalten müssen. Zudem muss der Eigentümer eine Gefährdungsanalyse erstellen lassen und die erforderlichen Maßnahmen zum Schutz der Gesundheit der betroffenen Nutzer ergreifen. Über das Ergebnis der Gefährdungsanalyse und den sich möglicherweise daraus ergebenden Einschränkungen der Verwendung des Trinkwassers muss der Betreiber unverzüglich die betroffenen Nutzer informieren.[146]

11.10.2.2 Untersuchungspflichten auf Legionellen nach der Trinkwasserverordnung

- Für Unternehmer und sonstige Inhaber einer Hausinstallation (UsI) mit Duschen (aerosolbildend) **und** mit einer Großanlage zur Trinkwassererwärmung ist alle drei Jahre eine Untersuchung des Trinkwassers auf Legionellen vorgeschrieben, wenn die Anlagen gewerblich, z. B. Vermietung von Wohnungen oder Arbeitsstätten, genutzt werden. Liegt eine öffentliche Nutzung, z. B. Krankenhaus, Pflegeheim, Kita, Schule, Sporteinrichtung oder Hotel, vor, ist eine jährliche Untersuchung erforderlich.[147]
- Eine Großanlage zur Trinkwassererwärmung ist nach Trinkwasserverordnung eine Anlage mit einem Speicher-Trinkwassererwärmer oder zentralem Durchfluss-Trinkwassererwärmer mit jeweils einem Inhalt von mehr als 400 Litern oder einem Inhalt von mehr als drei Litern in mindestens einer Rohrleitung zwischen Abgang des Trinkwassererwärmers und Entnahmestelle. Dabei wird der Inhalt einer Zirkulationsleitung nicht mit berücksichtigt (die Zirkulationsleitung ist die Leitung in einem Kreislauf für erwärmtes Trinkwasser, in der Wasser zum Wassererwärmer oder zum Wasserspeicher zurückläuft).
- Entsprechende Anlagen in Ein- und Zweifamilienhäusern zählen nicht zu Großanlagen zur Trinkwassererwärmung.
- Der Betreiber (UsI) muss für das Vorhandensein geeigneter Probeentnahmestellen an der Anlage sorgen. Die Probeentnahmestellen müssen so installiert sein, dass jeder Steigstrang erfasst wird.
- Der Unternehmer und sonstige Inhaber beauftragt ein Trinkwasserlabor mit der Entnahme und Untersuchung von Proben und trägt die Kosten der Untersuchung.

---

146 www.hausundgrund-rheinland.de/themen/trinkwasserverordnung/, 13.3.2016
147 Gesundheitsamt Dortmund, Merkblatt Information für Unternehmer und sonstige Inhaber von Hausinstallationen über die Untersuchungspflicht auf Legionellen, Dezember 2012

11.10.2.3 Dokumentationspflichten nach der Trinkwasserverordnung

- Zur Dokumentation von durchgeführten Kontrollen, Wartungen, Störungs-beseitigungen oder Reparaturen ist ein Betriebsbuch zu führen und in der Nähe der Anlage vorzuhalten.
- Ergebnisse der Trinkwasseruntersuchungen und Gefährdungsanalysen sind zehn Jahre aufzubewahren.

11.10.2.4 Aushangpflichten nach der Trinkwasserverordnung

Nutzer müssen folgende Informationen zur Verfügung gestellt werden:
- mindestens jährlich geeignetes und aktuelles Informationsmaterial über die Qualität des bereitgestellten Trinkwassers auf der Grundlage der Ergebnisse der vorgenommenen Untersuchungen
- Information über vorhandene Bleileitungen (ab 1. Dezember 2013)
- Informationen über Einschränkungen der Verwendung des Trinkwassers
- Bei Beginn der Zugabe von Aufbereitungsstoffen sind unverzüglich die Auf-bereitungsstoffe und deren Konzentration im Trinkwasser bekannt zu geben sowie einmal jährlich bekannt zu machen.

Weiter Hinweise geben die Merkblätter der jeweils zuständigen Gesundheitsäm-ter und die Fachinformation beim DVGW, Deutscher Verein des Gas- und Wasser-faches e. V., Technisch-wissenschaftlicher Verein.[148]

11.10.3 Hinweise zu Gesetzen, Normen, Richtlinien

- § 823 BGB Verkehrssicherungspflicht
- Trinkwasserverordnung (TrinkwV) in der Neufassung der Trinkwasserver-ordnung vom 7.8.2013 sowie die Dritte Verordnung zur Änderung der Trink-wasserverordnung (Umsetzung der Richtlinie 2013/51/EURATOM Radioaktive Stoffe im Trinkwasser) vom 18.11.2015
- § 19 BauO NRW Verkehrssicherung
- DVGW W 551, Legionellengefahr
- VDI 6023, Trinkwasserhygiene
- DIN 14462 Löschwassereinrichtungen – Planung, Einbau, Betrieb und In-standhaltung von Wandhydrantenanlagen sowie Anlagen mit Über- und Un-terflurhydranten

---

148 www.dvgw.de/wasser/trinkwasser-installation/

- Das technische Regelwerk für die Durchführung einer Wartung für Trinkwasserinstallationen ist DIN EN 806-5 »Betrieb und Wartung«, in diesem Fall bis zur Löschwasserübergabestelle (LWÜ). Für die mit der LWÜ beginnenden Feuerlösch- und Brandschutzanlagen sind für den Betrieb und die Wartung die Angaben der Normen DIN EN 12845, DIN 14462, DIN EN 671-3, DIN 14494 und DIN 14495 zu beachten.
- DIN EN 806-5:2012-04 Technische Regeln für Trinkwasser-Installationen (TRWI)
- DIN 1988-600 Trinkwasserinstallationen in Verbindung mit Feuerlösch- und Brandschutzanlagen

11.11 Motorbetriebene Anlagen

11.11.1 Elemente/Gefahrstellen

- Aufzüge
- kraftbetätigte Türen und Tore
- Markisen, Fenster, Sonnenschutz mit motorischen Antrieben

Abb. 11.14: Hinweisschild Aufzug

11.11.2 Prüfungen/Kontrollen

- Ist die regelmäßige Sicherheitsprüfung des Aufzugs durch eine zugelassene Überwachungsstelle nach Betriebssicherheitsverordnung erfolgt (verbindliche Prüfplakette Hauptprüfung nach BetrSichV 2015)?
- Gibt es eine vom Arbeitgeber beauftragte Person nach Betriebssicherheitsverordnung für den Aufzug (»Aufzugswärter«) oder einen entsprechenden Wartungsvertrag?
- Ist die Signaleinrichtung wirksam und ein »Aufzugswärter« jederzeit erreichbar?
- Sind die Zugänge zum Fahrschacht und den Triebwerksräumen frei sowie die Türen zum Fahrschacht und zum Triebwerksraum geschlossen?
- Sind Fahrkorbboden und Einstiegsebene niveaugleich?
- Wurde die Wartung von kraftbetätigten Türen und Toren durchgeführt (Wartungsvertrag)?
- Sind die Sicherheitseinrichtungen bei kraftbetätigten Türen und Toren lt. Wartungsprotokoll in Ordnung (Schließkanten, Abdeckung von Quetsch- und Scherstellen, Fangvorrichtung, Kontaktleiste, »Not-Stop«)?

11.11.3 Hinweise zu Gesetzen, Normen, Richtlinien

- § 823 BGB Verkehrssicherungspflicht
- § 19 BauO NRW
- Betriebssicherheitsverordnung (BetrSichV)
- **Aufzüge:**
  - TRBS 2181
  - DIN EN-81-14172
  - DIN EN 13015
- Kraftbetätigte Türen und Tore:
  - BGR 232 Kraftbetätigte Fenster, Türen und Tore
  - ArbStättV
  - DIN 4172

11.12 Brandschutz

11.12.1 Elemente/Gefahrstellen

- Feuerlöscher
- Rauch- und Wärmeabzug RWA (Gebäude mit mehr als fünf Geschossen, innen liegende Treppenhäuser)

- feuerhemmende und rauchdichte Türen und Tore (vor Gewerberäumen, Heizöllager, Keller, DG, Parkgaragen etc.)
- Trockenleitungen
- Nassleitungen
- Flucht- und Rettungswege
- Lagerung entzündlicher Flüssigkeiten

Abb. 11.15: Auslöser eines Rauchabzugs mit Prüfsiegel

11.12.2 Prüfungen/Kontrollen

- Wurden die Feuerlöscher regelmäßig durch eine befähigte Person nach Betriebssicherheitsverordnung geprüft (Prüfplakette und Verplombung aktuell und übereinstimmend)?
- Sind die Feuerlöscher an dem in der Baugenehmigung vorgesehenen Platz (z. B. Heizöllagerraum, Arbeitsplatz Hauswart) und nicht beschädigt (Plomben intakt)?
- Sind die RWA-Anlagen funktionsfähig und gewartet (Wartungsvertrag)?
- Sind die feuerhemmenden und rauchdichten Türen in Ordnung und funktionieren die Türschließer?
- Sind Wandhydranten zugänglich?
- Wurden die Prüfungen bei Trockenleitungen nach DIN 14462 Instandhaltung mit Dichtheitsprüfung alle zwei Jahre durch einen Sachkundigen durchgeführt?
- Wurden die Prüfungen bei Wandhydranten nass und nass/trocken alle zwölf Monate durch einen Sachkundigen durchgeführt?
- Wurden die Wandhydranten regelmäßig (vierteljährlich, DIN 671-3; halbjährlich, VDI 3810-2) auf Erkennbarkeit, Zugänglichkeit, Vollständigkeit und einwandfreien Zustand durch den Betreiber geprüft?

- Sind Flucht- und Rettungswege frei von brennbaren Gegenständen (Sperrmüll, Teppiche u. Ä.)?
- Funktioniert die Sicherheitsbeleuchtung bei innen liegenden notwendigen Treppenräumen in Gebäuden mit mehr als fünf Geschossen oberhalb der Geländeoberfläche?
- Beträgt die nutzbare Breite der Treppen und Treppenabsätze notwendiger Treppen mindestens 1 m?
- Sind Brandwände und Brandschotten für Leitungen nach baulichen Veränderungen wieder durch bauaufsichtlich zugelassene Materialien verschlossen worden?
- Sind in notwendigen Treppenräumen die umschließenden Bauteile nicht verändert worden?
- Werden keine benzingetriebenen Fahrzeuge (Moped) im Keller abgestellt?
- Werden keine entzündlichen Flüssigkeiten (nicht mehr als 20 l Benzin nach TRbF 20) im Einzelkeller gelagert (Hausordnung)?
- Werden keine entzündlichen Flüssigkeiten auf dem Dachboden gelagert (nicht gestattet nach TrbF 20)?
- Werden keine Flüssiggaskartuschen (max. 14 kg nach FeuVO in Wohnungen) im Keller gelagert?

Abb. 11.16: Feuerlöscher mit Prüfsiegel[149]

---

149 www.wikipedia.de, Kühn, Stefan, 2003

Abb. 11.17: Sperrmüllablagerung an notwendiger Treppe in Tiefgarage

11.12.3 Hinweise zu Gesetzen, Normen, Richtlinien

- § 823 BGB Verkehrssicherungspflicht
- § 19 BauO NRW
- § 17 BauO NRW Brandschutz
- § 36–41 BauO NRW, Treppen, Rettungswege
- Betriebssicherheitsverordnung (BetrSichV)
- § 13 FeuVO NRW
- TRbF 20 (alt)
- VbF (alt)
- Garagenverordnung (GaVO)
- Sonderbauverordnung (SBV) NRW
- Hochhausverordnung (HochhVO)
- Technische Prüfverordnung (TprüfVO)
- Lüftungsanlagen-Richtlinie (LüAR NRW)
- Das technische Regelwerk für die Durchführung einer Wartung für Trinkwasserinstallationen ist DIN EN 806-5 »Betrieb und Wartung«, in diesem Fall bis zur Löschwasserübergabestelle (LWÜ). Für die mit der LWÜ beginnenden Feuerlösch- und Brandschutzanlagen sind für den Betrieb und die Wartung die Angaben der Normen DIN EN 12845, DIN 14462, DIN EN 671-3, DIN 14494 und DIN 14495 zu beachten.

Abb. 11.18: Wandhydrant

11.13 Rauchwarnmelder in der Wohnung

11.13.1 Elemente/Gefahrstellen

- Rauchwarnmelder Flure in der Wohnung
- Rauchwarnmelder Schlafzimmer
- Rauchwarnmelder Kinderzimmer
- Rauchwarnmelder Keller

Abb. 11.19: Rauchwarnmelder in Wohnung

11.13.2 Prüfung/Kontrollen

Wartung/Instandhaltung nach DIN 14676

Der Rauchwarnmelder ist gemäß Bedienungsanleitung, jedoch mindestens einmal jährlich auf seine Funktion zu überprüfen. Dazu gehört eine Sichtprüfung, ob Raucheindringungsöffnungen frei sind oder der Rauchwarnmelder beschädigt ist. Gleichzeitig ist eine Alarmprüfung vorzunehmen. Diese beinhaltet die Auslösung eines Probealarms über die Prüftaste. Bei Rauchwarnmeldern mit 230-V-Netzanschluss muss der Probealarm einmal mit und einmal ohne 230-V-Netz durchgeführt werden. Bei Fehlverhalten des Rauchwarnmelders muss die Batterie ersetzt oder ggf. der Rauchwarnmelder ausgetauscht werden (bei Beschädigung oder starker Verschmutzung).

11.13.3 Hinweise zu Gesetzen, Normen, Richtlinien

- DIN 14676 Rauchwarnmelder für Wohnhäuser, Wohnungen und Räume mit wohnungsähnlicher Nutzung (Einbau, Betrieb und Instandhaltung)
- Nur der Einsatz von Rauchwarnmeldern nach DIN EN 14604 (10:2005) ist zulässig.
- Landesbauordnungen Rheinland-Pfalz, Saarland, Schleswig-Holstein, Hessen, Hamburg, Mecklenburg-Vorpommern (s. nachstehende Tabelle), Wohnraumförderungsbestimmungen (WFB) Nordrhein-Westfalen

---

VNW-Rundschreiben vom 17. Februar 2005

Mit dem Einbau der Rauchmelder trifft den Vermieter gemäß § 535 Abs. 1 Satz 2 BGB die Verpflichtung, die Rauchmelder im gebrauchsfähigen Zustand zu erhalten und somit auch ihre Funktionsfähigkeit regelmäßig zu überprüfen. Gleichzeitig dient die regelmäßige Kontrolle und Wartung der Rauchmelder der Erfüllung der allgemeinen Verkehrssicherungspflicht gemäß § 823 BGB.[150]

---

150 Auszug: VNW-Rundschreiben vom 17. Februar 2005, M. Pistorius

Nachrüstpflicht Rauchwarnmelder in den Bundesländern[151]			
Bundesland	Landesbauordnung	Ablauf Nachrüstungsfrist	Aufstellorte Wohnung
Baden-Württemberg	Landesbauordnung für Baden-Württemberg § 15 Absatz 7	31. Dez. 2014	Zum Schlafen bestimmte Aufenthaltsräume und deren Rettungswege
Bayern	Bayerische Bauordnung Art. 46 Absatz 4	31. Dez. 2017	Schlafräume, Kinderzimmer und Flure zu Aufenthaltsräumen in Wohnungen
Berlin	Bauordnung für Berlin	noch keine gesetzliche Regelung	
Brandenburg	Brandenburgische Bauordnung	noch keine gesetzliche Regelung	
Bremen	Bremische Landesbauordnung § 48 Absatz 4	31. Dez. 2015	Schlafräume, Kinderzimmer und Flure als Rettungswege von Aufenthaltsräumen in Wohnungen
Hamburg	Hamburgische Bauordnung § 45 Absatz 6	31. Dez. 2010	Schlafräume, Kinderzimmer und Flure als Rettungswege von Aufenthaltsräumen in Wohnungen
Hessen	Hessische Bauordnung § 13 Absatz 5	31. Dez. 2014	Schlafräume, Kinderzimmer und Flure als Rettungswege von Aufenthaltsräumen in Wohnungen
Mecklenburg-Vorpommern	Landesbauordnung Mecklenburg-Vorpommern § 48 Absatz 4	31. Dez. 2009	Schlafräume, Kinderzimmer und Flure als Rettungswege von Aufenthaltsräumen in Wohnungen

---

151 Artikel Brandmelder auf www.wikipedia.de vom 4.3.2016

Bundesland	Landesbauordnung	Ablauf Nachrüstungsfrist	Aufstellorte Wohnung
Niedersachsen	Niedersächsische Bauordnung § 44 Absatz 5	31. Dez. 2015	Schlafräume, Kinderzimmer und Flure als Rettungswege von Aufenthaltsräumen in Wohnungen
Nordrhein-Westfalen	Bauordnung für das Land Nordrhein-Westfalen § 49 Absatz 7	31. Dez. 2016	Schlafräume, Kinderzimmer und Flure als Rettungswege von Aufenthaltsräumen in Wohnungen
Rheinland-Pfalz	Landesbauordnung Rheinland-Pfalz § 44 Absatz 8	13. Jul. 2012	Schlafräume, Kinderzimmer und Flure als Rettungswege von Aufenthaltsräumen in Wohnungen
Saarland	Landesbauordnung § 46 Absatz 4	zzt. nur bei Neubau	Schlafräume, Kinderzimmer und Flure als Rettungswege von Aufenthaltsräumen in Wohnungen
Sachsen	Sächsische Bauordnung § 47 Absatz 4	zzt. nur bei Neubau	zum Schlafen bestimmte Aufenthaltsräume und deren Rettungswege
Sachsen-Anhalt	Bauordnung des Landes Sachsen-Anhalt § 47 Absatz 4	31. Dez. 2015	Schlafräume, Kinderzimmer und Flure als Rettungswege von Aufenthaltsräumen in Wohnungen
Schleswig-Holstein	Landesbauordnung für das Land Schleswig-Holstein § 49 Absatz 4	31. Dez. 2010	Schlafräume, Kinderzimmer und Flure als Rettungswege von Aufenthaltsräumen in Wohnungen
Thüringen	Thüringer Bauordnung § 48 Absatz 4	31. Dez. 2018	Schlafräume, Kinderzimmer und Flure als Rettungswege von Aufenthaltsräumen in Wohnungen

Die Rauchmelderpflicht ist in den einzelnen Bundesländern unterschiedlich geregelt.[152]

In Berlin ist eine Änderung der Landesbauordnung in Vorbereitung. Der Senat hat die Änderung der Landesbauordnung am 8.12.2015 zur Kenntnis genommen. Ein Beschluss des Berliner Abgeordnetenhaus steht noch aus.[153]

Die Sicherstellung der Betriebsbereitschaft ist in den einzelnen Bundesländern unterschiedlich geregelt. In der Regel lautet die Formulierung ähnlich wie in Schleswig-Holstein: »Die Sicherstellung der Betriebsbereitschaft obliegt den unmittelbaren Besitzerinnen oder Besitzern, es sei denn, die Eigentümerin oder der Eigentümer übernimmt diese Verpflichtung selbst.«[154]

Eine 2006 bundesweit durchgeführte Forsa-Umfrage bei ca. 2.000 Haushalten ergab, dass im Bundesdurchschnitt 31 % der Befragten Rauchmelder in der Wohnung installiert haben.

In einem Hamburger Urteil wurde bereits 2011 auf die Duldung des Einbaus durch den Mieter hingewiesen.[155] Leitsatz:
1. Der Mieter muss den Einbau von Rauchwarnmeldern gemäß § 554 Abs. 2 Satz 1 BGB grundsätzlich dulden, d. h. nach vorheriger Ankündigung den Zutritt zur Wohnung und den vorgeschriebenen Einbauorten (Zimmern) gestatten und die Montage hinnehmen.
2. Der Mieter muss die Dispositionsbefugnis des Vermieters akzeptieren und kann nicht durch vorauseilenden Gehorsam und Einbau eigener Geräte letztlich in die Verwaltungspraxis des Vermieters eingreifen.
3. Der Vermieter ist auch berechtigt, alle – unabhängig von der derzeitigen Nutzung – als Schlaf- und Kinderzimmer nutzbaren Räume mit Rauchwarnmeldern auszustatten.[156]

Mit Urteil vom 17. Juni 2015 hat der Bundesgerichtshof (BGH) abschließend entschieden, dass ein Mieter den Einbau von Rauchmeldern durch den Vermieter dulden muss. Der BGH begründete sein Urteil damit, dass es sich bei dem Einbau von Rauchmeldern um eine bauliche Veränderung als Modernisierung im Sinne des § 555b Nr. 4 und 5 BGB handelt.[157]

---

152 www.test.de/Rauchmelder-Welche-Vorschriften-in-Ihrem-Bundesland-gelten-4485955-0/ Stand 5.3.2016
153 www.test.de/Rauchmelder-Welche-Vorschriften-in-Ihrem-Bundesland-gelten-4485955-0/ Stand 5.3.2016
154 LBO SH § 49 Absatz 4
155 AG Hamburg-Blankenese, Urteil v. 16.2.2011, 531 C 341/10
156 www.ax-schneider-gruppe.de/baunews/rechtsprechung-1367763965/2891-ag-hamburg-blankenese-urteil-vom-16022011-531-c-34110
157 BGH, Urteil v. 17.06.2015, VIII ZR 216/14; VIII ZR 290/14

Den Einbau zahlt der Besitzer oder Vermieter. Zulässig ist eine Mieterhöhung nach Einbau der Geräte von jährlich maximal der Höhe von elf Prozent des Anschaffungspreises.

Die Wartungskosten für Rauchmelder sind gemäß § 2 Nr. 17 Betriebskostenverordnung »sonstige Betriebskosten«. Ist die Wartung der Rauchmelder im Mietvertrag nicht vorgesehen, muss für die spätere Erhebung der Kosten eine Mehrbelastungsabrede im Mietvertrag enthalten sein.

Neben den großen Dienstleistern aus der Heizungsablesungsbranche bieten z. B. auch Schornsteinfeger die Dienstleistung der Wartung der Rauchwarnmelder für ca. 5 Euro je Rauchwarnmelder an.

Im Wohnungsbereich zu empfehlen sind Lithium-Langzeit-Batterien, die eine zehnjährige Einsatzzeit garantieren. Die günstigeren Alkalizellen müssen regelmäßig gewechselt werden.

Die Zeitschrift »Test« rät Bewohnern von Häusern und großen Wohnungen zu Funkmeldern. Diese sind untereinander vernetzt und warnen auch, wenn in einem anderen Zimmer Feuer ausbricht.[158]

Der Nichteinbau von Rauchwarnmeldern in Wohnhäusern kann spürbare juristische Konsequenzen haben. Nach einem Wohnhausbrand in Leiferde (Kreis Gifhorn) ermittelt die Polizei (BZ, 20.01.2016) wegen fahrlässiger Tötung sowie Körperverletzung durch Unterlassen, weil der Eigentümer keine Rauchwarnmelder eingebaut haben soll.[159]

11.14   Sonstige Gefahrstellen: Glastüren

11.14.1 Prüfungen/Kontrollen

- Sind Glaswände und türen deutlich gekennzeichnet (Türen etwa in Augenhöhe) und das Glas in Türen bruchsicher?
- Sind nicht bruchsichere und nicht gekennzeichnete Glaswände abgeschirmt?

---

158 www.test.de/Rauchmelder-Welche-Vorschriften-in-Ihrem-Bundesland-gelten-4485955-0/ Stand 5.3.2016
159 Nach Großbrand: Polizei ermittelt gegen Vermieter, Braunschweiger Zeitung, 20.2.2016

Abb. 11.20: Glaseingangstür Wohnanlage

11.14.2 Hinweise zu Gesetzen, Normen, Richtlinien

- § 823 BGB Verkehrssicherungspflicht
- § 19 BauO NRW
- § 40 (2) BauO NRW, Glastüren
- BGI 652 Handbuch für Hausmeister, Hausverwalter und Beschäftigte in der Haustechnik, Verwaltungs-Berufsgenossenschaft (zurückgezogen)
- BGH, Urteil v. 16.5.2006, VI ZR 189/05, VersR 2006, 1083: Ist eine Zimmertür in einer Mietwohnung mit einem Glasausschnitt versehen, der den baurechtlichen Vorschriften entspricht, so kann eine Mieterin, die mit ihren drei Kleinkindern eingezogen ist, vom Vermieter keinen Schadenersatz verlangen, wenn nach zweijähriger Mietdauer ein Kind in die Glasscheibe fällt und sich schwer verletzt.

11.15 Checkliste: Begehung des Gebäudes von innen

Verkehrssicherheitcheck Immobilien
augenscheinliche Kontrolle

Liegenschaft:	
Wirtschaftseinheit Nr.:	
Gebäude Nr.:	
Straße:	
HausNr.	

Datum der letzten Begehung:	

Nr.	Gebäude - Innen ⌂	i.O. ☺	Mängel ?	Gefahr !	n. vorh. /
201	Treppengeländer				
202	Treppenaufgänge				
203	Kellerabgänge				
204	Holzkonstruktionen				
205	Bodenbeläge				
206	Türen				
207	Wand-, Deckenbekleidung				
208	Sicherheitsbeleuchtung, -beschilderung				
209	Treppenbeleuchtung				
210	Flurbeleuchtung				
211	Elektrische Installationen				
212	Wasser - Installationen				
213	Gas - Installationen				
214	motorbetriebene Anlagen (Rolltore o.ä.)				
215	Aufzug				
216	Heizkörper, Heizungsleitungen				
217	Heizungsanlage (Zugang, Prüfzeichen)				
218	Brandschutz (Türen, Rettungswege u.ä.)				
219	Sonstiges				
220					

Nr. Übertrag	Es wurden folgende Mängel festgestellt:	Ort, Whg. Etage, Raum	weitergeleitet an Fa. am

Datum: Unterschrift Prüfer: Name:

Datum: Unterschrift Sachbearbeiter: Name:

Quelle: © Damm, Hans-Thomas, Verkehrssicherungspflichten in der Wohnungswirtschaft

Abb. 11.21: Checkliste: Begehung des Gebäudes von innen

12 Sicherheitsbegehungen von Gebäuden: Außenanlagen

12.1 Straßenbereich

Im Anschluss an die Sicherheitsbegehung des Gebäudeinneren ist eine Begehung des Wohnumfeldes mit den Zuwegungen, befestigten Flächen, Grünflächen und baulichen Einrichtungen sinnvoll.

Bei Grundstücken und Gebäuden trifft die allgemeine Verkehrssicherungspflicht denjenigen, der den Zutritt zu seinem Grundstück für Dritte eröffnet. Der Verantwortliche hat die notwendigen Vorkehrungen zum Schutz Dritter vor Gefahrenquellen zu schaffen. Eine absolute Sicherheit ist aber nicht erreichbar. Deshalb sind nur solche Sicherungsmaßnahmen notwendig, »die ein verständiger und umsichtiger, in vernünftigen Grenzen vorsichtiger Mensch für ausreichend halten darf, um andere Personen vor Schäden zu bewahren und die für ihn den Umständen nach zumutbar sind«[160].

Zur Beurteilung der notwendigen Schutzvorkehrungen wird in der Rechtsprechung auf die »Verkehrsüblichkeit« von Schutzmaßnahmen abgestellt. Dazu werden z. B. die »allgemein anerkannten Regeln der Technik« in die Bewertung der Schutzmaßnahmen mit einbezogen. Die »allgemein anerkannten Regeln der Technik« sind keine gesetzlichen Normen.

Insofern ist auf Verkehrsüblichkeit von Schutzvorkehrungen abzustellen.

Die Rechtsprechung fordert eine »sorgfältige« Durchführung von Kontrollen der Verkehrssicherungspflicht. Eine sorgfältige Sichtprüfung kann die Verkehrssicherungspflicht erfüllen.

Dazu hat das Oberlandesgericht Schleswig folgendes Urteil gefällt[161]. Eine Frau kam bei einem Sportfest auf einem Plattenweg zu Fall und verletzte sich schwer. Dafür sollte die Kommune als Eigentümerin des Sportplatzes in Regress genommen werden. Das Oberlandesgericht lehnte dies ab, da ein Mitarbeiter der Stadt einmal wöchentlich die Gehwege fegte und den Platz vom Müll befreite sowie der Platzwart einen Tag vorher eine sorgfältige Sichtprüfung aller Gehwegplat-

---

160 BGH, Behrens, KSA 2000
161 OLG Schleswig, Urteil v. 5.7.2007, 11 U 29/07

ten vorgenommen hatte. Das OLG sah diese Art der Kontrolle als ausreichend an. Eine weitergehende Kontrolle und Prüfung jeder einzelnen Gehwegplatte sah das Gericht als unverhältnismäßig an.[162]

In der Richtlinie für die Überwachung der »Verkehrssicherheit von baulichen Anlagen des Bundes-RÜV« 2008 (Nr. 5.1) heißt es: »Die Begehung umfasst die regelmäßige Besichtigung der baulichen Anlage und Sichtkontrolle der sicherheitsrelevanten Bauteile ohne größere Hilfsmittel durch sachkundige Fachkräfte.«

Checklisten sind ein gutes Hilfsmittel, damit keine Punkte vergessen werden und um nachzuweisen, dass alle gefährdungsrelevanten Elemente bei einer Kontrolle berücksichtigt wurden. Sie dienen damit zum Nachweis einer sorgfältigen Sichtkontrolle. In diesem Sinne sollten elektronische Checklisten verwendet werden und die notwendigen Checkpunkte entsprechend der Fortschreibung der anerkannten Regeln der Technik aktualisiert werden.

Laut Pressemitteilung des Deutschen Städte- und Gemeindebundes vom 22.11.2012 auf seiner Homepage besteht »eine Haftung des Waldbesitzers wegen Verletzung der Verkehrssicherungspflicht ... grundsätzlich nicht für waldtypische Gefahren«. So urteilten jetzt die Karlsruher Richter in der Frage der Haftung des Waldbesitzers für die Verletzung eines Spaziergängers durch einen herabstürzenden Ast.[163]

Der Waldbesucher, der auf eigene Gefahr Waldwege betritt, kann grundsätzlich nicht erwarten, dass der Waldbesitzer Sicherungsmaßnahmen gegen waldtypische Gefahren ergreift. Mit waldtypischen Gefahren muss der Waldbesucher stets, also auch auf Wegen rechnen. Er ist primär selbst für seine Sicherheit verantwortlich. Risiken, die ein freies Bewegen in der Natur mit sich bringt, gehören grundsätzlich zum entschädigungslosen hinzunehmenden allgemeinen Lebensrisiko, so aus der Urteilsbegründung. »Dass der Waldbesucher die waldtypischen Gefahren selbst tragen muss, ist gleichsam der Preis für die eingeräumte Betretungsbefugnis. Dass den Waldbesitzer grundsätzlich keine Pflicht trifft, den Verkehr auf Waldwegen gegen waldtypische Gefahren zu sichern, entspricht auch der nunmehr in § 14 Bundeswaldgesetz (BWaldG) für das Betreten des Waldes getroffenen Regelung.

Typische Gefahren sind solche, die sich aus der Natur oder der ordnungsgemäßen Bewirtschaftung des Waldes unter Beachtung der jeweiligen Zweckbe-

---

162 Das aktuelle Urteil, Sachsensport, H. Juli/August 2008, Hrsg. LSB Sachsen
163 BHG, Urteil v. 2.10.2012, VI ZR 311-11

stimmung ergeben. Fahrspuren in Wegen, Reisig im Bestand, Trockenzweige in Baumkronen, herabhängende Äste nach Schneebruch oder Sturmschäden sind Beispiele für typische Waldgefahren.

Atypische Gefahren sind immer dann anzunehmen, wenn der Waldbesitzer selbst oder ein Dritter Gefahrenquellen schafft, selbst einen besonderen Verkehr eröffnet, anzieht oder duldet oder gegen sonstige dem Schutz von Personen oder Sachen dienende Rechtsvorschriften verstößt. Selbst geschaffene Gefahrenquellen sind z. B. Kinderspielplätze, Kunstbauten, Fanggruben, gefährliche Abgrabungen oder Parkplätze im Wald.«

Randbäume von Wäldern an öffentlichen Straßen unterliegen der gleichen Verkehrssicherungspflicht wie Straßenbäume lt. eines Teils des Urteils des OLG Hamm:[164] Eine Fahrradfahrerin war auf einer öffentlichen Straße durch den Abbruch eines Stammlings einer Rotbuche gestürzt – mit der Folge einer dauernden Querschnittslähmung. Die auf dem Waldgrundstuck eines privaten Forstbetriebs stehende Buche befindet sich etwa 9 bis 10 Meter weit von dem von der Fahrradfahrerin genutzten öffentlichen Weg entfernt.

»Hier gehe es nicht um die allgemeine Frage der Verkehrssicherungspflicht von Waldeigentümern gegenüber Personen. die sich – vom Eigentümer nach der Gesetzeslage geduldet – unter Ausübung des Waldbetretungsrechts im Wald aufhalten. Vielmehr handele es sich hier um einen Randbaum an einer öffentlichen Straße. Dafür gelten die Grundsätze, die für die Sicherheit an Straßenbäumen entwickelt wurden. Diese sehen eine äußere Sichtprüfung bezogen auf die Gesundheit und Standsicherheit zweimal jährlich im belaubten und unbelaubten Zustand vor. Hierbei sei es unerheblich, wie groß die Zahl der Randbäume des Waldeigentümers sei. Denn Sicherheitsunterschiede für Straßenbenutzer könnten in der Kulturlandschaft nicht hingenommen werden.«[165]

Insofern sind in der Kulturlandschaft unterschiedliche Bereiche mit unterschiedlichen Kontrollintervallen zu unterscheiden:
1. Baumbereich an öffentlichen Verkehrsstrecken und an Gebäuden: Baumkontrollen innerhalb einer Baumlänge an öffentlichen Verkehrsstrecken (z. B. an öffentlichen Straßen, Schienenwegen, Wasserstraßen und Schifffahrtskanälen) und an Gebäuden mind. zweimal jährlich
2. Baumbereich an baulichen Anlagen, Waldlehrpfaden und Waldparkplätzen: Baumkontrollen innerhalb einer Baumlänge an Erholungseinrichtungen und

---

164 OLG Hamm, Urteil v. 30.3.2007, 13 U 62A/6
165 OLG Hamm, Urteil v. 30.3.2007, 13 U 62A/6

sonstigen baulichen Anlagen im Wald sowie bei Waldlehrpfaden und an Waldparkplätzen mind. einmal jährlich

3. Baumbereich an Waldwegen: mind. einmal jährlich

Auch die Baumkontrollrichtlinien der Forschungsgesellschaft, Landschaftsentwicklung und Landschaftsbau (FLL), Ausgabe 2010, sehen unterschiedliche Kontrollintervalle vor, wobei die Länge des jeweiligen Kontrollintervalls abhängig gemacht wird von Alter, Zustand und Standort des jeweiligen Baumes. Abhängig hiervon werden von den Baumkontrollrichtlinien Kontrollintervalle zwischen 12 und 15, 24 und 27 sowie 36 und 39 Monate empfohlen.

Hinzu kommen die Straßen- und Wegekontrollen je nach Verkehrshäufigkeit: Die Straßenverkehrssicherungspflicht (auch für nicht öffentliche Straßen) ist maßgeblich durch die Rechtsprechung geprägt. Kriterien dabei sind:

- Größe und Ausmaß der Gefahren maßgeblich
- Erkennbarkeit für Verkehrsteilnehmer
- Erwartungshaltung der Benutzer
- tatsächliche und wirtschaftliche Zumutbarkeit für den Pflichtigen
- keine Abwälzung des allgemeinen Lebensrisikos auf den Verkehrssicherungspflichtigen[166]

In Anlehnung an Musterdienstanweisungen im BADK-Sonderheft »Haftungsrechtliche Organisation im Interesse der Schadenverhütung« vom August 2011 sind für Straßen folgende Kontrollintervalle angemessen:

- Stufe 3: alle übrigen Straßen (z. B. reine Wohnstraßen) alle vier bis acht Wochen
- Stufe 4: verkehrsunbedeutende ausgebaute Wege alle acht bis zwölf Wochen
- Stufe 5: nicht ausgebaute Feld- und Wirtschaftswege alle drei bis sechs Monate (OLG Köln, Urteil vom 17.05.2001, 7 U 174/00: Kontrolle alle sechs Monate bei unbefestigtem Wirtschaftsweg entlang Gewässer ausreichend)

Ein durchschnittliches Begehungsintervall von ca. acht Wochen erscheint z. B. für die Straßen- und Wegekontrolle im ländlichen Gebiet somit angemessen. In diesem Intervall können auch die übrigen Zugänglichkeits- und Objektkontrollen wie z. B. für Einfriedungen und ggf. Zaunanlagen hinsichtlich der Standsicherheit mit durchgeführt werden.

---

166 A. Braun, GVV-Kommunalversicherung, 2012

12.1.1 Elemente/Gefahrstellen

- Privatstraßen, die nicht öffentlich gewidmet sind
- Baustraßen, die nicht öffentlich gewidmet sind
- Straßenoberbau
- Beleuchtung
- Beschilderung

Abb. 12.1: Wohnstraße mit Straßenbeleuchtung

Bei Rotermund Krafft[167] werden im Anhang Muster für Dienstanweisungen und Kontrollblätter der Bundesarbeitsgemeinschaft der Deutschen Kommunalversicherer[168] zitiert. Für Straßen werden dabei folgende Klassifizierungen getroffen:

- Stufe 1: klassifizierte Straßen, sofern die Gemeinde für die Unterhaltung zuständig ist, Straßen von besonderer überörtlicher und/oder örtlicher Bedeutung (z. B. Hauptverkehrsstraßen, Zufahrtsstraßen zu Gewerbe- und Industriegebieten, Fußgängerzonen); Kontrolle: einmal wöchentlich

---

167 Rotermund, Carsten und Krafft, Dr. Georg, Die Haftung der Kommunen für die Verletzung der Verkehrssicherungspflicht, ESV, 5. Auflage, 2008
168 Bundesarbeitsgemeinschaft Deutscher Kommunalversicherer (BADK), Sonderheft, Haftungsrechtliche Organisation im Sinne der Schadensverhütung, 2003

- Stufe 2: andere Straßen von überörtlicher und/oder örtlicher Bedeutung (z. B. Sammelstraßen, Gemeindeverbindungsstraßen); Kontrolle: alle zwei bis vier Wochen
- Stufe 3: alle übrigen Straßen (z. B. reine Wohnstraßen); Kontrolle: alle vier bis acht Wochen
- Stufe 4: verkehrsunbedeutende ausgebaute Wege; Kontrolle: alle acht bis zwölf Wochen
- Stufe 5: nicht ausgebaute Feld- und Wirtschaftswege; Kontrolle: alle drei bis sechs Monate

12.1.2 Prüfungen/Kontrollen

- Gibt es keine Schäden im Straßenoberbau, wie Schlaglöcher und Frostschäden?
- Ist die Straßenbeleuchtung ausreichend?
- Ist die Beschilderung als Privatstraße vorhanden und sind sonstige Beschilderungen eindeutig?
- Ist die Baustraße nicht unangemessen verschmutzt?
- Ist die Entwässerung der Straße gesichert?

In einer Dienstanweisung aus Hamburg Wandsbeck[169] werden die Tätigkeiten des Wegewarts wie folgt (Auszug) beschrieben:

»1. Beobachtung des baulichen Zustandes der Fahrbahnen, Geh- und Radwege und sonstiger Nebenflächen sowie der Brücken (ausgenommen deren konstruktive Teile) und Beurteilung im Hinblick auf die Verkehrssicherheit im Rahmen der Begehung.

2. Sofortige Beseitigung von Gefahrenstellen durch Schadensmeldung an den Regieeinsatz ...

3. Überwachung des öffentlich genutzten Privatgrundes gem. § 25 HWG. Bei Feststellung von Sachverhalten, die die Verkehrssicherheit beeinträchtigen,
- Aufforderung an den Grundeigentümer, die Verkehrssicherheit wiederherzustellen;
- ggf. Beratung des Grundeigentümers über die Möglichkeiten der Abhilfe;
- Überwachung und Abnahme der Arbeit;
- Einschalten der Leitungsverwaltung bei Schäden an deren Anlagen im Straßenraum.

---

169 Dienstanweisung für die Aufsicht über öffentliche Wege durch das Fachamt Management des öffentlichen Raums im Bezirksamt Wandsbek vom 17.12.2014

4. Aufforderung von Anliegern – auch Dienststellen der FHH – zur Beseitigung von Gefahren und Behinderungen, die von deren Grundstücken ausgehen, z. B.

- Zurückschneiden von Hecken und Buschwerk ohne Totholz;
- Unterbindung von Entwässerung des Privatgrundes in den oder über den öffentlichen Grund;
- Verhinderung des Hineinragens von Einbauten in den Verkehrsraum;
- Instandsetzung von Einfriedigungen;
- Unterbindung des Tropfenfalls von Dächern, Balkonen, Brücken usw.;
- Überprüfen, ob die angeordneten Maßnahmen durchgeführt worden sind, ggf. Einleitung der Ersatzvornahme unter Einbeziehung des Rechtsamtes und Meldung an die entsprechende Dienststelle des Bezirksamtes wegen Einleitung eines Ordnungswidrigkeitenverfahrens.

5. Veranlassung der Beseitigung von Schäden an Verkehrseinrichtungen wie Verkehrszeichen, Straßenschildern, Parkuhren, Verkehrsgittern, Leiteinrichtungen und Absperrelementen.

6. Feststellung nicht zugelassener bzw. unerlaubt abgestellter Kraftfahrzeuge und Meldung an die entsprechende Dienststelle des Bezirksamtes.

7. Feststellung nicht genehmigter Sondernutzungen wie Aufstellung von Containern, Bauwagen, Gerüsten, Baustofflagerungen, Werbungen, Stellschildern, Verkaufs- und Informationsständen und Aufgrabungen.

Ermitteln des Veranlassers, Nachlösen der Sondernutzungsgenehmigung fordern oder Beseitigung der Sondernutzung betreiben (mit Fristsetzung).

Überwachen, ggf. veranlassen, dass rechtliche Schritte Ordnungswidrigkeiten oder Verwaltungszwangsverfahren eingeleitet werden. Bei Beschädigungen des Wegekörpers Instandsetzung zu Lasten des Veranlassers ausführen lassen.

8. Frühzeitiges Beurteilen von Straßenschäden in Form schriftlicher Meldungen an die Leitung der Wegeaufsicht, um rechtzeitig kostengünstige Maßnahmen zu ergreifen, Meldung für das jeweilige Erhaltungsprogramm: Hauptverkehrsstraßen, … Bezirksstraßen an zuständigen Fachbereich im Bezirksamt.

9. Örtlich Überprüfung der von Anliegern oder Dritten vorgetragenen Beschwerden und Anregungen, Wahrnehmung der entsprechenden Ortstermine.

10. Führen von Begehungslisten.«

12.1.3 Hinweise zu Gesetzen, Normen, Richtlinien

- § 823 BGB Verkehrssicherungspflicht
- § 19 BauO NRW
- Empfehlungen für die Anlage von Erschließungsstraßen, Nr. 285 (EAE 85/95), FGSV e. V.
- DIN 13201 Straßenbeleuchtung
- 390/1, Merkblatt für den Unterhaltungs- und Betriebsdienst an Straßen – Teil: Grünpflege, FGSV e. V.
- 390/12, Merkblatt für den Unterhaltungs- und Betriebsdienst an Straßen – Teil: Winterdienst, FGSV e. V

12.2 Wegebereich

12.2.1 Elemente/Gefahrstellen

- Hauszuwegung
- Zugänge, Türen, Tore
- Wegeoberfläche
- Feuerwehrzufahrt
- Beschilderung
- Ober- und Unterflurhydranten
- Entwässerung
- Verkehrswege
- Außenbeleuchtung
- Räumungs- und Streupflicht

Abb. 12.2: Feuerwehrzufahrt

12.2.2 Prüfungen/Kontrollen

- Sind die Hauszuwegungen geräumt und im Winter gestreut (Räumvertrag, Reinigungsvertrag)?
- Sind Türen und Tore standsicher, nicht beschädigt?
- Weist die Wegeoberfläche keine Stolperkanten auf (ca. 2 cm Höhe)?
- Ist die Feuerwehrzufahrt (s. Baugenehmigung) frei und durch Beschilderung gekennzeichnet?
- Sind 4 m Lichtraumprofil (Bäume!) über der Feuerwehrzufahrt frei?
- Sind Ober- und Unterflurhydranten frei zugänglich?
- Ist die Entwässerung der Wege gesichert (Rutsch- und Glatteisgefahr)?
- Ist die Außenbeleuchtung funktionsfähig?

12.2.3 Hinweise zu Gesetzen, Normen, Richtlinien

- § 823 BGB Verkehrssicherungspflicht
- § 19 BauO NRW
- OLG Düsseldorf, Urteil v. 21.10.1982, 18 U 150/82, VersR 1983, 349: Unebenheit größer 2 cm: keine Verletzung der Verkehrssicherungspflicht durch Träger der Straßenbaulast, wenn er duldet, dass die Plattierung eines Gehwegs einer Vorstadtstraße vor der Einfahrt zu einer Baustelle vorübergehend beseitigt wird und dadurch deutlich sichtbare Niveauunterschiede von 4 bis 5 cm entstehen.
- Ortssatzung zur Räum- und Streupflicht
- ASR 41/3: Arbeitsstättenrichtlinie, künstliche Beleuchtung für Arbeitsplätze und Verkehrswege im Freien
- § 5 BauO NRW: Zugänge und Zufahrten auf den Grundstücken
- DIN 14090: Flächen für die Feuerwehr auf Grundstücken

12.3   Hofbereich

12.3.1 Elemente/Gefahrstellen

- Hauszuwegung
- Zugänge, Türen, Tore
- Wegeoberfläche
- Feuerwehrzufahrt, Beschilderung
- Aufstellflächen für die Feuerwehr
- Ober- und Unterflurhydranten
- Entwässerung, Ablauf
- Bäume, Hecken

- Außenbeleuchtung
- Räumungs- und Streupflicht

Abb. 12.3: Unterflurhydrant

12.3.2 Prüfungen/Kontrollen

- Sind die Hauszuwegungen im Hof geräumt und im Winter gestreut (Räum- und Reinigungsvertrag)?
- Ist der Zugang zum Hof gesichert?
- Weist die Hofoberfläche keine Stolperkanten auf (ca. 2 cm Höhe)?
- Ist die Feuerwehrzufahrt frei (s. Baugenehmigung) und durch Beschilderung gekennzeichnet?
- Ist die rückwärtige Feuerwehrzufahrt frei (mindestens 3,00 m breit und 3,50 m hoch) und gekennzeichnet?
- Sind Über- und Unterflurhydranten frei zugänglich?
- Ist die Entwässerung im Hof gesichert (Rutsch- und Glatteisgefahr) und sind die Abläufe frei?
- Ist die Außenbeleuchtung funktionsfähig?

12.3.3 Hinweise zu Gesetzen, Normen, Richtlinien

- § 823 BGB Verkehrssicherungspflicht
- § 19 BauO NRW
- OLG Düsseldorf, Urteil v. 21.10.1982, 18 U 150/82, VersR 1983, 349; Unebenheit größer 2 cm: keine Verletzung der Verkehrssicherungspflicht durch Träger der

Straßenbaulast, wenn er duldet, dass die Plattierung eines Gehwegs einer Vorstadtstraße vor der Einfahrt zu einer Baustelle vorübergehend beseitigt wird und dadurch deutlich sichtbare Niveauunterschiede von 4 bis 5 cm entstehen.

- Ortssatzung zur Räum- und Streupflicht
- ASR A 3.4 Beleuchtung: Arbeitsstättenrichtlinie, zusammengefasst künstliche Beleuchtung für Arbeitsplätze und Verkehrswege im Freien
- § 5 BauO NRW: Zugänge und Zufahrten auf den Grundstücken
- DIN 14090: Flächen für die Feuerwehr auf Grundstücken
- VdS 3000-1: Schadenverhütung in Wohngebäuden

12.4 Müllstandplatz

12.4.1 Elemente/Gefahrstellen

- Abfallcontainer
- Einhausung Müllstandplatz
- Stufen zum Müllstandplatz
- Außenbeleuchtung
- Zuwegung im Winter

Abb. 12.4: Müllstandplatz mit Einfriedung

12.4.2 Prüfungen/Kontrollen

- Sind die Räder der abgestellten Abfallbehälter sicher gebremst?
- Ist die Müllplatzeinhausung standsicher (Dach, Holzkonstruktion, Korrosion von Verbindungsmitteln?

- Hat der Müllstandplatz genügend Abstand (3 bis 5 m) von Fenstern und Kellerlichtschächten, um einen Brandüberschlag zu verhindern?
- Hat der Müllstandplatz einen Mindestabstand von 3 m von Wärmedämmverbundfassaden aus Polystyrol?
- Ist der Zugang zum Müllstandplatz sicher begehbar und wird er im Winter geräumt?
- Ist der Zugang zum Müllstandplatz ausreichend beleuchtet?
- Wird der Müllstandplatz alle zwei bis vier auf Verunreinigungen Wochen überprüft?

12.4.3 Hinweise zu Gesetzen, Normen, Richtlinien

- § 836 BGB Verkehrssicherungspflicht
- § 19 BauO NRW
- OLG Düsseldorf, Urteil v. 21.10.1982, 18 U 150/82, VersR 1983, 349: Unebenheit größer 2 cm: keine Verletzung der Verkehrssicherungspflicht durch Träger der Straßenbaulast, wenn er duldet, dass die Plattierung eines Gehwegs einer Vorstadtstraße vor der Einfahrt zu einer Baustelle vorübergehend beseitigt wird und dadurch deutlich sichtbare Niveauunterschiede von 4 bis 5 cm entstehen.
- Ortssatzung zur Räum- und Streupflicht
- ASR A 2.3 Fluchtwege, Notausgänge, Flucht- und Rettungsplan
- ASR A 3.4 Beleuchtung
- § 5 BauO NRW: Zugänge und Zufahrten auf den Grundstücken
- VdS 3000-1: Schadenverhütung in Wohngebäuden
- BGI 652: Handbuch für Hausmeister (zurückgezogen)

12.5 Objekte in Außenanlagen – Wäschetrockenanlage/Bänke

12.5.1 Elemente/Gefahrstellen

- Wäschespinne
- Wäschepfosten
- Zugang zum Wäscheplatz
- Außenbeleuchtung
- Bänke

Abb. 12.5: Bank in Außenanlage

12.5.2 Prüfungen/Kontrollen

- Sind die Wäschepfosten standsicher?
- Ist die Verankerung für die Wäschespinne standsicher?
- Ist der Zugang zum Wäscheplatz und der Wäscheplatz selbst sicher begehbar?
- Ist der Zugang zum Wäscheplatz ausreichend beleuchtet?
- Sind die Bänke standfest?

12.5.3 Hinweise zu Gesetzen, Normen, Richtlinien

- § 836 BGB Verkehrssicherungspflicht
- § 19 BauO NRW
- OLG Düsseldorf, Urteil v. 21.10.1982, 18 U 150/82, VersR 1983, 349; Unebenheit größer 2 cm: Keine Verletzung der Verkehrssicherungspflicht durch Träger der Straßenbaulast, wenn er duldet, dass die Plattierung eines Gehwegs einer Vorstadtstraße vor der Einfahrt zu einer Baustelle vorübergehend beseitigt wird und dadurch deutlich sichtbare Niveauunterschiede von 4 bis 5 cm entstehen.
- Ortssatzung zur Räum- und Streupflicht
- VdS 3000-1: Schadenverhütung in Wohngebäuden
- BGI 652: Handbuch für Hausmeister (zurückgezogen)
- ASR A 2.3 Fluchtwege, Notausgänge, Flucht- und Rettungsplan
- ASR A 3.4 Beleuchtung

12.6 Garagen/Tiefgarage

12.6.1 Elemente/Gefahrstellen

- Kleingaragen (bis 100 m² Nutzfläche), Mittelgaragen (bis 1.000 m²) und Großgaragen (über 1.000 m²)
- maschinelle Lüftungsanlagen in geschlossenen Mittel- und Großgaragen
- CO-Warnanlagen in geschlossenen Großgaragen
- elektrische Anlagen in geschlossenen Großgaragen
- Sicherheitsbeleuchtung und Sicherheitsstromversorgung
- Brandmeldeanlagen
- Alarmierungseinrichtungen
- Rauchabzugsanlagen zur Rauchfreihaltung von Rettungswegen
- ortsfeste, selbsttätige Feuerlöschanlagen
- tragbare Feuerlöscher
- automatische Schiebetüren in Rettungswegen
- Einrichtungen zum selbsttätigen Schließen von Rauch- und Feuerschutzabschlüssen (z. B. Türen, Tore, Klappen)
- kraftbetätigte Tore
- elektrische Verriegelungen von Türen in Rettungswegen
- Blitzschutzanlagen (§ 17 Nr. 4 BauO NRW, sofern erforderlich)
- Rauchabzüge in Treppenräumen (§ 37 Abs. 12 BauO NRW > 5 Geschosse und SBauVO NRW)

Abb. 12.6: Zufahrt zur Tiefgarage

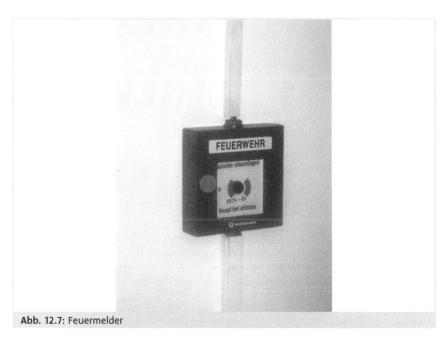

Abb. 12.7: Feuermelder

Abb. 12.8: Hinweisschild in Garagenanlage

12.6.2 Prüfungen/Kontrollen

- Sind die die Sicherheitseinrichtungen nach der Garagenverordnung bzw. Technischen Prüfverordnung unbeschädigt, geprüft und gewartet?
- Sind die Dokumentationen über die durchgeführten Prüfungen nach der Technischen Prüfverordnung für Mittel- und Großgaragen verfügbar (Prüffristen ein bis drei Jahre)?

- Sind die Öffnungen in Wänden zwischen Kleingaragen und anders genutzten Räumen oder Gebäuden mit selbst schließenden Türen der Feuerwiderstandsklasse T 30 versehen und funktionsfähig?
- Werden tragbare Feuerlöscher in Kleingaragen nach Betriebssicherheitsverordnung alle zwei Jahre gewartet?
- Sind alle nach der jeweiligen Garagenverordnung und BetrSichV vorgeschriebenen Hinweis- und Verbotsschilder vorhanden?
- Ist die Räum-und Streupflicht für die Zufahrten und Rampen geregelt?
- Gibt es keine Lagerung von umweltschädlichen, brennbaren Flüssigkeiten (Diesel, Benzin, Altöl)?
- Gibt es keine Lagerung von Sperrmüll oder anderen brennbaren Stoffen in der Garage?
- Ist bei Großgaragen ständig eine Aufsichtsperson anwesend?

12.6.3 Hinweise zu Gesetzen, Normen, Richtlinien

- § 823 BGB Verkehrssicherungspflicht
- § 19 BauO NRW
- Garagenverordnung
- Verordnung über Bau und Betrieb von Sonderbauten (Sonderbauverordnung – SBauVO) NRW
- Verordnung über den Betrieb von baulichen Anlagen (Betriebsverordnung – BetrVO) Berlin
- Technische Prüfverordnung (TprüfVO) für Mittel- und Großgaragen
- Betriebssicherheitsverordnung (BetrSichV)
- BGI 652, 08-2002: Fast jeder vierte Arbeitsunfall erfolgt durch Sturz auf ebenem Boden oder auf Treppen.

12.7 Pkw-Stellplätze

12.7.1 Elemente/Gefahrstellen

- Stellplätze
- Kennzeichnung
- Zuwegung zu den Stellplätzen
- Außenbeleuchtung
- ggf. Autowaschplätze (Waschbox)

Abb. 12.9: Autowaschplatz

12.7.2 Prüfungen/Kontrollen

- Sind die Verkehrswege zu den Stellplätzen eindeutig gekennzeichnet und beschildert?
- Ist der Zugang ohne Stolperfallen (Unebenheiten größer 2 cm) und wird geräumt und gestreut?
- Ist der Zugang zu den Mieterstellplätzen beleuchtet?
- Gibt es keine Probleme durch harzende oder (durch Blattläuse) tropfende Bäume an den Mieterstellplätzen?
- Gibt es an Autowaschplätzen Abläufe mit Benzinabscheidern und werden diese halbjährlich gewartet?
- Gibt es keine Probleme mit Ölflecken?

Abb. 12.10: Benzinabscheider

12.7.3 Hinweise zu Gesetzen, Normen, Richtlinien

- § 836 BGB Verkehrssicherungspflicht
- § 19 BauO NRW
- § 51 BauO NRW: Stellplätze und Garagen, Abstellplätze für Fahrräder
- Verordnung über Bau und Betrieb von Sonderbauten (Sonderbauverordnung – SBauVO) NRW
- Verordnung über den Betrieb von baulichen Anlagen (Betriebsverordnung – BetrVO) Berlin
- OLG Düsseldorf, Urteil v. 21.10.1982, 18 U 150/82, VersR 1983, 349: Unebenheit größer 2 cm: keine Verletzung der Verkehrssicherungspflicht durch Träger der Straßenbaulast, wenn er duldet, dass die Plattierung eines Gehwegs einer Vorstadtstraße vor der Einfahrt zu einer Baustelle vorübergehend beseitigt wird und dadurch deutlich sichtbare Niveauunterschiede von 4 bis 5 cm entstehen.
- Ortssatzung zur Räum- und Streupflicht
- ASR A 2.3 Fluchtwege, Notausgänge, Flucht- und Rettungsplan
- ASR A 3.4 Beleuchtung
- VdS 3000-1: Schadenverhütung in Wohngebäuden
- BGI 652: Handbuch für Hausmeister (zurückgezogen)

12.8 Rettungswege/Fluchtwege

12.8.1 Elemente/Gefahrstellen

- Rettungsweg (BauO NRW)
- Fluchtweg (ArbStättV, Selbstrettung)
- Türen
- Notausgänge (ArbStättV)
- Sicherheitsbeleuchtung (ArbStättV)

Abb. 12.11: Notausgang mit Sicherheitsbeleuchtung

12.8.2 Prüfungen/Kontrollen

- Sind die Rettungswege frei und unverstellt?
- Sind die Rettungswegtüren leicht zu öffnen und nicht verstellt?
- Sind die Türen im Verlauf von Rettungswegen als solche gekennzeichnet und schlagen nach außen auf?
- Werden Notausgänge von gewerblichen Einrichtungen nach ArbStättV freigehalten und schlagen nach außen auf?
- Sind Fluchtwege nach ArbStättV gekennzeichnet und dort, wo eine Beleuchtung notwendig ist, mit einer funktionierenden Sicherheitsbeleuchtung ausgestattet?

12.8.3 Hinweise zu Gesetzen, Normen, Richtlinien

- § 823 BGB Verkehrssicherungspflicht
- § 19 BauO NRW
- § 36–41 BauO NRW
- Anhang zu § 3.1, Verordnung über Arbeitsstätten (ArbStättV) Nr. 2.3: Fluchtwege und Notausgänge
- ASR A 2.3 Fluchtwege, Notausgänge, Flucht- und Rettungsplan (08/2007)
- ASR A 3.4 Beleuchtung

ASR A 2.3 Fluchtwege, Notausgänge, Flucht- und Rettungsplan

3.1 Fluchtwege sind Verkehrswege, an die besondere Anforderungen zu stellen sind und die der Flucht aus einem möglichen Gefährdungsbereich und in der Regel zugleich der Rettung von Personen dienen. Fluchtwege führen ins Freie oder in einen gesicherten Bereich. Fluchtwege im Sinne dieser Regel sind auch die im Bauordnungsrecht definierten Rettungswege, sofern sie selbstständig begangen werden können ...

12.9 Außenbeleuchtung

12.9.1 Elemente/Gefahrstellen

- Außenbeleuchtung
- Leuchtmittel
- Dämmerungsschalter
- Bewegungsschalter

Abb. 12.12: Außenbeleuchtung unter Vordach

12.9.2 Prüfungen/Kontrollen

- Ist die Außenbeleuchtung funktionsfähig und standsicher?
- Sind alle Leuchtmittel in Ordnung?
- Funktionieren Dämmerungsschalter, Bewegungsschalter bzw. Zeitschaltuhr?

12.9.3 Hinweise zu Gesetzen, Normen, Richtlinien

- § 823 BGB Verkehrssicherungspflicht
- § 36–41 BauO NRW
- VdS 3000-1: Schadenverhütung in Wohngebäuden

- BGI 652 Handbuch für Hausmeister (zurückgezogen)
- ASR A 2.3 Fluchtwege, Notausgänge, Flucht- und Rettungsplan
- ASR A 3.4 Beleuchtung

12.10 Spielplätze

12.10.1 Elemente/Gefahrstellen

- Allgemeinzustand Spielplatz
- Verunreinigungen, gefährliche Gegenstände
- Spielsand
- giftiger bzw. gefährlicher Pflanzenbewuchs
- Spielgeräte

Abb. 12.13: Spielplatz mit Klettergerät und Rutsche

Abb. 12.14: Klettergerät mit verrottetem Holzpfosten im Sand

Abb. 12.15: Klettergerät mit Edelstahlpfosten im Sand als sichere, alternative Ausführung

12.10.2 Prüfungen/Kontrollen

- Verschleißstellen wie Ketten, Seile, Gelenke, Sprossen, benutzte Flächen
- Holzteile im Boden, Verbindungsmittel, Kunststoffteile
- Treppen, Leitern, Podeste, Standflächen
- Geländer, Handläufe, Absturzsicherungen
- Schaukeln und Zubehör
- Fallschutz
- Ist der Allgemeinzustand des Spielplatzes (gefährliche Gegenstände, Verunreinigungen, Spielsand, giftige Pflanzen) in Ordnung (Hauswart)?
- Sind die Spielgeräte entsprechend den Herstellervorschriften in Ordnung (Hauswart, technischer Sachbearbeiter)?
- Sind die Spielgeräte im Frühjahr einer Generalinspektion unterzogen worden und hinsichtlich ihrer Standfestigkeit (durch Freilegen im Erdreich eingedeckter Teile) geprüft worden (technischer Sachbearbeiter, Hauswart)?
- Ist die Sichtkontrolle täglich bis wöchentlich durch den Hauswart und alle drei Monate (Frühjahr, Herbst) durch einen Sachkundigen durchgeführt worden?

Sachkundige sind nach Außenspielflächen und Spielplatzgeräte GUV-SI 8017: »Personen, die auf Grund ihrer fachlichen Ausbildung und Erfahrung ausreichende Kenntnisse über Kinderspielgeräte besitzen und mit den entsprechenden Vorschriften bzw. Regeln der Technik (z. B. DIN-Normen) vertraut sind, wie z. B. einschlägig vorgebildete Handwerker.«

Auf Initiative des Bundesverbandes der Spielplatzgeräte und Freizeitanlagen-Hersteller e. V. (BFSH) hat der Normenausschuss Sport- und Freizeitgeräte (NASport) des Deutschen Instituts für Normung (DIN) seit 2008 erstmals bundesweit einheitliche Anforderungen an die Ausbildung und Zertifizierung von Spielplatzprüfern inklusive dem zugehörigen Fragenpool erarbeitet. Diese sind in der neuen DIN SPEC 79161 »Spielplatzprüfung – Qualifizierung von Spielplatzprüfern« veröffentlicht. Sie gelten für die jährliche Hauptuntersuchung von Spielplätzen und Spielgeräten sowie für die Inspektion nach Fertigstellung eines neuen Spielplatzes für alle im Anwendungsbereich der DIN EN 1176-1 genannten Spielplatzgeräte und Spielplätze. Der Fachbericht DIN SPEC 79161 ist mit einem freiwilligen Arbeitsschutzmanagementsystemen vergleichbar.

12.10.3 Hinweise zu Gesetzen, Normen, Richtlinien

- § 823 BGB Verkehrssicherungspflicht
- § 19 BauO NRW
- DIN EN 1176-7: Spielplatzgeräte und Spielplatzböden – Teil 7: Anleitung für Installation, Inspektion, Wartung und Betrieb
- DIN 18034: Spielplätze und Freiräume zum Spielen – Anforderungen und Hinweise für die Planung und den Betrieb
- DIN EN 1177: Stoßdämpfende Spielplatzböden
- Geräteaufstellung vor 1.1.1999: DIN 7926
- GUV-Information
- Außenspielflächen und Spielplatzgeräte GUV-SI 8017 Mai 2005, aktualisierte Fassung vom September 2008
- DIN 18 024, Teil 1 »Barrierefreies Bauen – Straßen, Plätze, Wege, öffentliche Verkehrs- und Grünanlagen sowie Spielplätze; Planungsgrundlagen«
- DIN 18 034 »Spielplätze und Freiräume zum Spielen – Anforderungen und Hinweise für die Planung und den Betrieb«
- DIN 33 942 »Barrierefreie Spielplatzgeräte – Sicherheitstechnische Anforderungen«
- GUV-Information »Sicher nach oben ... Klettern in der Schule« (GUV-SI 8013)
- GUV-Information »Naturnahe Spielräume« (GUV-SI 8014)
- GUV-Information »Giftpflanzen – Beschauen, nicht kauen« (GUV-SI 8018)
- GUV-Information »Schulhöfe« (GUV-SI 8073)
- GUV-Information »Mit Kindern im Wald« (GUV-SI 8084)
- Tagungsband der FLL-Verkehrssicherheitstage 2013: Teil 1 Bäume; Teil 2 Spielgeräte und Spielplätze

Abb. 12.16: Titelbild Außenspielflächen und Spielplatzgeräte GUV-SI 8017

12.10.4 Gefährdungspotenzial

Test Spielplätze TÜV und ÖKOTEST 5/2003

Beispiel Obertshausen bei Frankfurt am Main im Februar 2002: Ein Vierjähriger wird von dem morschen Balken eines Kletterbaums erschlagen. Sein Vater kann ihn nicht mehr retten. Berlin, knapp vier Wochen später: Ein Dreijähriger erwürgt sich beim Rutschen mit der Kordel seines Anoraks. Sie hat sich im Gestell der Rutsche verfangen. Ebenfalls Berlin, Ende April 2002: Ein Kletterkarussell, dessen tragender Holzmast durchgefault ist, bricht zusammen. 14 Kinder verletzen sich, einige davon schwer.

Solche Unfälle passierten, obwohl der TÜV Sicherheitsmängel immer wieder anprangert. Bei etwa zwei Drittel der Spielplätze, die der TÜV Rheinland/Berlin-Brandenburg in den vergangenen Jahren überprüfte, stellten die Sicherheitsingenieure Mängel fest.

Dabei sind gerade Stadtkinder auf spezielle Spielbereiche angewiesen. Deshalb haben wir in Stichproben 150 Spielplätze in deutschen Metropolen vom TÜV auf ihre Sicherheit hin überprüfen lassen – 58 davon in Berlin, 28 in Hamburg, 20 im Großraum München, 16 in Köln, 11 in Frankfurt am Main, 10 in Essen und 8 in Dresden. Das Testergebnis:

Zehn »sehr gute« Spielplätze laden die Kinder zum ausgelassenen Toben ein. Sie sind absolut mängelfrei. 75 sind immer noch »gut« in Schuss. Bei 17 »befriedigenden« Spielanlagen sollten sich die zuständigen Ämter schleunigst um die Behebung der Mängel kümmern. Erst recht bei den 13 Spielplätzen, die lediglich »ausreichend« sind. Auf 13 »mangelhaften« und 22 »ungenügenden« Spielplätzen kann Spielen gefährlich werden.[170]

Das Gefährdungspotenzial bei Spielplätzen bleibt unverändert hoch. Im Mai 2010 hatte die Zeitschrift Ökotest[171] zusammen mit dem TÜV den Test wiederholt (Auszug aus Pressemeldung in der Süddeutschen Zeitung):

Ökotest: Spielplatztest 5/2010

Der TÜV hat 150 Spielplätze in sieben Städten überprüft – München schneidet am schlechtesten ab. Einige Spielplätze in Deutschland haben gravierende Sicherheitsmängel und können zur tödlichen Falle für Kinder werden. Zu diesem Ergebnis kommt die Verbraucherzeitschrift Öko-Test (Mai-Ausgabe 2010) nach einem bundesweiten Test.

Die Verbraucherexperten ließen vom TÜV 150 Spielplätze in sechs Städten und im Großraum München überprüfen. Lediglich zehn Spielplätze waren demnach absolut mängelfrei und erhielten die Note »sehr gut«; 75 sind immerhin »gut« in Schuss. Bei 17 »befriedigenden« und 13 Anlagen mit der Note »ausreichend« sollten sich laut »Öko-Test« die Ämter schleunigst um die Behebung der Mängel kümmern.

Auf 13 »mangelhaften« und 22 »ungenügenden« Spielplätzen kann das Toben für Kinder gefährlich werden ...

Die im Durchschnitt sichersten Spielplätze gibt es demnach in Frankfurt am Main, knapp gefolgt von Berlin, Hamburg und Köln. Essen und Dresden sind im Vergleich dazu »ausreichend«. Im Kreis München sind die Anlagen am schlechtesten.

Auf einigen Anlagen fanden die Prüfer demnach große Sicherheitsmängel wie verfaulte Holzmasten oder beschädigte Verankerungen, die Geräte zum Einstürzen bringen können. Andere wiesen gefährliche Fangstellen auf, in denen sich Kordeln oder gar der Kopf der Kinder verfangen können ...

Die Tester kritisierten zudem Umrandungen aus spitzen Steinen, die sie auf mehreren Spielplätzen fanden und an denen sich Kinder leicht verletzen können. An manchen Geräten fand man Fangstellen für Kinderfüße und -finger, durch die die Verletzungsgefahr ebenfalls steigt.

---

170 ÖKOTEST 5/2003
171 sueddeustche.de/AFP, 17. Mai 2010, 21:52 Uhr, »Öko-Test«, Münchner Spielplätze fallen durch

12.11 Mauern

12.11.1 Elemente/Gefahrstellen

- Mauern im Freibereich
- Trockenmauern
- Stützmauern
- Einfriedungen

Abb. 12.17: Begrenzungsmauer

12.11.2 Prüfungen/Kontrollen

- Sind die Mauern standsicher und zeigen keine konstruktiven Risse und groß-flächigen Putzabplatzungen?
- Sind die Abdeckungen der Mauern in Ordnung?
- Sind Stützmauern standsicher und ohne Risse?
- Sind Trockenmauern standsicher und ohne Fehlstellen?

12.11.3 Hinweise zu Gesetzen, Normen, Richtlinien

- § 823 BGB Verkehrssicherungspflicht
- § 19 BauO NRW
- DIN 1053 Mauerwerk

12.12 Zäune/Einfriedungen

12.12.1 Elemente/Gefahrstellen

- Einfriedungen
- Bauzäune
- Zäune bei brachliegenden Grundstücken
- Einfriedungen von Wasserflächen
- Abdeckungen von Wasserflächen (Betonstahlgitter unter der Wasseroberfläche, Netze)

Abb. 12.18: Betonpfosten mit Betonabsprengungen aufgrund von Betonstahlkorrosion

12.12.2 Prüfungen/Kontrollen

- Sind die Zäune von Grundstücken standsicher?
- Sind Bauzäune, Absperrungen ohne Lücken?
- Sind Bauzäune (ggf. durch Auftragnehmer) regelmäßig (wöchentlich) kontrolliert worden?
- Sind bei Grundstücksbrachen die Zäune hoch genug (2 m), um das Übersteigen durch Jugendliche zu verhindern?
- Sind die Einfriedungen/Abdeckungen bei Wasserflächen in Ordnung und/oder ist die Wassertiefe auf 40 cm nach DIN 18034-Spielplätze und Freiräume zum Spielen begrenzt?

Abb. 12.19: Bauzaun als Absicherung: Elemente oben nicht gekoppelt (Unfallgefahr)

Abb. 12.20: Bauzaun Betonstandfuß gespalten (Unfallgefahr) und nicht rechtwinklig zum Zaun

12.12.3 Hinweise zu Gesetzen, Normen, Richtlinien

- § 823 BGB Verkehrssicherungspflicht
- § 19 BauO NRW
- § 41 BauO NRW: Umwehrungen, Kellerlichtschächte
- ASR 17/1,2
- BGV A 1 § 39
- DIN EN 10223: Stahldraht und Drahterzeugnisse für Zäune
- DIN EN 12839: Vorgefertigte Betonerzeugnisse – Betonelemente für Zäune

- DIN 18034: Spielplätze und Freiräume zum Spielen – Anforderungen und Hinweise für die Planung und den Betrieb

12.13 Bäume

12.13.1 Elemente/Gefahrstellen

- Windbruch/Äste auf dem Boden
- Lichtprofil über Feuerwehrzufahrten
- Wurzelbereich
- Stamm
- Krone

Abb. 12.21: Baumbestand

12.13.2 Prüfungen/Kontrollen

- Liegt kein Windbruch vor oder befinden sich keine morschen Äste auf dem Boden?
- Ist der Baumbestand regelmäßig, mindestens einmal jährlich in belaubtem Zustand, durch einen fachlich Eingewiesenen kontrolliert worden?
- Ist der Wurzelbereich in Ordnung und standsicher?
- Weist der Baum im Stamm keine Verformungen auf, die im Wuchs nicht ausgeglichen worden sind?

- Gibt es keine unbelaubten, morschen Äste im Kronenbereich?
- Ist der Baumbestand über der Feuerwehrzufahrt auf eine freizuhaltende Höhe von ca. 4 m zurückgeschnitten worden?
- Ist das Baumumfeld (Baugruben, Bodenversiegelung, Grundwasserabsenkung) in Ordnung?

12.13.3 Hinweise zu Gesetzen, Normen, Richtlinien

- § 823 BGB Verkehrssicherungspflicht
- zweimal jährlich Baumkontrolle (OLG Düsseldorf, Urteil v. 27.10.1994, 18 U 70/94, VersR 1996, 249): Eine schuldhafte Verletzung der Verkehrssicherungspflicht liegt nur vor, wenn Anzeichen verkannt oder übersehen worden sind, die nach der Erfahrung auf eine weitere Gefahr durch den Baum hinweisen.
- Ausgabe 2004: FLL-Richtlinie zur Überprüfung der Verkehrssicherheit von Bäumen, Baumkontrollrichtlinie; Ausgabe 2010: Richtlinien für Regelkontrollen zur Überprüfung der Verkehrssicherheit von Bäumen – Baumkontrollrichtlinien (Hrsg. FLL: Forschungsgesellschaft Landschaftsentwicklung Landschaftsbau e. V.);

Abb. 12.22: Deckblatt Baumkontrollrichtlinie FLL

Verkehrssicherungspflicht für geschützte Bäume[172]

Abb. 12.23: Naturdenkmal-Schild in Heiligengrabe, Brandenburg[173]

Für Bäume, die als Naturdenkmal ausgewiesen sind, haftet grundsätzlich in erster Linie die Naturschutzbehörde. Den Eigentümer des Naturdenkmals trifft in der Regel nur eine – und zwar begrenzte – Beobachtungs-und Meldepflicht.[174]

Für Bäume, die der Baumschutzsatzung unterliegen, haftet grundsätzlich der Eigentümer. Erst wenn er durch die Verweigerung einer beantragten Fäll- oder Behandlungserlaubnis durch die Behörde an der Erfüllung seiner Verkehrssicherungspflicht gehindert wird, haftet die Behörde, und zwar nach Amtshaftungsgrundsätzen (§ 839 BGB i. V. m. Art. 34 GG). Zum Nachweis der Gefährlichkeit eines geschützten Baumes muss der Baumeigentümer nicht auf seine Kosten ein Sachverständigengutachtenvorlegen.

172 Hilsberg, Rainer, Rechtsfragen zur Verkehrssicherung in historischen Park- und Gartenanlagen unter Berücksichtigung des Denkmalschutzes und des Naturschutzes, Gutachten erstellt im Rahmen des DBU-Projektes »Naturschutz und Denkmalpflege in historischen Parkanlagen« an der TU Berlin, 12/2011
173 Naturdenkmal Glienicke, Antony, Doris, Berlin, wikipedia
174 www.baeumeundrecht.de/vsp/ziffer19.htm 12.03.2013, Breloer, Helge, Verkehrssicherungspflicht für geschützte Bäume

12.14 Checkliste: Begehung der Außenanlagen

Verkehrssicherheitcheck Immobilien
augenscheinliche Kontrolle

Liegenschaft:

Wirtschaftseinheit Nr.:

Gebäude Nr.:

Straße:

HausNr.

Datum der letzten Begehung:

Außenanlagen

Nr.	'Ω△'Ω	i.O. ☺	Mängel ?	Gefahr !	n. vorh. /
301	Zufahrt				
302	Wege- /Hofbereich				
303	Garagenanlage				
304	Stellplätze				
305	Rettungswege				
306	Feuerwehrzufahrt				
307	Außenbeleuchtung				
308	Mauern				
309	Zäune				
310	Bäume				
311	Müllstandplatz				
312	techn. Anlagen (Ver- und Entsorgungseinrichtungen, Brunnen, etc.)				
313	Sonstiges				
314					
315					
316					

Nr. Übertrag	Es wurden folgende Mängel festgestellt:	Ort, Whg. Etage, Raum	weitergeleitet an Fa. am

Datum: Unterschrift Prüfer: Name:

Datum: Unterschrift Sachbearbeiter: Name:

Quelle: © Damm, Hans-Thomas,Verkehrssicherungspflichten in der Wohnungswirtschaft

Abb. 12.24: Checkliste: Begehung der Außenanlagen

13 Sicherheitsbegehung: Standsicherheit

13.1 ARGEBAU-Hinweise und VDI 6200: Inhalte und Ziele

In der Folge des Unglücks von Bad Reichenhall haben sich Bund und Länder in verschiedenen Empfehlungen mit der Kontrolle der Standsicherheit auseinandergesetzt. Der Bund hat mit der Einführung der RÜV (Richtlinie für die Überwachung der Verkehrssicherheit von baulichen Anlagen des Bundes) vom 31.3.2006 für die ca. 4.500 Bundesbauten auf diese Überlegungen reagiert.

Zudem hat die Bauministerkonferenz mit Empfehlung der ARGEBAU (Konferenz der für Städtebau, Bau- und Wohnungswesen zuständigen Minister und Senatoren der Länder) die »Hinweise für die Überprüfung der Standsicherheit von baulichen Anlagen durch den Eigentümer/Verfügungsberechtigten« vom 29.9.2006 herausgegeben. Die Empfehlungen der ARGEBAU gehen am weitesten, sodass sie hier Grundlage der weiteren Erörterungen sein sollen.

Außerdem beabsichtigt der VDI (Verein Deutscher Ingenieure) auf Grundlage der ARGEBAU-Empfehlungen zur Standsicherheit eine eigene Richtlinie als technische Regel herauszubringen. Der VDI hat einen Richtlinienausschuss VDI 6200 »Standsicherheit von Bauwerken – Überwachung, Prüfung, Instandhaltung« gegründet, dem Vertreter aller betroffenen Fachkreise angehören. Die Wohnungswirtschaft ist nicht beteiligt.

Ziel und Zweck der Richtlinie ist es, die Bauwerkssicherheit während der gesamten Nutzungsdauer zu gewährleisten und den Immobilienbesitzern und den beteiligten Fachleuten Empfehlungen, Handlungsanleitungen und Bewertungskriterien an die Hand zu geben:

- Wie soll die Standsicherheit von bestehenden Bauwerken geprüft, überwacht und dauerhaft gesichert werden?
- Welche Maßnahmen sind im Falle von Sicherheitsdefiziten zu ergreifen?

Die Richtlinie VDI 6200 ergänzt die von der Bauministerkonferenz im September 2006 verabschiedeten »Hinweise für die Überprüfung der Standsicherheit von baulichen Anlagen durch den Eigentümer/Verfügungsberechtigten«. Während sich die Hinweise der Bauministerkonferenz in erster Linie an Immobilienbesitzer wenden, richtet sich die VDI-Richtlinie auch an beteiligte Fachleute.[175]

---

175 VDI Pressemitteilung v. 24.1.2006

Bei einer Einführung als technische Regel ist in jedem Fall auch die Relevanz für die Wohnungswirtschaft zu prüfen. Der empfehlende Charakter der Hinweise erhält dann einen normativen Status.

> **Auszug aus der Vorbemerkung der ARGEBAU zu den Hinweisen für die Überprüfung der Standsicherheit von baulichen Anlagen[176]**
>
> Die folgenden Hinweise erläutern für Eigentümer/Verfügungsberechtigte und Baufachleute, bei welchen baulichen Anlagen eine regelmäßige Überprüfung der Standsicherheit empfohlen wird, wie dabei vorgegangen werden kann und was dabei beachtet werden sollte. Die Hinweise zeigen eine Möglichkeit auf. Daneben sind auch andere Vorgehensweisen, zum Beispiel nach den Richtlinien für die Durchführung von Bauaufgaben des Bundes (RBBau), denkbar.
> Für die nicht zum Anwendungsbereich gehörenden baulichen Anlagen können die Hinweise sinngemäß angewendet werden.

Daraus folgt, dass die Hinweise auch auf exponierte Konstruktionen in der Wohnungswirtschaft zu übertragen sind.

- Bei Neubauten empfiehlt es sich, dass der Prüfingenieur bzw. Prüfsachverständige für Standsicherheit im Benehmen mit dem Tragwerksplaner die Einstufung in eine der in der unten stehenden Tabelle aufgeführten Kategorien im Prüfbericht bzw. in der Sachverständigenbescheinigung angibt.
- Bei Bestandsgebäuden kann die Einstufung bei der ersten Sichtkontrolle durch einen Fachkundigen oder bei der ersten Überprüfung durch einen besonders Fachkundigen erfolgen. Die Einstufung ist die Grundlage für Art, Umfang und Häufigkeit der Überprüfung der Standsicherheit (nach ARGEBAU). Ein Fachkundiger kann in der Wohnungswirtschaft auch ein Hochbau-Ingenieur sein, der bereits seit drei Jahren Sicherheitsbegehungen durchführt.

Im Februar 2013 hat die Fachkommission Bautechnik der Bauministerkonferenz (ARGEBAU) Hinweise zur Einschätzung von Art und Umfang zu untersuchender harnstoffharzverklebter Holzbauteile auf mögliche Schäden aus Feuchte- oder Temperatureinwirkungen durch den Eigentümer/Verfügungsberechtigten veröffentlicht.[177]

Diese Hinweise sollen bei der notwendigen Überprüfung der Standsicherheit bestehender Holzkonstruktionen aus harnstoffharzverklebten Bauteilen Hilfe-

---

176 ARGEBAU, »Hinweise für die Überprüfung der Standsicherheit von baulichen Anlagen durch den Eigentümer/Verfügungsberechtigten« vom 29.9.2006
177 Fachkommission Bautechnik der Bauministerkonferenz (ARGEBAU), Hinweise zur Einschätzung von Art und Umfang zu untersuchender harnstoffharzverklebter Holzbauteile auf mögliche Schäden aus Feuchte- oder Temperatureinwirkungen durch den Eigentümer/Verfügungsberechtigten, Fassung Februar 2013

stellung geben. Sie können als entsprechende Ergänzung bzw. Konkretisierung der »Hinweise für die Überprüfung der Standsicherheit von baulichen Anlagen durch den Eigentümer/Verfügungsberechtigten« der Konferenz der für Städtebau, Bau- und Wohnungswesen zuständigen Minister und Senatoren der Länder (ARGEBAU) angesehen werden.

Hier wird empfohlen, eine erstmalige Sonderprüfung für alle harnstoffharzverklebten Sonderbauteile durchzuführen. Die beschriebene Sonderüberprüfung sollte einmalig durchgeführt werden, auch dann, wenn die bauliche Anlage in der Vergangenheit bereits auf Grundlage der Hinweise der ARGEBAU oder anderweitig überprüft wurde. Sie ist zumindest für bauliche Anlagen der Kategorien 1 und 2 nach Tabelle 1 der Hinweise ARGEBAU angeraten. Folgende Schritte werden dabei aufgeführt:

- Schritt 1: Ermittlung potenziell gefährdeter verklebter Holzbauteile
- Schritt 2. Ermittlung der Klebstoffart bei potenziell gefährdeten verklebten Holzbauteilen
- Schritt 3: Ermittlung der Umgebungsbedingungen bei potenziell gefährdeten harnstoffverklebten Holzbauteilen[178]

Hinweise zur Einschätzung von Art und Umfang zu untersuchender harnstoffharzverklebter Holzbauteile[178]

Durch Sichtung der bautechnischen Unterlagen und durch handnahe Inspektion sollte überprüft werden, ob für harnstoffharzverklebte Holzbauteile abträgliche klimatische Umgebungsbedingungen vorliegen bzw. in der Vergangenheit vorlagen:

- Langanhaltende hohe Feuchtebeanspruchungen. Darunter sind sehr hohe Luftfeuchten und insbesondere Kondenswasserbildungen zu verstehen, die bei entsprechenden Bauwerksnutzungen beispielsweise in den früher üblichen Kaltdächern auftreten können.
- Sehr hohe Temperaturen oder langanhaltend einwirkende Temperaturen von ca. 40 °C bis 60 °C. Diese Temperaturbeanspruchungen können zum einen bei planmäßigen Nutzungen wie in Ziegeleien und Bäckereien und zum anderen bei ungünstigen Einbausituationen, wie insbesondere in Kaltdächern mit abgehängten, teilweise wärmegedämmten Sicht- und Schallabsorptionsunterdecken, auftreten.

Bei Kaltdächern können also beide ungünstigen Umgebungsbedingungen kombiniert auftreten.

- Schritt 4: Untersuchung und Beurteilung von gefährdeten harnstoffharzverklebten Holzbauteilen, Sanierungs- und Überwachungsmaßnahmen

---

178 Fachkommission Bautechnik der Bauministerkonferenz (ARGEBAU), Hinweise zur Einschätzung von Art und Umfang zu untersuchender harnstoffharzverklebter Holzbauteile auf mögliche Schäden aus Feuchte- oder Temperatureinwirkungen durch den Eigentümer/Verfügungsberechtigten, Fassung Februar 2013

Die Ergebnisse der Sonderüberprüfung und gegebenenfalls die daraus abgeleiteten Maßnahmen sollten im Bauwerks- Objektbuch (z. B. auf Grundlage der Hinweise der ARGEBAU) dokumentiert werden.

Das Instandhaltungs- bzw. Überprüfungskonzept für die bauliche Anlage (z. B. auf Grundlage der Hinweise der ARGEBAU) sollte an die Überprüfungsergebnisse und die gegebenenfalls notwendigen Sanierungsmaßnahmen und nutzungsbegleitenden Überwachungsmaßnahmen angepasst werden.

13.2 Gefährdungskategorien und Begehungsintervalle nach ARGEBAU

13.2.1 Gefährdungskategorien

Abgestuft nach dem Gefährdungspotenzial und den Schadensfolgen werden nach ARGEBAU folgende Kategorien unterschieden:

Anwendungsbereich der Gefährdungskategorien nach ARGEBAU		
1	2	3
Gefährdungspotenzial/ Schadensfolgen	Gebäudetypen und exponierte Bauteile	Beispielhafte, nicht abschließende Aufzählung
Kategorie 1	Versammlungsstätten mit mehr als 5.000 Personen	Stadien
Kategorie 2	• bauliche Anlagen mit über 60 m Höhe	Fernsehtürme, Hochhäuser
	• Gebäude und Gebäudeteile mit Stützweiten > 12 m und/oder Auskragungen > 6 m sowie großflächige Überdachungen	Hallenbäder, Einkaufsmärkte, Mehrzweck-, Sport-, Eislauf-, Reit-, Tennis-, Passagierabfertigungs-, Pausen-, Produktionshallen, Kinos, Theater, Schulen
	• exponierte Bauteile von Gebäuden, soweit sie ein besonderes Gefährdungspotenzial beinhalten	große Vordächer, angehängte Balkone, vorgehängte Fassaden, Kuppeln

13.2.2 Begehungsintervalle

Empfohlene Begehungsintervalle nach ARGEBAU				
1	**2**	**3**	**4**	**5**
Kategorie nach Gefährdungspotenzial	Gebäudetypen und exponierte Bauteile	Begehung durch den Eigentümer/ Verfügungsberechtigten jeweils nach … Jahr (-en)	Sichtkontrollen durch eine fachkundige Person jeweils nach … Jahren	Eingehende Überprüfung durch eine besonders fachkundige Person jeweils nach … Jahren
Kategorie 1	Versammlungsstätten mit mehr als 5.000 Personen	1–2	2–3	6–9
Kategorie 2	▪ Bauliche Anlagen mit über 60 m Höhe, ▪ Gebäude und Gebäudeteile mit Stützweiten > 12 m und/oder Auskragungen > 6 m sowie großflächige Überdachungen ▪ Exponierte Bauteile von Gebäuden, soweit sie ein besonderes Gefährdungspotenzial beinhalten	2–3	4–5	12–15

Die Begehungsintervalle richten sich nach der Fachkunde des Begehenden.

Die Begehung durch den Eigentümer/Verfügungsberechtigten umfasst die Besichtigung des Bauwerks auf offensichtliche Schäden. Bei den tragenden Bauteilen wie Stützen, Wänden, Dach- und Deckenträgern und -bindern sind dies vor allem Schäden wie Verformungen, Schiefstellungen, Risse, Durchfeuchtungen, Ausblühungen und Korrosion. Über die Besichtigung des Zustands der tragenden Konstruktion hinaus empfiehlt es sich, darauf zu achten, ob andere schädigende Einflüsse auf die Standsicherheit vorliegen wie von außen eindringende Feuchtigkeit, schadhafte Entwässerung und unzuträgliche klimatische Bedingungen im Gebäudeinneren.

Die Sichtkontrolle kann – soweit vertretbar – ohne Verwendung von Hilfsmitteln als intensive erweiterte Begehung von einer fachkundigen Person durchgeführt werden.

Werden Schäden festgestellt, die die Standsicherheit beeinträchtigen können, empfiehlt es sich, in Zweifelsfällen eine besonders fachkundige Person hinzuzuziehen. Besonders fachkundige Personen sind zum Beispiel Bauingenieure, die mindestens zehn Jahre Erfahrung mit der Aufstellung von Standsicherheitsnachweisen, mit technischer Bauleitung oder mit vergleichbaren Tätigkeiten, davon mindestens fünf Jahre mit der Aufstellung von Standsicherheitsnachweisen und mindestens ein Jahr mit technischer Bauleitung, nachweisen können. Sie sollen Erfahrung mit vergleichbaren Konstruktionen in der jeweiligen Fachrichtung vorweisen können. Die Fachrichtungen sind Massivbau, Metallbau und Holzbau. Dies sind zum Beispiel Bauingenieure mit o. g. Qualifikation sowie Prüfingenieure für Standsicherheit.

13.3 Prüfung und Kontrolle einzelner Elemente und Gefahrstellen

13.3.1 Belastungs- und Nutzungsveränderungen

Es sollte geprüft werden, ob Belastungs- und Nutzungsänderungen oder bauliche Veränderungen eingetreten sind, z. B.
- zusätzliche Dachlasten durch eine nachträgliche Dachbegrünung (insbesondere Nachweis des Nassgewichtes und des Gewichts bei einer Vereisung)
- zusätzliche Belastung der Tragkonstruktion durch Einbauten oder schwere Geräte
- Erhöhung der Nutzlasten
- Schwächung der Tragkonstruktion durch nachträgliche Durchdringungen und Aussparungen o. Ä.
- bauliche Schließung von offen geplanten Hallen

13.3.2 Bauphysikalische Bedingungen

Zu überprüfen ist, ob
- die bauphysikalischen Bedingungen der Tragwerkskonstruktion zuträglich sind, wie z. B. Änderung der Luftfeuchtigkeit bzw. Kondenswasserbildung und der Temperatur,

- sich bei baulicher Schließung einer offen geplanten Halle die klimatischen Bedingungen bei Nutzungsänderung (z. B. Eislaufhalle im Winter und Sporthalle im Sommer) verändern,
- mit Feuchtigkeitseintrag bei Hallen, wie Reithallen mit genässtem Boden oder Kompostieranlagen oder Hallen mit wechselklimatischen Bedingungen, zu rechnen ist.

13.3.3 Dachabdichtung und Schutzvorrichtung

Zu überprüfen ist, ob
- die Dachabdichtung und die Entwässerung funktionstüchtig und ausreichend dimensioniert ist,
- insbesondere am Tragwerk keine feuchten Stellen vorhanden sind, z. B. Überprufung des Dachs, der Fassade, des Balkons, erdberührter Flachen und der Entwässerungseinrichtungen auf feuchte Stellen und Undichtigkeiten,
- die Schutzvorrichtungen wie Geländer und Absturzsicherungen einen ordnungsgemäßen Zustand aufweisen, ggf. mit stichprobenartiger Überprüfung der Befestigungen.

13.3.4 Metallkonstruktionen

Überprüfung
- der Stahlkonstruktionen auf Risse und Verformungen, insbesondere die Anschlüsse auf festen Sitz überprüfen. Auffällige Verformungen aufmessen;
- des Zustandes des Korrosionsschutzes, insbesondere bei korrosionsempfindlichen Teilen wie z. B. Verankerungen und Anschlüssen von Seilen, Kabeln und Hängern. Berührstellen zwischen Beton- und Stahlbauteilen besonders beachten;
- der Schweißnähte bei geschweißten Konstruktionen mit nicht vorwiegend ruhender Belastung – besichtigen und ggf. überprüfen;
- von losen oder mangelhaften Nieten oder Schrauben, Rissen in den Schweißnähten;
- der besonderen Metallkonstruktionen, z. B. Seilkonstruktionen oder bestimmte feuerverzinkte Stahlkonstruktionen – gesondert überprüfen.

Wichtig !

Alle Mängel und Schäden an einzelnen Teilen sind zu dokumentieren.

13.4 Besondere Hinweise zu Konstruktionen

13.4.1 Spannbetonbauteile

Überprüfung von

- Neptun-Spannstahl (ölschlussvergüteter Spannstahldraht N40, oval, 40 mm^2) aus der Produktion bis 1964,
- Sigma-Spannstahl (Spannstahldraht St 145/160, oval, 40 mm^2, warmgerippte Oberfläche) aus der Produktion bis 1978 und
- Henningsdorfer-Spannstahl, jeweils im nachträglichen Verbund vorgespannt,
- feuerverzinkten Stahlkonstruktionen mit geänderter Zinkschmelzenlegierung aus dem Zeitraum 07/2000 bis 2006 in Verbindung mit geschweißten oder kaltverformten Stählen der Güte S 355 oder höher, ggf. auch S 235.

13.4.2 Holzkonstruktionen

- Überprüfung von Holzkonstruktionen auf Risse und Verformungen, insbesondere Schrauben und sonstige Verbindungen auf festen Sitz sowie durch Druck beanspruchte Stoßflächen auf sattes Aufeinandersitzen.
- Nagelplatten auf einen ordnungsgemäßen Zustand kontrollieren.
- Holzkonstruktionen auf unzuträgliche Feuchtigkeit überprüfen. Dabei insbesondere ggf. den Feuchtegehalt bestimmen sowie Stöße und Risse auf Eindringen von Feuchtigkeit überprüfen.
- Auf die etwaige Bildung von Wassersäcken und einen Befall durch Holzschädlinge (Insekten und Pilze) achten.
- Einen vorhandenen Oberflächenschutz auf Schäden an Verschleißteilen und Abnutzung kontrollieren.
- Gerissene Klebstofffugen (Leimfugen) und die Eignung des verwendeten Klebstoffs (Leims) für die vorhandenen bauklimatischen Bedingungen überprüfen.
- Träger mit Kastenquerschnitt sind gesondert zu überprüfen.

Die Studiengemeinschaft Holzleimbau e. V. hat dazu einen »Leitfaden zur ersten Begutachtung von Hallentragwerken aus Holz«, Juli 2006, herausgegeben.

13.4.3 Fertigteilkonstruktionen

- Lagerpunkte sind hinsichtlich aufgetretener Verschiebungen und noch vorhandener Toleranzen zu überprüfen.
- Konsolen auf Risse und planmäßigen Lasteintrag kontrollieren.
- Bei Fugen die Öffnungsweite und ggf. den Zustand der Fugenfüllung beurteilen.
- Befestigungsteile insbesondere bei hängenden Elementen auf Unversehrtheit überprüfen.

13.4.4 Glaskonstruktionen

- Bei Glaskonstruktionen ist insbesondere auf zwängungsfreie Lagerung, Kantenverletzungen und ausreichenden Glaseinstand der Glasscheiben zu achten.
- Zudem darf kein Kontakt zwischen Glas und Metall oder Glas und Glas auftreten.
- Bei Membrankonstruktionen, insbesondere solchen, die mit primär tragender Funktion ausgeführt sind, vor allem auf die Verbindungen und Anschlüsse, z. B. Schweißnähte und Klemmungen, achten.

13.5 Schneelasten

Zu hohe Schneebelastungen können zu Schäden an Dach und Tragstruktur der baulichen Anlage führen. Die zulässige Schneelast für die bauliche Anlage ist aus dem Standsicherheitsnachweis ersichtlich. Ersatzweise können Auskünfte über die in einer Gemeinde anzusetzende Schneelast bei der unteren Bauaufsichtsbehörde oder einem Ingenieur-/Architekturbüro eingeholt werden.

Die Schneehöhe auf dem Dach entscheidet nicht über das jeweilige Schneegewicht. Schnee in seinen verschiedenen Formen kann, angefangen von Pulverschnee über Nassschnee bis zu Eis, ein sehr unterschiedliches Gewicht aufweisen. Zur Ermittlung der Schneelast auf dem Dach ist deshalb das tatsächliche Schneegewicht zu bestimmen. Spätestens wenn die zulässige Schneelast erreicht ist, soll das Dach geräumt werden.

Schneelasten vgl. DIN 1055-5: 2005-07 Einwirkungen auf Tragwerke – Teil 5: Schnee- und Eislasten						
Schneeart	**Beschreibung**	**Dichte in kg/m²**		**Angesetzte Schneelast in kN/m²**	**Analoge Schneehöhe in cm**	
		von	**bis**		**von**	**bis**
Neuschnee trocken, locker	frisch, Pulver, innerhalb der letzten 24 h gefallen	30	50	0,75	250	150
Neuschnee schwach gebunden	frisch innerhalb der letzten 24 h gefallen	50	100	0,75	150	75
Neuschnee stark gebunden	frisch innerhalb der letzten 24 h gefallen, windverfrachtet, Brettschnee	100	200	0,75	75	38
Altschnee trocken	gesetzt, ggf. mehrere Temperatur- und Tauwechsel	200	400	0,75	38	19
Altschnee feucht, nass	Sulz gesetzt, ggf. mehrere Temperatur- und Tauwechsel	300	500	0,75	25	15
Eis	Gefahr – insbesondere bei Antauung durch schlechte Wärmedämmung und lang anhaltende Minusgrade	800	900	0,75	9	8

Die Neuberechnung der Schneelast ist auch beim Einsatz von erneuerbaren Energien im statischen Nachweis zu berücksichtigen, z. B. für Fotovoltaik-Anlagen und Solarkollektoren auf dem Dach. In einer Vielzahl von weitgespannten Dachkonstruktionen im Bestand sind durch die neuen Schneelastannahmen in der DIN 1055-5 die Sicherheitsreserven des Dachs bereits ausgeschöpft, sodass für Fotovoltaikanlagen und Solarkollektoren bereits statische Verstärkungen erforderlich sind. Insofern ist es im Neubau empfehlenswert, bereits dafür die notwendigen statischen Erfordernisse vorzusehen, insbesondere vor dem Hintergrund der Weiterentwicklung der Energieeinsparverordnung, die den Einsatz erneuerbarer Energien zur Regel macht.

13.6 Dokumentation im Bauwerks-/Objekthandbuch

Eine wesentliche Grundlage für die Überprüfung ist das Vorhalten der wichtigsten Daten und Konstruktionszeichnungen der baulichen Anlage. Hierfür hat sich das Anlegen und Fortführen einer Dokumentation, z. B. in Form eines Bauwerks- /

Objektbuchs bewährt, in das sich alle tragwerksrelevanten Änderungen und Instandsetzungen sowie alle Überprüfungen eintragen lassen.

Zum Inhalt des Bauwerks- /Objektbuchs gehören z. B.:

- Konstruktionszeichnungen des Bestands mit statischen Positionen und den Tragwerksabmessungen
- Bewehrungsquerschnitte, die Feuerwiderstandsfähigkeit der Bauteile, die Art und Güte des Materials, die Lastannahmen (insbesondere Schneelasten) sowie Besonderheiten der Konstruktion
- Konstruktionszeichnungen des Bestands für die Fassade
- Angabe des Herstellungsjahrs
- die Kategorie nach der Tabelle der Gefährdungskategorien der ARGEBAU
- die zugrunde liegenden Normen, allgemeinen bauaufsichtlichen Zulassungen und Zustimmungen im Einzelfall
- Sachverständigenbescheinigungen

Es gibt Bestrebungen der Ingenieurkammern, ein einheitliches elektronisches Objektbuch zu schaffen. Bei der Ingenieurkammer Hessen sowie der Architekten- und Stadtplanerkammer Hessen wurde eine Arbeitsgruppe »Objektmanagement« eingerichtet. Diese Arbeitsgruppe hat den Auftrag, für Bauherren ein Softwareangebot zur ordnungsgemäßen Zustandspflege- und Bauunterhaltung zu erarbeiten und ein virtuelles Bauwerks-/Objektbuch zu erstellen (siehe hierzu www.ingkh.de und www.akh.de). Dies wiederum lässt sich gut mit der Dokumentation der vorgehenden Sicherheitsbegehungen verknüpfen.

Das Objektbuch für die Standsicherheitsbegehungen nach ARGEBAU soll für die gesamte Lebensdauer des Gebäudes als Nachweis vorgehalten werden, nicht nur für ca. fünf Jahre, wie bei den Verkehrssicherheitsbegehungen.

Der weitere wesentliche Unterschied zu den Verkehrssicherheitsbegehungen ist, dass die vertiefenden Untersuchungen in jedem Fall handnah durchzuführen sind, d. h. ggf. durch Öffnung von Bauteilen..

In Hessen wurde die »Checkliste zur wiederkehrenden bauaufsichtlichen Sicherheitsüberprüfung baulicher Anlagen und Räume besonderer Art oder Nutzung (Sonderbauten)«, Stand 1.3.2006, die eine beispielhafte Auflistung von Fragen hinsichtlich des vorbeugenden Brandschutzes und der Standsicherheit – wichtig für Sicherheitsüberprüfungen –, enthält, um Fragen zur Standsicherheit analog der ARGEBAU ergänzt.

Nach einer nicht repräsentativen Untersuchung des TÜV Süd im Jahr 2006 wiesen fast die Hälfte der im Auftrag untersuchten 200 Hallen Mängel auf.

Besonders hoch war der Mängelanteil bei Holzhallen mit 75%, gefolgt von Stahl- und Betonhallen mit 55% bzw. 45%. Während bei Stahl- und Betonkonstruktionen in keinem Fall eine akute Einsturzgefahr drohte, war bei 11% der Holzkonstruktionen zum Zeitpunkt der Untersuchung durch TÜV SÜD die Standsicherheit nicht mehr gewährleistet – die Hallen mussten sofort geschlossen werden.[179]

In den Unternehmen der Wohnungswirtschaft sollte in einem ersten Schritt geprüft werden, inwieweit das Portfolio überhaupt exponierte Bauteile oder Gebäude enthält. Danach sind dann entsprechend dem Leitfaden der ARGEBAU die Zeitintervalle für die Überprüfungen festzulegen. Dies sollte vor der geplanten Einführung der VDI-Richtlinie 6200 »Standsicherheit von Bauwerken – Überwachung, Prüfung, Instandhaltung« erfolgen.

---

179 Pressemitteilung des TÜV SÜD v. 29.5.2006, Redaktion Dr. Thomas Oberst

14 Kosten der Überwachungspflichten in der Wohnungswirtschaft

14.1 Betriebskostenabrechnung

Die Kosten der Überwachungspflichten sind im Rahmen der Betriebskostenabrechnung zum größten Teil auf den Mieter umlegbar. Dies wird auch durch höchstrichterliche Entscheidungen[180] z. B. zur Prüfung der Elektroanlagen (sog. E-Check) unterstützt.

14.1.1 Aufstellung der Betriebskosten gemäß § 2 BetrKV

Gliederung der Betriebskosten nach § 2 der Betriebskostenverordnung

- Laufende öffentliche Lasten des Grundstücks
- Kosten der Wasserversorgung (Betrieb und Wartung)
- Kosten der Entwässerung
- Kosten der Heizungsanlage, Wärmelieferung, Etagenheizung (Betrieb und Wartung)
- Kosten der Warmwasserversorgung (Betrieb und Wartung)
- Kosten verbundener Heizungs- und Warmwasserversorgungsanlagen
- Kosten des Betriebs des Personen- oder Lastenaufzugs (Betrieb und Wartung)
- Kosten der Straßenreinigung und Müllbeseitigung (Gebühren, Betrieb und Wartung)
- Kosten der Gebäudereinigung und Ungezieferbekämpfung
- Kosten der Gartenpflege, Pflege der Spielplätze, nicht öffentlicher Wege und Zufahrten
- Kosten der Beleuchtung
- Kosten der Schornsteinfegerreinigung
- Kosten der Sach- und Haftpflichtversicherung, Elementarschadenversicherung
- Kosten des Hauswarts
- Kosten der Gemeinschaftsantenne/Breitbandkabelanlage (Betrieb und Wartung)
- Kosten des Betriebs der Einrichtungen für die Wäschepflege (Betrieb und Wartung)
- Sonstige Betriebskosten

---

180 BGH, Urteil v. 14.2.2007, VIII ZR 123/06, NJW 2007, 1356

14.1.2 Sonstige Betriebskosten

Sonstige Betriebskosten, wie z.B. die Kosten der Feuerlöscherwartung[181], sind im Mietvertrag genau zu bezeichnen und zu vereinbaren, damit sie als umlagefähig anerkannt werden.

14.1.3 Gebot der Wirtschaftlichkeit

Bei den Betriebskosten ist der Grundsatz der Wirtschaftlichkeit zu beachten.[182] Mieter müssen keine überhöhten Nebenkosten bezahlen, denn der Vermieter hat die vertragliche Nebenpflicht, bei solchen Maßnahmen, die Einfluss auf die Höhe der vom Mieter zu bezahlenden Betriebskosten haben, auf ein angemessenes Kosten-Nutzen-Verhältnis Rücksicht zu nehmen[183]. Beauftragt der Vermieter z.B. Dritte mit der Erledigung von Wartungs-, Putz- oder Hausmeisterarbeiten, muss er das Gebot der Wirtschaftlichkeit beachten und darf keine Fantasiepreise zahlen, die er dann auf die Mieter abwälzt. Das AG Köln[184] hatte z.B. folgenden Fall zu entscheiden: Für die Wartung von Warmwassergeräten wurden von der vom Vermieter beauftragten Firma 3.175,20 DM abgerechnet. Im Prozess wurde nach einer Gutachteranhörung die Rechnung eines anderen Unternehmens vorgelegt, wonach sich die Wartungskosten nur noch auf 1.176,45 DM beliefen.

14.1.4 Dachrinnenreinigung

Die Kosten einer Dachrinnenreinigung können als sonstige Betriebskosten auf den Mieter umgelegt werden.[185] Voraussetzung für die Umlage als »sonstige Betriebskosten« ist allerdings, dass die Kosten vorher im Einzelnen vereinbart und genau bezeichnet wurden.

14.1.5 E-Check

Vor diesem Hintergrund gewinnt auch das »E-Check-Urteil« des BGH[186] besondere Bedeutung. In seiner Begründung hat der BGH insbesondere ausgeführt, dass die regelmäßige Überprüfung der Funktionsfähigkeit der elektrischen Anlagen eines

---

181 LG Berlin, Urteil v. 17.10.2000, 64 S 257/00, NZM 2002, 65
182 §§ 556 Abs. 3, 560 Abs. 5 BGB; § 20 Abs. 1 NMV 1970 und § 24 Abs. 2 II. BV
183 BGH, Urteil v. 28.11.2007, VIII ZR 243/06, ZMR 2008, 195
184 AG Köln, Urteil v. 2.9.1998, 213 C 582/96, WuM 1999, 466
185 BGH, Urteil v. 7.4.2004, VIII ZR 167/03, WuM 2004, 290
186 BGH, Urteil v. 14.2.2007, VIII ZR 123/06, NJW 2007, 1356

Mietobjekts nicht der Beseitigung von Mängeln dient. Die Mängelbeseitigung wäre den Instandhaltungskosten zuzuordnen und ist nicht vom Mieter zu tragen.

14.1.6 Dichtigkeitsprüfung von Gaszuleitungen

Die Kosten für die Druck- und Dichtigkeitsprüfung von Gasleitungen stellen ebenfalls umlagefähige Betriebskosten dar.[187] In seiner Begründung führt das Landgericht Hannover u. a. aus, dass zu den als umlagefähig anerkannten Kosten der regelmäßigen Prüfung der Betriebssicherheit für zentrale Heizungsanlagen, Etagenheizungen und Gaseinzelfeuerstätten notwendigerweise auch die Prüfung der Zuleitungen gehört. Die Betriebssicherheit sei in hohem Maße von der Dichtigkeit der innerhalb des Hauses bzw. der Wohnung zur Heizung führenden Gasleitung abhängig. Dabei komme es nicht darauf an, ob mit der Gasdichtigkeitsprüfung zugleich eine Verkehrssicherungspflicht erfüllt werde, ob diese Prüfung auch eine Wartung darstelle und ob damit Instandhaltungs- und Reparaturkosten vermieden werden.

Das Wohnungsunternehmen hatte hier bewusst auf eine gerichtliche Klärung der Kosten hingewirkt, da bisher zu diesem Sachverhalt nur amtsgerichtliche Urteile mit teilweise widersprüchlichen Inhalten bekannt waren.

In Niedersachsen sieht auch die Kehr- und Überwachungsverordnung alle fünf Jahre eine wiederkehrende Überprüfung der Brennstoffleitungen (Gasinnenleitungen) vor, die teilweise von Bezirksschornsteinfegern mit einfachen Gasspürgeräten mit überraschenden Ergebnissen durchgeführt wurden. Inzwischen ist dort die einfache Sichtprüfung eher die Regel, um missverständliche Ergebnisse zu vermeiden. Spezialisierte Dienstleister sind in diesem Bereich als Alternative zu empfehlen.

14.1.7 Dichtheitsprüfung von Grundstücksentwässerungsleitungen

Von den wohnungswirtschaftlichen Verbänden wird in der Regel auch die Dichtheitsprüfung für Grundstücksentwässerungsleitungen als umlagefähig erachtet, auch wenn der Zeitraum nach DIN 1986-30 von fünf Jahren für Grundstücksentwässerungsanlagen im Einvernehmen mit der Aufsichtsbehörde bei häuslichen Abwässern auf zehn Jahre verlängert werden kann. Im Einzelnen sind dazu die landesgesetzlichen Regelungen zu beachten. Ansonsten ist zu prüfen, ob die Kosten regelmäßig wiederkehrend sind, wie z. B. Eichgebühren bei Trink-

---

187 LG Hannover, Urteil v. 7.3.2007, 12 S 97/06, ZMR 2007, 865

wasserzählern, oder ob es sich um einmalige Instandhaltungskosten handelt, wie z. B. das Entfernen von Wurzeln aus Grundstücksentwässerungsleitungen.

14.2 Kosten der Überwachungspflichten

Nach Untersuchungen des Autors im IFB-Forschungsbericht »F-817 Kosten der Überwachungspflichten« ist der Hauptanteil der Überwachungspflichten umlagefähig.

Bezogen auf zwei typische vier- bis fünfgeschossige Wohnhäuser eines Wohnungsunternehmens in Hannover mit ca. 7.700 Wohnungen beträgt der Kostenanteil nach einer Modellrechnung für die umlagefähigen Überwachungspflichten bei einem Haus mit Aufzug ca. 30 % der Betriebskosten, bei einem Haus ohne Aufzug ca. 12 % der Betriebskosten. Der Kostenanteil der nicht umlagefähigen Überwachungspflichten zur durchschnittlichen Nettokaltmiete beträgt ca. 3 bis 4 %.[188]

Abb. 14.1: Kosten der Überwachungspflichten im Verhältnis zur Nettokaltmiete[188]

Abb. 14.2: Kosten der Überwachungspflichten im Verhältnis zu den Betriebskosten[189]

---

188 Damm, IFB F-817, 2005, S. 96
189 Damm, IFB F-817, 2005, S. 96

Bei den technischen Anlagen ist das höchste Einsparpotenzial zu erwarten. Dies betrifft insbesondere langjährige Aufzugswartungsverträge mit Wertsicherungsklauseln.

Nach Betriebskostenspiegel des deutschen Mieterbundes (DMB), veröffentlicht 2015, für das Abrechnungsjahr 2013 teilen sich aktuell die üblichen Betriebskosten von 2,19 EUR/m² wie folgt auf (Angaben pro Monat und Quadratmeter)[190]:

Betriebskosten Abrechnungsjahr 2013 nach Betriebskostenspiegel des DMB	
Heizkosten	1,24 Euro
Warmwasser	0,27 Euro
Wasser/Abwasser	0,34 Euro
Grundsteuer	0,18 Euro
Hauswart	0,21 Euro
Müllbeseitigung	0,16 Euro
Aufzug	0,16 Euro
Gebäudereinigung	0,15 Euro
Sach- und Haftpflichtversicherungen	0,15 Euro
Gemeinschaftsantenne/Kabelfernsehen	0,14 Euro
Gartenpflege	0,10 Euro
Allgemeinstrom	0,05 Euro
Straßenreinigung	0,04 Euro
Schornsteinreinigung	0,03 Euro
sonstige Betriebskosten	0,04 Euro

Der Betriebskostenspiegel des DMB[191] weicht regional ab, kann hier aber zur Orientierung der umlagefähigen Kosten dienen.

Der Fachausschuss »Technik« des Verbands norddeutscher Wohnungsunternehmen e. V. hat nach einer Untersuchung der Kosten von ca. 500 Aufzugsanlagen festgestellt, dass bei den Wartungskosten der Notrufeinrichtungen und der Aufzugsanlagen erhebliche Einsparpotenziale bestehen. Die jährlichen Kosten

190 Haufe Online Redaktion, 17.08.2015, Deutscher Mieterbund
      Betriebskosten: Mieter zahlen monatlich 2,19 Euro pro Quadratmeter
191 www.mieterbund.de/service/betriebskostenspiegel.html

für die Notrufeinrichtungen lagen zwischen 142 und 1.336 Euro je Aufzug und die Normalwartungskosten zwischen 422 und 4.072 Euro. Die Einsparpotenziale lagen bei einem Mittelwert von 60 bis 80 %. Die größten Kostensenkungspotenziale konnten Wohnungsunternehmen erreichen, die mithilfe spezialisierter Fachingenieure optimierte Neuausschreibungen durchgeführt hatten.[192] So hat sich dies z. B. eine Gründerfirma im TCH Hannover zur Aufgabe gemacht und führt gegen ein erfolgsabhängiges Honorar Analysen durch.[193]

Nach Erhebungen des Autors sind für einen E-Check pro Wohneinheit ca. 45 bis 80 Euro anzusetzen, für einen Gas-Check (Gasinnenleitungen) ca. 35 bis 61 Euro. Dem Autor wurden von einer sächsischen Wohnbaugesellschaft allerdings auch Werte von ca. 25 Euro pro E-Check je Wohneinheit genannt.

14.3 Kosten für Sicherheitsbegehungen und Aufwandswerte

Nach den Auswertungen des Autors im Rahmen der Erprobung von Sicherheitsbegehungen für ein Wohnungsunternehmen in Hannover mit ca. 7.700 Wohnungen ist bei Sicherheitsbegehungen mit Checkliste für die wesentlichen Bauteile von einem zeitlichen Aufwand von ca. 20 bis 60 Minuten je Gebäude auszugehen.

Das Wohnungsunternehmen der Joseph-Stiftung in Bamberg gibt als Schätzung für den Aufwand ca. fünf Stunden pro Jahr und Gebäude für monatliche Begehungen durch die Hausbetreuer (ohne Spielplätze und Bäume) und ca. 1,8 Stunden pro Jahr und Gebäude für die zusätzlichen Begehungen durch die Fachkraft für Gebäudesicherheit oder Bautechniker an. Das entspricht bei ca. 5.175 Stunden für ca. 750 Gebäude und 9.200 Wohnungen mit ca. 213.875 Euro netto annähernd 23 Euro netto pro Jahr und Wohnung.

Für die Prüfung von Bäumen und die Begehung von ca. 75 Spielplätzen (186 Spielgeräte) werden noch einmal ca. 46.000 Euro netto aufgewendet. Dies entspricht einem Wert von ca. 0,5 Euro pro m^2 netto und Jahr bzw. 0,6 Euro brutto pro Jahr und m^2 Wohnfläche.[194]

---

192 VNW Betriebskosten aktuell 9/2006
193 PM., Gründer des Monats Nov. 2007, W & S Fördertechnik Consulting GmbH
194 iwb, Seminarbericht 19.11.2007

Im Vergleich dazu betragen laut Betriebskostenspiegel des Deutschen Mieterbundes für das Abrechnungsjahr 2013 die durchschnittlichen umlagefähigen Hauswartkosten 0,21 Euro/m² Wohnfläche.[195]

Typische Hausmeistertätigkeiten (Deutscher Mieterbund)

Zu den typischen Hausmeister- oder Hauswartaufgaben gehören körperliche Arbeiten, wie zum Beispiel Haus-, Treppen- und Straßenreinigung, Gartenpflege, Bedienung und Überwachung der Sammelheizung, der Warmwasserversorgung und des Fahrstuhls. Soweit der Hausmeister auch für Reparaturen oder Verwaltungsarbeiten im Haus zuständig ist, gehört dies nicht in die Betriebskostenabrechnung.

Ist der Hausmeister auch für Gartenpflegearbeiten oder die Hausreinigung verantwortlich, dürfen diese Betriebskostenpositionen in der Regel nicht mehr eigenständig abgerechnet werden. Es sei denn, zusätzliche Arbeitskräfte oder Dienstleistungen werden als Hausreinigung bzw. Gartenpflege abgerechnet.[195]

Eine pauschalierte Berechnung der umlagefähigen Hauswartkosten ist nach einem Urteil des Bundesgerichtshofs[196] nicht zulässig: »Der Vermieter muss die Kosten der umlagefähigen Hauswartstätigkeit einerseits und die nicht umlagefähigen Verwaltungs-, Instandhaltungs- und Instandsetzungskosten andererseits nachvollziehbar aufschlüsseln, sodass die nicht umlagefähigen Kosten herausgerechnet werden können.«

Die Sicherheitsbegehungen sind zzt. nicht als umlagefähig anzusehen, ein Aufwand von ca. zwei Euro pro Monat und Wohnung erscheint seitens des Vermieters zur Gefahrenabwehr insgesamt als noch vertretbar.

---

195 DMB, PM 20.12.2007, Deutscher Mieterbund
196 BGH, Urteil v. 20.2.2008, VIII ZR 27/07, WuM 2008, 285

15 Organisation der Betreiberpflichten

15.1 Organisationsverpflichtung des Immobilienbetreibers

In einem Betrieb oder (öffentlichen) Unternehmen obliegt der Leitungsebene ein hohes Maß an strategischer Verantwortung. Die Interessen des Unternehmens oder Betriebes sind zu wahren. Dazu gehört, dass die Geschäftsführung, die Behördenleitung oder die Vorstandsebene den an sie gerichteten Organisationspflichten genügen, indem sie eine auf Schadensprävention und Risikomanagement angelegte Complianceorganisation vorhalten. Die Einhaltung der rechtsstaatlichen Anforderungen an die gesetztestreue Verhaltensweise gehört zur Gesamtverantwortung des Vorstands/der Geschäfts- oder Behördenleitung und wird in der Existenz eines funktionierenden Compliance-Systems abgebildet.[197]

Organisation des Geschäftsbetriebs

Die Geschäftsführung oder Behördenleitung trifft Entscheidungen und hat diese zu verantworten. Gesetzliche Vorgabe ist hierbei, dass durch die Errichtung eines Organisationssystems und dessen Einhaltung Verstöße gegen Pflichten vermieden oder zumindest so wesentlich erschwert werden, dass diese keine nennenswerten Fallzahlen erreichen. Das heißt für die Geschäftsführung oder Behördenleitung, dass der Betrieb oder das Unternehmen so zu organisieren sind, dass sämtliche Anforderungen aus

- den Gesetzen,
- den bestehenden Verträgen,
- der fallrelevanten Rechtsprechung und
- nach dem Stand der Technik

erfüllt werden.

Geschäftsführer/Behördenleitung als Normadressat

Der Geschäftsführer/Behördenleiter ist als personalisierter Inhaber rechtlich dafür verantwortlich, dass die an den Betrieb oder das Unternehmen gerichteten Anforderungen erfüllt werden. Wer für die Einhaltung der Compliance-Vorgaben im Rahmen der hierarchischen Strukturen verantwortlich zeichnet, schuldet dem Betrieb oder Unternehmen in garantengleicher Verantwortung die Erfüllung des rechtmäßigen Handelns des Unternehmens.

---

197 LG München I, Urteil v. 10.12.2013, AZ 5HKO1387/10

Aufbaustruktur und Ablaufprozesse

Bei der horizontalen Delegation der unternehmerischen Verantwortung bezieht sich die Pflichtenübertragung auf einzelne Ressorts innerhalb des Geschäftsführungsgremiums oder der jeweiligen Behördenebene. Sind im Entscheidungsgremium mehrere Entscheidungsträger gleichberechtigt, gilt für sie der Grundsatz der umfassenden Verantwortung – also der Gesamtverantwortung für alle Regelungsbereiche im Unternehmen oder in der Behörde.

Bei der vertikalen Delegation wird im Rahmen der hierarchischen Strukturen auf die nächstfolgende Ebene und dort auf einzelne Mitarbeiter eine Teilbereichsverantwortung übertragen. Die Pflichtenübertragung ist aber nur dann haftungsmindernd oder haftungsbefreiend, wenn die Delegation an sachgerecht ausgewählte, fachkundig unterwiesene und entsprechend beauftragte Mitarbeiter in überschneidungsfreier Weise erfolgt. Zur Übertragung der originär der Unternehmensleitung obliegenden Pflichten bedarf es auch der Gewährleistung, dass die für die Pflichterfüllung nötigen Mittel bereitstehen. Die Erfüllung der Aufgaben ist durch die Geschäftsführung in geeigneter Weise zu überwachen.

Überwachungspflicht

Die haftungsrechtliche Verantwortung der Unternehmens- oder Behördenleitung geht davon aus, dass der Inhaber in einem Schadensfall nicht wegen Verfehlungen seiner Mitarbeiter bestraft wird. Macht der nachgeordnete Mitarbeiter einen Fehler, dann ist zunächst dieser dafür verantwortlich. Wurde dieser Fehler aber deshalb begangen, weil es an betriebsbezogenen Geboten oder Verboten mangelt oder an der Kontrolle der Einhaltung derselben, dann muss sich die Unternehmens- und Behördenleitung rechtlich vorwerfen lassen, dass die erforderlichen Aufsichtsmaßnahmen schuldhaft nicht getroffen wurden. Es ist durch ein geeignetes Kontrollsystem nachzuweisen, dass über die verschiedenen Hierarchiestufen hinweg jeweils eine ununterbrochene Überwachungskette besteht.

15.2 Risikomanagement

Zunehmend wird auch in der Wohnungswirtschaft die Verpflichtung zum Risikomanagement erkannt. Anlass dazu ist das KonTragG, das Gesetz zur Kontrolle und Transparenz im Unternehmensbereich 1998, Basel II und die Verpflichtung zur Sicherung des Fortbestands des Unternehmens bei schwierigen wirtschaftlichen Rahmenbedingungen.

Die Geschäftsführung wird explizit verpflichtet, ein Risikofrüherkennungssystem (RFS) einzurichten. Die Ableitung der Anforderungen an ein RFS hat dabei unter Beachtung betriebswirtschaftlicher Gesichtspunkte zu erfolgen. Das RFS muss alle Unternehmensbereiche berücksichtigen. Eine Beschränkung auf bestimmte Risikoarten (z. B. finanzielle Risiken) ist nicht zulässig. Zur Sicherstellung der dauerhaften, personenunabhängigen, unternehmensweiten und permanenten Funktionsfähigkeit ist das RFS angemessen zu organisieren und zu dokumentieren (Berichtswege und Abläufe). Es ist eindeutig zu definieren, wer in den jeweiligen Unternehmensbereichen die Hauptverantwortung für die Risikoidentifikation trägt. Die Geschäftsleitung muss zu jedem Zeitpunkt über eine aktuelle und vollständige Übersicht aller wesentlichen und bestandsgefährdenden Risiken verfügen[198].

Verpflichtend ist die Anwendung des KontTraG zunächst für die Vorstände von Aktiengesellschaften. Sie haben geeignete Maßnahmen zu treffen und insbesondere ein Überwachungssystem einzurichten, das es ermöglicht, den Fortbestand der die Gesellschaft gefährdenden Entwicklungen frühzeitig zu erkennen (vgl. § 91 Abs. 2 AktG, aufgenommen durch das KontTraG).

Aufgrund der sogenannten Ausstrahlungswirkung des § 91 Abs. 2 AktG müssen sich auch Geschäftsführer anderer Unternehmensformen mit der Einführung eines angemessenen Risikomanagements befassen, wenn zwei der nachfolgenden drei Kriterien erfüllt sind:[199]

- Mitarbeiterzahl größer 50
- Bilanzsumme größer 3,44 Mio. Euro
- Umsatz größer 6,87 Mio. Euro

Üblicherweise ist das Risikomanagement in den folgenden sieben Schritten zu definieren:
1. Identifizieren der Risiken
2. Bewerten der Risiken
3. Analysieren der Risiken
4. Kommunizieren mit »Risiken beobachten« und »über Risiken berichten«
5. Steuern der Risiken
6. Kontrollieren und Überwachen der Risiken
7. Dokumentieren im Risikohandbuch

---

198 Sproll, Risikomanagement – Ein Erfahrungsbericht aus der Praxis, 2007
199 Sproll, Risikomanagement – Ein Erfahrungsbericht aus der Praxis, 2007

In der Wohnungswirtschaft hat sich die »GEWOBA Gemeinnützige Wohn- und Baugesellschaft Potsdam mbH« intensiver mit dem Thema Risikomanagement auseinandergesetzt.[200] Das Konzept der GEWOBA für das Risikomanagementsystem beruht auf den drei Säulen

- internes Kontrollsystem,
- Controlling und
- Frühwarnsystem.

Um das Risikomanagement als Prozess zu unterstützen, wurde von der GEWOBA 2003 das IT-Tool »Risk Manager« des Hamburger Softwareanbieters Corporate Planning eingeführt. Es orientiert sich an den oben aufgeführten Ablaufschritten. Die Ebene »Risikozone« gliedert sich in ca. zehn Leistungsbereiche, wie z. B. Vermietung Eigenbestand, Vermietung Restitutionsbestand, Vertrieb, Betreuung, Bautätigkeit u. a., die dann weiter differenziert werden.

Die Überwachungspflichten sollten als eigene Ebene in einem solchen Risikomanagementsystem erfasst und berücksichtigt werden. Die Abläufe können analog angewendet werden. Nach Identifizierung eines Risikos (»Gefährdungspotenzial«) können auf jedes Risiko unterschiedliche Risikobewältigungsstrategien angewendet werden. Diese sind in einem Risikohandbuch zu dokumentieren.

Bei einem effektiven Risikomanagement sollten folgende Punkte beachtet werden:[201]

- Ein Risikomanagement muss dauerhaft in die bestehende Organisation eingebunden werden.
- Es gilt, Verantwortliche zu benennen, die sich intensiv und kontinuierlich mit den Unternehmensrisiken auseinandersetzen.
- Das Risikomanagement sollte direkt bei der Unternehmensleitung angebunden sein. Gleichzeitig ist aber zu gewährleisten, dass der gesamte Prozess rund um Risiken einen eigenen Bereich darstellt, dessen Verantwortliche bei der Risikoermittlung objektiv und ohne Interessenskonflikte Einsicht in die einzelnen Abläufe des Unternehmens erhalten.

Die Optimierung der Unternehmensabläufe ist nur möglich, wenn der Prozess des Risikomanagements turnusmäßig wiederholt wird, der Risikomanagementkreislauf also am Laufen gehalten wird.

---

200 Westphal/Wittwer in Kessler, Haftungsrisiken minimieren, 2004
201 Sproll, Risikomanagement – Ein Erfahrungsbericht aus der Praxis, 2007

Risikobewältigungsstrategien mit Beispielen aus den Überwachungspflichten der Wohnungswirtschaft			
1. Vermeiden	**2. Vermindern**	**3. Überwälzen**	**4. Selbst tragen**
personell technisch organisatorisch	personell technisch organisatorisch	spezialisierte Dienstleister (Dritte) Versicherung Vertragsklauseln	stichprobenartige Kontrollpflicht Selbstbehalte
Stilllegung überwachungsintensiver Anlagen, Ausbau nicht benötigter Trinkwasserfilter Sanierung bzw. Vermeidung z. B. von Leerstandsfolgen durch Stagnation des Trinkwassers in Bezug auf Kontamination des Trinkwassers mit Legionellen durch regelmäßiges Spülen der Trinkwasserleitungen durch Öffnen der Entnahmeventile	Sicherheitsbegehungen, Kontrollen, rechtliche Exkulpation durch Dokumentation, selbsttätige Sicherheitseinrichtungen Fehlerstromschutzschalter, Gasströmungssicherungen gegen Manipulationen, Rauchwarnmelder	E-Check Gas-Check Dachrinnenreinigung Dachinspektion Winterdienst Baumkontrolle Standsicherheit	stichprobenartige Kontrollpflicht
		Gebäudehaftpflichtversicherung, Gebäudeversicherung, Sachversicherungen, Betriebshaftpflichtversicherung, Organhaftpflichtversicherung/ D&O-Versicherung Geschäftsführung	Selbstbehalte bei Versicherungen
			akzeptierte Risiken
			Restrisiko
			nicht identifizierte Risiken

15.3 Organisationsverschulden

15.3.1 Organisationsanweisungen und Kontrolle

In einem Betrieb oder (öffentlichen) Unternehmen obliegt der Leitungsebene ein hohes Maß an strategischer Verantwortung. Die Interessen des Unternehmens oder Betriebes sind zu wahren. Dazu gehört, dass die Geschäftsführung, die Behördenleitung oder die Vorstandsebene den an sie gerichteten Organisationspflichten genügen, indem sie eine auf Schadensprävention und Risikomanagement angelegte Complianceorganisation vorhalten. Die Einhaltung der rechtsstaatlichen Anforderungen an die gesetztestreue Verhaltensweise gehört zur Gesamtverantwortung des Vorstands/der Geschäfts- oder Behördenleitung und wird in der Existenz eines funktionierenden Compliance-Systems abgebildet.[202]

Organisation des Geschäftsbetriebs

Die Geschäftsführung oder Behördenleitung trifft Entscheidungen und hat diese zu verantworten. Gesetzliche Vorgabe ist hierbei, dass durch die Errichtung eines Organisationssystems und dessen Einhaltung Verstöße gegen Pflichten vermieden oder zumindest so wesentlich erschwert werden, dass diese keine nennenswerten Fallzahlen erreichen. Das heißt für die Geschäftsführung oder Behördenleitung, dass der Betrieb oder das Unternehmen so zu organisieren sind, dass sämtliche Anforderungen aus

- den Gesetzen,
- den bestehenden Verträgen,
- der fallrelevanten Rechtsprechung und
- nach dem Stand der Technik

erfüllt werden.

Geschäftsführer/Behördenleitung als Normadressat

Der Geschäftsführer/Behördenleiter ist als personalisierter Inhaber rechtlich dafür verantwortlich, dass die an den Betrieb oder das Unternehmen gerichteten Anforderungen erfüllt werden. Wer für die Einhaltung der Compliance-Vorgaben im Rahmen der hierarchischen Strukturen verantwortlich zeichnet, schuldet dem Betrieb oder Unternehmen in garantengleicher Verantwortung die Erfüllung des rechtmäßigen Handelns des Unternehmens.

Aufbaustruktur und Ablaufprozesse

Bei der horizontalen Delegation der unternehmerischen Verantwortung bezieht sich die Pflichtenübertragung auf einzelne Ressorts innerhalb des Geschäfts-

---

202 LG München I, Urteil v. 10.12.2013, AZ 5HKO1387/10

führungsgremiums oder der jeweiligen Behördenebene. Sind im Entscheidungs-gremium mehrere Entscheidungsträger gleichberechtigt, gilt für sie der Grund-satz der umfassenden Verantwortung – also der Gesamtverantwortung für alle Regelungsbereiche im Unternehmen oder in der Behörde.

Bei der vertikalen Delegation wird im Rahmen der hierarchischen Strukturen auf die nächstfolgende Ebene und dort auf einzelne Mitarbeiter eine Teilbereichsver-antwortung übertragen. Die Pflichtenübertragung ist aber nur dann haftungs-mindernd oder haftungsbefreiend, wenn die Delegation an sachgerecht ausge-wählte, fachkundig unterwiesene und entsprechend beauftragte Mitarbeiter in überschneidungsfreier Weise erfolgt. Zur Übertragung der originär der Unterneh-mensleitung obliegenden Pflichten bedarf es auch der Gewährleistung, dass die für die Pflichterfüllung nötigen Mittel bereitstehen. Die Erfüllung der Aufgaben ist durch die Geschäftsführung in geeigneter Weise zu überwachen.

Überwachungspflicht

Die haftungsrechtliche Verantwortung der Unternehmens- oder Behördenleitung geht davon aus, dass der Inhaber in einem Schadensfall nicht wegen Verfehlun-gen seiner Mitarbeiter bestraft wird. Macht der nachgeordnete Mitarbeiter einen Fehler, dann ist zunächst dieser dafür verantwortlich. Wurde dieser Fehler aber deshalb begangen, weil es an betriebsbezogenen Geboten oder Verboten man-gelt oder an der Kontrolle der Einhaltung derselben, dann muss sich die Unterneh-mens- und Behördenleitung rechtlich vorwerfen lassen, dass die erforderlichen Aufsichtsmaßnahmen schuldhaft nicht getroffen wurden. Es ist durch ein geeig-netes Kontrollsystem nachzuweisen, dass über die verschiedenen Hierarchiestu-fen hinweg jeweils eine ununterbrochene Überwachungskette besteht.

15.3.2 Arbeitschutzrechtliche Präventionsregeln

Die arbeitsschutzrechtlichen Präventionsregeln sind für alle gewerblichen und öffentlichen Bauten zu beachten, sowie in der Wohnungswirtschaft für alle Räume, die ständig von Beschäftigten der Wohnungswirtschaft benutzt wer-den (z. B. ständige Hauswartbüros, Mieterberatungsstellen, Betriebshöfe u. Ä.). Dies betrifft z. B. das Vorhalten von Feuerlöschern in Hauswartbüros.

Unfallverhütungsvorschrift DGUV A1: § 2, Grundpflichten des Unternehmers[203]

Der Unternehmer hat die erforderlichen Maßnahmen zur Verhütung von Arbeitsunfällen, Berufskrankheiten und arbeitsbedingten Gesundheitsgefahren sowie für eine wirksame Erste Hilfe zu treffen. Die zu treffenden Maßnahmen sind insbesondere in staatlichen Arbeitsschutzvorschriften (Anlage 1), dieser Unfallverhütungsvorschrift und in weiteren Unfallverhütungsvorschriften näher bestimmt.

Abb. 15.1: Titel der Unfallverhütungsvorschrift Grundsätze der Prävention[204]

Unfallverhütungsvorschrift DGUV A1: § 3, Beurteilung der Arbeitsbedingungen, Dokumentation, Auskunftspflichten

(1) Der Unternehmer hat durch eine Beurteilung der für die Versicherten mit ihrer Arbeit verbundenen Gefährdungen entsprechend § 5 Abs. 2 und 3 Arbeitsschutzgesetz zu ermitteln, welche Maßnahmen nach § 2 Abs. 1 erforderlich sind.
(2) ...
(3) Der Unternehmer hat entsprechend § 6 Abs. 1 Arbeitsschutzgesetz das Ergebnis der Gefährdungsbeurteilung nach Absatz 1, die von ihm festgelegten Maßnahmen und das Ergebnis ihrer Überprüfung zu dokumentieren.

Unfallverhütungsvorschrift DGUV A1: § 4, Unterweisung der Versicherten

(1) Der Unternehmer hat die Versicherten über Sicherheit und Gesundheitsschutz bei der Arbeit, insbesondere über die mit ihrer Arbeit verbundenen Gefährdungen und die Maßnahmen zu ihrer Verhütung, entsprechend § 12 Abs. 1 Arbeitsschutzgesetz sowie bei einer Arbeitnehmerüberlassung entsprechend § 12 Abs. 2 Arbeitsschutzgesetz, zu unterweisen; die Unterweisung muss erforderlichenfalls wiederholt werden, mindestens aber einmal jährlich erfolgen; sie muss dokumentiert werden.[205]

---

203 DGUV A1, Unfallverhütungsvorschrift „Grundsätze der Prävention" (DGUV Vorschrift 1), 2014
204 HVBG
205 DGUV A1

Die Schulungen und Unterweisungen der Beschäftigten der Wohnungswirtschaft zu den Überwachungspflichten der Wohnungsunternehmen sollten sich an den Grundsätzen der Prävention im arbeitsschutzrechtlichen Sinne orientieren, sofern nicht besondere Regeln der Fortbildung z. B. nach der Betriebssicherheitsverordnung vorliegen.

15.4 Organisation der Betreiberpflichten nach GEFMA 190

Für den gewerblichen und öffentlichen Bereich hat der Deutsche Verband für Facility Management (GEFMA e. V.) die GEFMA Richtlinie 190 »Betreiberverantwortung im Facility Management« veröffentlicht. Auf Wohngebäude wird der Begriff des Betreibens nicht angewandt, allerdings gibt es systematische Analogien der Herangehensweise, insbesondere was die Aufbauorganisation betrifft.

Der Bericht über die Überwachungspflichten sollte analog der GEFMA Richtlinie 190 und einem Risikomanagement nach KonTragG direkt bei der Unternehmensleitung angesiedelt sein.

Betreiberpflichten nach GEFMA 190 Teil			
	persönliche Betreiberpflichten		
	Organisationspflichten der Unternehmensleitung	Führungspflichten der Führungskräfte	Durchführungspflichten der Beschäftigten
Aufbau-organisation	**... festlegen** Durch die Festlegung einer lückenlosen und in sich widerspruchsfreien Aufgabenverteilung und Vertretungsregelung hat die Unternehmensleitung sicherzustellen, dass es weder Zuständigkeitslücken noch blockierende Kompetenzüberschneidungen gibt.		
geeignete Führungskräfte	**... einsetzen** Die Unternehmensleitung darf nur fachlich qualifizierte und geeignete Führungskräfte für die Erfüllung weiterer Pflichten einsetzen. Die Pflichtenübertragung ist ggf. gesondert zu regeln. Die Wahrnehmung ist zu überwachen.		

Betreiberpflichten nach GEFMA 190 Teil			
	persönliche Betreiberpflichten		
	Organisationspflichten der Unternehmensleitung	Führungspflichten der Führungskräfte	Durchführungs-pflichten der Beschäftigten
Betriebsbe-auftragte / Koordinatoren	**... bestellen** Sofern die entsprechenden betrieblichen Voraussetzungen vorliegen, hat die Unterneh-mensleitung Betriebsbeauftragte bzw. Koordinatoren zu bestellen bzw. entsprechend qualifizierte Fremdfirmen zu beauftragen.		
Gefährdungs-beurteilung	**... veranlassen** Es obliegt der Unternehmenslei-tung, eine regelmäßig wieder-holte Beurteilung der Gefährdun-gen im Gebäude zu veranlassen.	**... durchführen** Gefährdungen sind zu beurtei-len; entsprechende Schutzmaß-nahmen sind zu ergreifen bzw. zu veranlassen. Die Ergebnisse der Gefährdungsbeurteilungen sind zu dokumentieren und aufzubewahren.	
gesetzliche Prüfungen	**... sicherstellen** Die Unternehmensleitung hat dafür Sorge zu tragen, dass die gesetzlich vorgeschriebenen Prüfungen durchgeführt und er-kannte Mängel behoben werden.	**... organisieren** Die gesetzlich vorgeschriebenen Prüfungen durch zugelassene Überwachungsstellen (früher: Sachverständige) und befähigte Personen (früher: Sachkundige) sind zu organisieren, durchzu-führen und zu dokumentieren.	
geeignete Beschäftigte oder Dienst-leister	**... auswählen** Die Unternehmensleitung hat durch Auswahl und Einstellung von Arbeitnehmern oder durch Beauftragung von Fremdfirmen dafür Sorge zu tragen, dass für die zu erbringenden Leistungen ausreichend fachlich qualifizierte und geeignete Personen zur Verfügung stehen.	**... einsetzen** Soweit ihnen geeignete Per-sonen zur Verfügung stehen, haben die Führungskräfte sie entsprechend ihrer Qualifikation einzusetzen. Stehen ihnen geeignete Perso-nen nicht zur Verfügung, dürfen sie Arbeiten im Zweifelsfall nicht durchführen lassen.	

Betreiberpflichten nach GEFMA 190 Teil 2			
	Persönliche Betreiberpflichten		
	Organisationspflichten der Unternehmensleitung	**Führungspflichten der Führungskräfte**	**Durchführungspflichten der Beschäftigten**
geeignete Beschäftigte oder Dienstleister	**… auswählen** Die Unternehmensleitung hat durch Auswahl und Einstellung von Arbeitnehmern oder durch Beauftragung von Fremdfirmen dafür Sorge zu tragen, dass für die zu erbringenden Leistungen ausreichend fachlich qualifizierte und geeignete Personen zur Verfügung stehen.	**… einsetzen** Soweit ihnen geeignete Personen zur Verfügung stehen, haben die Führungskräfte sie entsprechend ihrer Qualifikation einzusetzen. Stehen ihnen geeignete Personen nicht zur Verfügung, dürfen sie Arbeiten im Zweifelsfall nicht durchführen lassen.	
Ablauforganisation (Arbeitsabläufe)	**… veranlassen** Es obliegt der Unternehmensleitung, eine regelmäßig wiederholte Beurteilung der Gefährdungen im Gebäude zu veranlassen.	**… überwachen** Die ordnungsgemäße Durchführung sämtlicher Arbeiten unter Einhaltung der Vorgaben und festgelegten Abläufe ist zu überwachen.	**… einhalten** Die durch die Unternehmensleitung festgelegten Arbeitsabläufe sind einzuhalten, sofern hierdurch keine Konflikte mit öffentlich-rechtlichen Bestimmungen entstehen. Etwaig auftretende Gefahren für die Sicherheit und Gesundheit oder Defekte an Schutzsystemen sind zu melden oder (sofern möglich) zu beseitigen.
An-/Ein-/Unterweisungen	**… sicherstellen** Die Unternehmensleitung hat dafür Sorge zu tragen, dass die gesetzlich vorgeschriebenen Prüfungen durchgeführt und erkannte Mängel behoben werden.	**… erteilen** Die Führungskräfte haben den Beschäftigten (Arbeitnehmern oder Fremdfirmen) die Anweisungen, Ein- bzw. Unterweisungen zu erteilen, damit sie Gefahren erkennen und vermeiden können. Hierzu gehören Hinweise auf mögliche Gefährdungen bei der Durchführung sowie Anleitung zur sachgerechten Arbeit, z. B. mittels Arbeitsanweisungen.	**… befolgen** Beschäftigte sind verpflichtet, Anweisungen ihrer Vorgesetzten zu befolgen, sofern dies nicht gegen höherrangige Bestimmungen verstößt. Bei Widersprüchen haben gesetzliche Vorschriften Vorrang gegenüber dienstlichen Anweisungen, d. h. sicherheitswidrige Weisungen dürfen nicht befolgt werden.

Betreiberpflichten nach GEFMA 190 Teil 2			
	Persönliche Betreiberpflichten		
	Organisationspflichten der Unternehmensleitung	**Führungspflichten der Führungskräfte**	**Durchführungspflichten der Beschäftigten**
geeignete Arbeitsmittel	**... auswählen** Die Unternehmensleitung hat durch Auswahl und Einstellung von Arbeitnehmern oder durch Beauftragung von Fremdfirmen dafür Sorge zu tragen, dass für die zu erbringenden Leistungen ausreichend fachlich qualifizierte und geeignete Personen zur Verfügung stehen.	**... bereitstellen** Die Führungskräfte haben dafür zu sorgen, dass die für die Durchführung der Arbeiten geeigneten Arbeitsmittel auch bereitgestellt sind.	**... benutzen** Die bereitgestellten und vorgesehenen Arbeitsmittel (z. B. die persönliche Schutzausrüstung) sind bestimmungsgemäß zu benutzen. Einrichtungen und Arbeitsstoffe dürfen nicht unbefugt benutzt werden; Einrichtungen dürfen nicht unbefugt betreten werden.
sonstige Pflichten	▪ Sicherstellung der Ersten Hilfe ▪ arbeitsmedizinische Vorsorge ▪ Erfassen und Anzeigen von Unfällen ▪ Durchführen von Instandhaltungen		Unterstützung der Ersten Hilfe

Im öffentlichen Bereich ist der Aufbau ähnlich organisiert. So nehmen z. B. in der Kommune der Stadt Braunschweig die über 100 Hausmeister und Hauswarte in den Schulen im Rahmen ihrer täglichen Arbeit Sichtkontrollen für den nicht-technischen Bereich vor und dokumentieren dies in einem jährlich vorzulegenden Erfassungsbogen. Die verantwortlichen Hochbautechniker der einzelnen Liegenschaften nehmen dazu die Fachaufsicht wahr und dokumentieren die Sicherheitsbegehungen in einer zentralen Datenbank, in der dann weitere Analysen durchgeführt werden können. Mindestens alle zwei Jahre werden Standsicherheitsbegehungen nach den Empfehlungen der ARGEBAU 2006 und zusätzliche Untersuchungen von exponierten Tragwerken und Bauteilen durchgeführt. 2007 wurde deshalb die Braunschweiger Eissporthalle aus Sicherheitsgründen geschlossen, da Mängel am Holztragwerk festgestellt wurden. Eine Schließung war ohnehin beabsichtigt, wurde dann aber vorgezogen.

Mit der Novellierung der DIN EN ISO 9001 im Jahre 2000 und durch die Fragen rund um die Betreiberverantwortung (thematisiert in GEFMA 190:2004) wurde unter der Federführung der GEFMA mit den Partnern TIS (TÜV Rheinland Industrie Service) und dem Nürnberger Beratungsunternehmen Rödl & Partner das dreistufige Qualitätsprogramm »FM-Excellence« entwickelt. Im Rahmen dieses Qualitätssicherungsprogramms ist es seit März 2008 für Facility-Management-Unternehmen möglich, durch ein TÜV-Zertifikat eine sichere Betriebsorganisation nachzuweisen. Zertifizierten Unternehmen in diesem Qualitätssicherungsprogramm (Zertifizierung nach den Standards GEFMA 710, 720 oder 730) wird von einer Makler-Assekuranz eine maßgeschneiderte Versicherungspolice angeboten, die die typischen Haftungsrisiken im Facility Management überschneidungsfrei decken soll. Durch ein Bonussystem sollen sich die Kosten einer Zertifizierung durch Prämienersparnis zu einem großen Teil refinanzieren.

In der Wohnungswirtschaft ist eine Reduzierung der Prämien z. B. auch durch den Einbau von Rauchwarnmeldern möglich. Im Industrieversicherungsbereich ist es üblich, dass bestimmte Risiken erst versicherbar sind, wenn definierte Sicherheitsorganisationen (d. h. eine geregelte Aufbau- und Ablauforganisation der Sicherheitsvorkehrungen) eingehalten werden.

Basis-Check Verkehrssicherungspflichten Immobilien[206]

Check Aufbauorganisation in Anlehnung an GEFMA 190
- Lückenlose und widerspruchsfreie Aufgabenverteilung
- Vertretungsregelung
- keine Zuständigkeitslücken und keine Kompetenzüberschneidungen
- Regelungen durch Organisationsverfügungen, Organigramm

Check Ablauforganisation in Anlehnung an GEFMA 190
- Arbeitsabläufe Überwachung und Einhaltung/Gefährdungsbeurteilung
- An-/Ein-/Unterweisungen/Dienstanweisungen/Betriebsanweisungen
- Qualifizierung /Qualifikation Mitarbeiter
- Arbeitsmittel/EDV-Hilfsmittel
- Dokumentation/EDV-Hilfsmittel

Check Delegationsorganisation in Anlehnung an GEFMA 310
- Auswahl (Selektion) Fremdfirmen
- Planen, Vertragsregelungen
- Durchführen, Einweisung Fremdfirmen
- Überprüfen, stichprobenartige Kontrolle
- Korrigieren, Rückkopplung, Verbesserung

Arbeitsplan/Resümee/To do

---

206 Damm, Hans-Thomas, Aufbau Basis-Check Verkehrssicherungspflichten mit iMBFW-Institut e.V, Berlin als Beratungsleistung

15.5 Aufbau der Organisation der Überwachungspflichten in der Wohnungswirtschaft – Beispiele

Wohnungsunternehmen in Form einer AG oder einer Genossenschaft werden durch den Vorstand, in Form einer GmbH durch einen bzw. mehrere Geschäftsführer vertreten. Da es für den Vorstand oder Geschäftsführer unmöglich ist, alle Aufgaben der Gesellschaft selbst zu erfüllen, werden bestimmten Mitarbeitern durch Satzung oder eine allgemeine Betriebsregelung und Handhabung gewisse Aufgaben zur selbstständigen, eigenverantwortlichen Erfüllung zugewiesen. Mit der Erfüllung der hier untersuchten Verkehrssicherungspflichten wird wiederum eine Person »vor Ort«, in der Regel ein Hauswart oder ein Hausverwalter beauftragt.

Nach der Rechtsprechung ist eine solche Delegation von Verkehrssicherungspflichten unstreitig möglich.[207] Voraussetzung dafür ist, dass »die Delegation der Pflichten eindeutig und nachweisbar ist«[208].

Zusätzlich hat der Gebäudeeigentümer die Einhaltung der übertragenen Pflichten zu überwachen. Dabei ist zu berücksichtigen, dass der Eigentümer grundsätzlich neben demjenigen, dem die Sicherungspflicht übertragen wurde, haftbar bleibt.[209] In ständiger Rechtsprechung wird davon ausgegangen, dass sich die ursprüngliche Pflicht in eine Kontroll- oder Überwachungspflicht umwandelt.[210]

Der Aufbau ist in der Wohnungswirtschaft teilweise sehr unterschiedlich. Folgende gemeinsame Gegebenheiten sind jedoch in der Regel auszumachen:

- Die Überwachungspflichten werden in unmittelbarer Zuordnung zur Unternehmensleitung koordiniert.
- Aufbauorganisation und verantwortliche Abteilungen werden durch die Unternehmensleitungen in einer entsprechenden Verfügung mit Begründung und Hinweis auf die gesetzliche Verkehrssicherungspflicht festgelegt.
- In der Regel sind die Hauswarte, (bau-)technischen Abteilungen (Wartung) und externe Dienstleister eingebunden.
- In Arbeitsanweisungen werden die zuständigen Personen, deren Qualifikation und die Inspektionsintervalle sowie die Ablage und Aufbewahrungsfrist geregelt.
- Die Umsetzung wird stichprobenartig durch Führungskräfte kontrolliert.

---

207 BGH, Urteil v. 26.11.1974, VI ZR 164/73, VersR 1975, 329; BGH, Urteil v. 17.1.1989, VI ZR 186/88, VersR 1989, 526
208 Hanke, Lenz, VSW, 1997
209 BGH ZMR 1962, S. 172
210 OLG Hamm, Urteil v. 28.11.1986, 9 U 263/81, NJW 1988, 496; OLG Gelle, Urteil v. 14.12.1988, 9 U 47/87, VersR 1990, 169; vgl. Hanke, Lenz, VSW, 1997; vgl. IFB, Damm F 817

- Die Unternehmensleitung erhält zusammenfassende Berichte
- Ein Notfallplan für Krisensituationen (Gebäudebrand, Wasserschaden, Gasexplosion, Überflutung u. Ä.) sollte vorliegen.

Eine typische Arbeitsanweisung zu den Überwachungspflichten sollte folgende Elemente enthalten:

Typische Elemente einer Arbeitsanweisung zur Überwachung der Verkehrssicherungspflichten

- Beschreibung der Grundlagen
- Definition der Aufgaben und Zuordnung
- Inspektionsintervalle
- Arbeitsplatzbeschreibung und ggf. Zeitkontingente
- Qualifikation und Weiterbildung der Mitarbeiter
- Zuweisung der notwendigen Kompetenzen
- Festlegung von Ausführungs- und Kontrollebenen
- Einordnung in die Aufbauorganisation
- Zuständigkeit für die Koordination der Aufgaben und deren Kontrollen
- Anweisungen zur (gerichtsfesten) Protokollierung der Sicherheitsbegehungen
- Verhalten im Schadens- und Notfall
- Ablage und Dokumentation
- Wiedervorlagetermin der Arbeitsanweisung bei der Unternehmensleitung (ca. nach drei Jahren), um ggf. veränderten normativen Gegebenheiten Rechnung zu tragen

16 Organisation der Betreiberverantwortung in der Kommune

16.1 Aufbauorganisation

> **LG Coburg – Zu den Verkehrssicherungspflichten in Schulgebäuden oder: in der Penne gestürzt** ❗
>
> Für den späteren Kläger war es sozusagen wieder der erste Schultag. Diesmal kam er aber nicht als Abc-Schütze, sondern als Lieferant von Pausenverpflegung. Als er mehrere volle Kartons in den Keller der Schule trug, geschah das Unglück: Am unteren Ende der PVC-beschichteten Kellertreppe kam er zu Fall und brach sich das rechte Sprunggelenk und das Wadenbein. Der Kläger gab dem Schulbetreiber die Schuld, sei dieser doch seinen Verkehrssicherungspflichten nicht nachgekommen. Nachdem die Richter des Landgerichts Coburg die Unfallstelle besichtigt und Zeugen vernommen hatten, gaben sie dem beklagten Schulbetreiber Recht. Zwar müsse er dafür sorgen, dass im Schulgebäude der Publikumsverkehr ohne Gesundheitsgefahr ablaufen könne. Doch gegen diese Pflicht habe der Beklagte nicht verstoßen.[211]

Durch eine sichere Organisation der Betreiberpflichten kann sich die Kommune als Schulträger und Immobilienbewirtschafter entlasten.

Haftungsgrundlagen der Verkehrssicherungspflichten (VSP) im öffentlichen Bereich

In Regel gilt im öffentlichen Bereich die Fiskalhaftung nach § 823 BGB mit der Möglichkeit des persönlichen Durchgriffs auf den Verantwortlichen. Im Bereich der hoheitlichen Aufgabe gilt die Amtshaftpflicht und hier das Prinzip der Innenhaftung für den Verantwortlichen. Der Anspruch richtet sich nicht unmittelbar gegen den Verantwortlichen. Eine hoheitliche Aufgabe wird geregelt durch eine gesetzliche Grundlage. Dies können z. B. auch Benutzungsordnungen, die als Kommunalsatzung für öffentliche Gebäude, Sporthallen, Schwimmbäder oder Ähnliches erlassen worden sind.

---

211 PM 13.3.2006; Urteil des Landgerichts Coburg vom 28.9.2005, Az: 21 O 795/02; rechtskräftig

Aufgrund des § 4 der Gemeindeordnung für Schleswig-Holstein vom 28. Februar 2003 in der derzeit geltenden Fassung und der §§ 1, 4 und 6 des Kommunalabgabengesetzes des Landes Schleswig-Holstein (KAG) vom 10. Januar 2005 wird nach Beschlussfassung durch die Ratsversammlung der Stadt Itzehoe vom 12. Juli 2007 folgende Satzung erlassen:

§ 1
Allgemeines

(1) Die Schulräume, Turn- und Sporthallen der städt. Schulen sowie die städt. Freisportanlagen stehen zur Verfügung:

    a) den städt. Schulen der Stadt Itzehoe für den allgemeinen Unterricht, den Sportunterricht und für Schulveranstaltungen

    und

    b) auf Antrag den nicht städt. Schulen in Itzehoe, den Sportvereinen, Verbänden und sonstigen Gruppen aus dem Stadtbereich und den Umlandgemeinden für sportliche, kulturelle und sonstige im öffentlichen Interesse liegende Veranstaltungen, sofern diese dem Charakter der Räume entsprechen und dadurch schulische und sonstige öffentliche Belange nicht beeinträchtigt werden; Belange der städt. Schulen und ortsansässigen Vereine haben Vorrang.

(2) Den städt. Schulen stehen die Hallen und Räume sowie Freisportanlagen an jedem Werktag vormittags und außerdem auch nachmittags lt. Anforderung der Schulleitung zur Verfügung. Die Benutzungszeiten werden in einem Zeitplan festgelegt.

Abb. 16.1: Haftungsgrundlagen: Beispiel Benutzungssatzung Stadt Itzehoe

Rechtsgrundlage: persönliche Haftung und Anspruchsgrundlagen[212]

VSP als hoheitliche Aufgabe z.B. §§ 10 Abs. 1, 52 NStrG, Straßen und Wege, Art. 34 GG in Ausübung eines öffentlichen Amtes	Hoheitlich, Zugangs- und Benutzungs- möglichkeiten durch Rechtsinstitut des öffentlichen Rechts geregelt (Benutzungssatzung Sporthallen)	Innenhaftung, aber Regreß bei Vorsatz und grober Fahrlässigkeit
Fiskalverwaltung, VSP grundsätzlich privatrechtlicher Natur	Haftung für rechtswidriges oder schuldhaftes Verhalten	Außenhaftung, persönliches Haftungsrisiko, Schadenersatz

Abb. 16.2: Rechtsgrundlage persönliche Haftung und Anspruchsgrundlagen

In einer kommunalen Organisation der Verkehrssicherungspflichten ist die gesicherte Organisation der Verkehrssicherungspflichten mit den Geschäftsprozessen abzubilden und darzustellen. Ziel ist die nachweisbare Entschuldung (Exkulpation) durch ein skalierbares Nachweissystem auf den verschiedenen Ebenen. Es ist nachzuweisen, dass alle vorgeschriebenen Regeln gesichert und fachkundig erfüllt und alle möglichen und zumutbaren Maßnahmen ergriffen worden sind sowie dass ein erfolgter Schaden ohnehin eingetreten wäre. Eine gesicherte Organisation zur Vermeidung eines Organisationsverschulden nach BGH NJW 1968, 247 ist nachzuweisen:

---

212 RA Dr. Georg Krafft, Seminar BS, 10.02.2011

»Organisationsverschulden ist die Grundlage der Haftung von Unternehmern, wenn aufgrund eines Fehlers im Organisationsbereich des Unternehmers jemand zu Schaden gekommen ist. Das Organisationsverschulden beruht nach heutiger Meinung auf einer Verkehrspflicht des Unternehmers, seinen Betrieb so zu organisieren, dass die notwendige Anleitung und Überwachung aller Betriebsangehörigen gewährleistet ist.«[213]

Daneben steht die gesicherte Organisation des Arbeits- und Gesundheitsschutzes entsprechend dem Arbeitsschutzgesetz. Hier sind insbesondere die Nachvollziehbarkeit und Vollständigkeit der schriftlichen Bestellungen in den einzelnen Bereichen hervorzuheben.

Typische Akteure im kommunalen Immobilienbereich sind z. B.
- Objektmanagement
  - Objektleitung allgemeiner Grundbesitz
  - Objektleitung Schulen
  - Objektleitung Kultur, Soziales und Jugend
  - Objektleitung Verwaltungsgebäude, Vertragsabwicklung
  - Hausverwaltung Rathaus
- Technisches Gebäudemanagement
  - Hochbau
  - Technische Gebäudeausrüstung
- Projektmanagement
  - Projektcontrolling
  - Projektleitung

In der Aufbauorganisation sind eine Zuweisung zu den verschiedenen Sachgebieten in Anlehnung an die Kostengruppen nach der DIN 276 und die steuerlichen Abgrenzungsvorschriften zwischen Gebäude und Betriebsvorrichtungen notwendig sowie die Entwicklung einer Geschäftsordnung zur gesicherten Wahrnehmung der Verkehrssicherungspflichten und Betreiberpflichten.

Aufgabe der sicheren Aufbauorganisation soll sein:
- eine lückenlose und widerspruchsfreie Aufgabenverteilung
- gesicherte Vertretungsregelung
- keine Zuständigkeitslücken und keine Kompetenzüberschneidungen
- gesicherte Regelungen durch Organisationsverfügungen, Organigramm

---

213 BGH NJW 1968, 247

- zusammenfassende Berichte an die Leitung
- Vorliegen eines Notfallplans für Krisensituationen (Gebäudebrand, Wasserschaden, Gasexplosion, Überflutung u. Ä.)

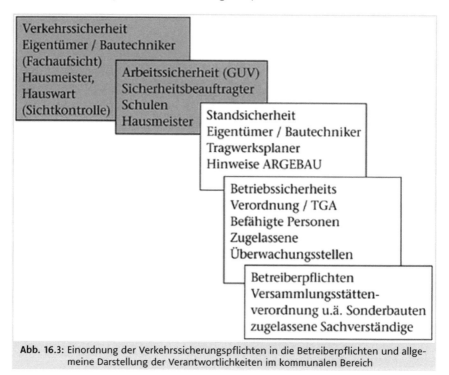

Abb. 16.3: Einordnung der Verkehrssicherungspflichten in die Betreiberpflichten und allgemeine Darstellung der Verantwortlichkeiten im kommunalen Bereich

In der Kommune ist insbesondere eine Schnittstellenklärung im Schulbereich erforderlich.

Nutzungsspezifische Anlagen in Schulen

Die Vorstrukturierung der Schnittstellen lehnt sich dabei an den »Gleichlautenden Erlass der obersten Finanzbehörden der Länder zur Abgrenzung des Grundvermögens von den Betriebsvorrichtungen vom 15. März 2006« an (FMK Erlass 2006). Die Verantwortung für die Arbeitssicherheit von Betriebsvorrichtungen (in Analogie zu den nutzungsspezifischen Anlagen und Ausstattungen nach DIN 276) liegt in der Regel bei der nutzenden Einheit, hier Fachbereich Schule.

Die Budgetverantwortung für das Gebäude (Grundvermögen) liegt in der Regel bei der das Grundvermögen verwaltenden Immobilienwirtschaft.

Zur Abgrenzung der nutzungsspezifischen Betriebsvorrichtung von der Gebäudehülle wird entsprechend dem Erlass gefragt: Funktioniert das Gebäude auch ohne die entsprechende Anlage (Betriebsvorrichtung) oder ist die Anlage unverzichtbarer Gebäudebestandteil zur Gebrauchsfähigkeit des Gebäudes?

Richtlinien zur Sicherheit im Unterricht (RISU-NRW)

Seit 2007 sind die Richtlinien zur Sicherheit im Unterricht an allgemeinbildenden Schulen in NRW (RISU-NRW) gültig, die die Grundlage für den sachgerechten Umgang mit Geräten und Stoffen bilden. In den RISU[214] ist festgelegt: »Im Bereich der inneren Schulangelegenheiten liegt die Verantwortlichkeit für den Arbeitsschutz nach §13 Abs. 1 Nr. 4 Arbeitsschutzgesetz (ArbSchG) bei den Schulleiterinnen und Schulleitern der Schulen (§ 59 SchG – BASS 1-1).«

Zu dieser Verantwortung gehört auch, die in der Schule tätigen Personen, die sich in der Schule aufhalten, vor entsprechenden Gefährdungen zu schützen.

Weitere Definitionen siehe dazu auch in der GUV-Information GUV-SI 8064 »Sicherheit in der Schule, Aufgaben der Schulleiterinnen und Schulleiter, Sicherheitsbeauftragten und Lehrkräfte«.

»Für die sichere Gestaltung und Unterhaltung der Schulgebäude, der Einrichtungen sowie der Lern- und Lehrmittel (äußerer Schulbereich) ist der Sachkostenträger (Schulträger) verantwortlich. Er ist ebenfalls für die arbeitsmedizinische und sicherheitstechnische Betreuung des nichtpädagogischen Personals zuständig.«[215] Der Sachkostenträger bestellt den Sicherheitsbeauftragten nach GUV für den äußeren Schulbereich.

»Die Schulleiterin und der Schulleiter sind für die sicherheits- und gesundheitsförderliche Organisation und Durchführung aller schulischen Veranstaltungen und Maßnahmen (innerer Schulbereich) verantwortlich.«[216] Der Schulleiter bestellt die Sicherheitsbeauftragten für den inneren Schulbereich.

In Nordrhein- Westfalen ist z. B. mit Wirkung vom 1.2.2000 für Lehrer ein betriebsärztlicher und sicherheitstechnischer Dienst eingeführt worden. Er nennt sich »Berufsgenossenschaftlicher und arbeitsmedizinischer Dienst (BAD)« und hat die Aufgabe, Lehrer oder Schulleiter zu beraten, wie der »Arbeitsplatz Schule« besser gestaltet werden kann. Es gibt für jeden Regierungsbezirk Stützpunkte mit Arbeitsmedizinern und Sicherheitstechnikern. Das Koordinationszentrum befindet sich in Düsseldorf:

---

214 Richtlinien zur Sicherheit im Unterricht an allgemeinbildenden Schulen in NRW (RISU-NRW)
215 GUV-SI 8064
216 GUV-SI 8064

BAD Gesundheitsvorsorge und Sicherheitstechnik GmbH
Zentrum Düsseldorf
Flughafen Halle 4
40474 Düsseldorf
Telefon: 0211-907070
Telefax: 0211-9070740
Hotline: 0228/40072-21
www.bad-gmbh.de
E-Mail: bad-808@bad-gmbh.de[217]

Weitere Informationen sind auf dem Internetportal der Unfallkasse Nordrhein-Westfalen, 40470 Düsseldorf, www.sichere-Schule.de zu finden.

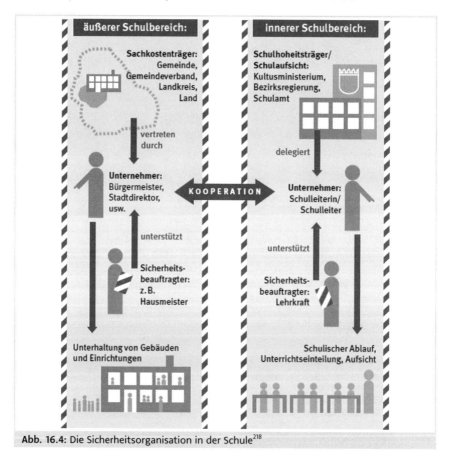

Abb. 16.4: Die Sicherheitsorganisation in der Schule[218]

---

217 www.tresselt.de/arbeitsschutz.htm
218 GUV-SI 8064

In Niedersachsen wurde ein beratender Dienst bei der Niedersächsischen Landesschulbehörde eingerichtet. Dort ist jeder Schule eine Fachkraft für Arbeitssicherheit zugeordnet.

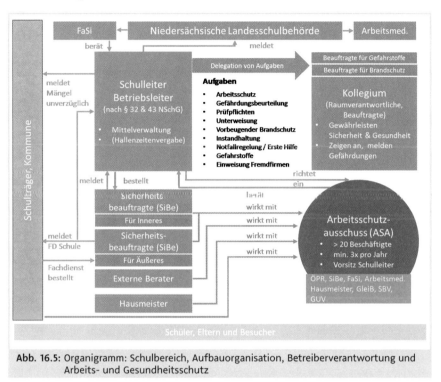

Abb. 16.5: Organigramm: Schulbereich, Aufbauorganisation, Betreiberverantwortung und Arbeits- und Gesundheitsschutz

Beispielhaft werden hier ausgewählte Aufgabenbeschreibungen im Bereich Kommune und Schule dargestellt.

Aufgabenbeschreibungen im Bereich Kommune und Schule

Kommunaler Hauptverwaltungsbeamter (Oberbürgermeister/Landrat)

Verantwortungsbereich	<ul><li>Betriebsleiter (Unternehmer) nach Arbeitsschutzgesetz,</li><li>Hauptverwaltungsbeamter (HVB) nach Kommunalverfassungsgesetz,</li><li>Vorsitz des Arbeitsschutzausschusses bzw. Delegation</li></ul>Hauptadressat der Unfallverhütungsvorschriften des staatlichen Arbeitsschutzrechts ist der Unternehmer bzw. Arbeitgeber. Damit trägt der Landrat bzw. der Bürgermeister als Unternehmer (Dienstvorgesetzter) die Gesamtverantwortung für die Gewährleistung von Sicherheit und Gesundheitsschutz der Beschäftigten bei der Arbeit. Er ist im Sinne der Verkehrssicherung nach § 823 BGB Eigentümer oder Besitzer der dem Landkreis zugeordneten Liegenschaften. Er kann einzelne Aufgaben und die damit verbundenen Kompetenzen auf Mitarbeiter oder Dienstleister übertragen. Ihm bleiben aber grundlegende Organisations-, Auswahl- und Kontrollpflichten.
Weisungsbefugnis	ja
Begründung für die Stellung	Niedersächsische Kommunalverfassungsgesetz (NKomVG), Arbeitsschutzgesetz
Voraussetzungen	Voraussetzungen nach Kommunalverfassungsgesetz
Aufgaben/Pflichten	<ul><li>Aufbauorganisation festlegen</li><li>geeignete Führungskräfte einsetzen</li><li>Beauftragte bestellen oder Bestellung delegieren (Fachkraft für Arbeitssicherheit und Betriebsarzt, Brandschutzbeauftragter, Sicherheitsbeauftragte)</li><li>Gefährdungsbeurteilungen veranlassen</li><li>gesetzliche Prüfungen sicherstellen</li><li>geeignete Beschäftigte oder Dienstleister auswählen</li><li>Ablauforganisation festlegen</li><li>An-/ Ein-/Unterweisungen veranlassen</li><li>geeignete Arbeitsmittel bereitstellen</li><li>Mittel für eine ordnungsgemäße Unterhaltung als Gebäudeeigentümer im Sinne der Verkehrssicherung nach § 823 BGB bereitstellen</li><li>Betriebsvereinbarungen zum Arbeitsschutz mit dem Personalrat treffen</li><li>wirksame Erste Hilfe und Notfallorganisation veranlassen</li><li>Organisation der liegenschaftsbezogenen Betreiberverantwortung für die Verwaltungsgebäude durch zuständige Organisationseinheit und für die Schulgebäude durch die als Schulträger zuständige Organisationseinheit</li><li>Rechte entsprechend Kommunalverfassungsgesetz</li></ul>

Aufgabenbeschreibungen im Bereich Kommune und Schule

Kommunaler Hauptverwaltungsbeamter (Oberbürgermeister/Landrat)

Typische Tätigkeiten	<ul><li>die Betriebsziele um Ziele des Arbeitsschutzes ergänzen und bekanntmachen</li><li>Mitarbeiter bei der Erarbeitung der Ziele beteiligen</li><li>bei der Besetzung von Führungspositionen die Qualifikation im Arbeitsschutz und der Betreiberverantwortung berücksichtigen</li><li>sich vergewissern bzw. berichten lassen, ob und wie die Mitarbeiter aus Linie und Stab ihre Aufgaben im Arbeitsschutz und der liegenschaftsbezogenen Betreiberverantwortung erfüllen</li><li>Prioritäten festlegen und Risikomanagement durchführen</li></ul>

Hausdienst Verwaltungshausmeister

Verantwortungsbereich	<ul><li>Betreiberverantwortung für Gebäude, Einrichtung, Gefahrenmeldeanlagen, Gelände</li><li>Einweisung von Reinigungskräften, Handwerkern, ggf. Feuerwehr, Rettungswagen</li><li>Weiteres je nach Vertrag</li></ul>
Weisungsbefugnis	gegenüber Dienstleistern, Reinigungskräften, in der Regel keine weitere
Begründung für die Stellung	Arbeitsvertrag, Stellenbeschreibung, Dienstanweisung Betreiberverantwortung, Aufgabenkatalog, Arbeitsauftrag, im Einzelfall Bestellung als Sicherheitsbeauftragter nach § 22 des Siebten Buches Sozialgesetzbuch (SGB VII) unter Beteiligung des Personalrates
Voraussetzungen	handwerkliche und/oder technische Ausbildung, Kommunikationsfähigkeiten
Pflichten	<ul><li>Zustand der Verwaltungsgebäude überwachen entsprechend Dienstanweisung oder Aufgabenkatalog</li><li>präventiv wirkende Maßnahmen zur Sicherheit und zum Gesundheitsschutz erkennen und vorschlagen</li></ul>
Rechte	<ul><li>Maßnahmen zur Sicherheit und zum Gesundheitsschutz erkennen und vorschlagen</li><li>Maßnahmen zur Sicherung der Betreiberverantwortung vorschlagen</li></ul>
Typische Tätigkeiten	<ul><li>Gebäude öffnen und schließen</li><li>Zustandsbegehungen als Inaugenscheinnahme</li><li>Funktionskontrollen</li><li>Dokumentation in Checklisten</li><li>Energieversorgung des Gebäudes überwachen</li><li>Pflegearbeiten durchführen und/oder veranlassen</li></ul>

Brandschutzbeauftragter (intern oder ggf. extern)

Verantwortungsbereich	Brandschutzbeauftragte sind die zentralen Ansprechpartner für alle Brandschutzfragen im Betrieb. Sie beraten und unterstützen die Arbeitgeberin oder den Arbeitgeber (HVB) in allen Fragen des vorbeugenden, abwehrenden und organisatorischen Brandschutzes sowie im betrieblichen Notfallmanagement

Aufgabenbeschreibungen im Bereich Kommune und Schule	
Kommunaler Hauptverwaltungsbeamter (Oberbürgermeister/Landrat)	
Weisungsbefugnis	beratende und unterstützende Funktion im Rahmen des übertragenen Aufgabenbereiches, Kontrolle und Veranlassungen zum Brandschutz
Begründung für die Stellung	Der Brandschutzbeauftragte wird schriftlich durch den Arbeitgeber (HVB) bestellt. Im Arbeitsschutzgesetz (ArbSchG) § 10 wird die allgemeine Forderung erhoben, dass der Arbeitgeber entsprechend der Art der Arbeitsstätte und der Tätigkeiten sowie der Zahl der Beschäftigten die Maßnahmen zu treffen hat, die zur Ersten Hilfe, Brandbekämpfung und Evakuierung der Beschäftigten erforderlich sind. Dabei hat er der Anwesenheit anderer Personen Rechnung zu tragen.
Voraussetzungen	Aktuell ist die »DGUV Information 205-003 Aufgaben, Qualifikation, Ausbildung und Bestellung von Brandschutzbeauftragten« maßgeblich zu beachten. Die Fachkunde eines Brandschutzbeauftragten muss den aktuellen Erfordernissen sowie den sich ändernden Regelwerken und Vorschriften entsprechen. Demnach ist für den Brandschutzbeauftragten eine regelmäßige Fortbildung notwendig und zur qualifizierten Aufgabenbewältigung erforderlich.
Rechte	Brandschutzbeauftragte dürfen beraten und unterstützen. Sie sind bei der Anwendung ihrer brandschutztechnischen Fachkunde weisungsfrei. Sie dürfen wegen der Erfüllung der ihnen übertragenen Aufgaben nicht benachteiligt werden.
Typische Tätigkeiten des Brandschutzbeauftragten nach »DGUV Information 205-003«	1. Erstellen/Fortschreiben der Brandschutzordnung 2. Mitwirken bei Beurteilungen der Brandgefährdung an Arbeitsplätzen 3. Beraten bei feuergefährlichen Arbeitsverfahren und bei dem Einsatz brennbarer Arbeitsstoffe 4. Mitwirken bei der Ermittlung von Brand- und Explosionsgefahren 5. Mitwirken bei der Ausarbeitung von Betriebsanweisungen, soweit sie den Brandschutz betreffen 6. Mitwirken bei baulichen, technischen und organisatorischen Maßnahmen, soweit sie den Brandschutz betreffen 7. Mitwirken bei der Umsetzung behördlicher Anordnungen und bei Anforderungen des Feuerversicherers, soweit sie den Brandschutz betreffen 8. Mitwirken bei der Einhaltung von Brandschutzbestimmungen bei Neu-, Um- und Erweiterungsbauten, Nutzungsänderungen, Anmietungen und Beschaffungen 9. Beraten bei der Ausstattung der Arbeitsstätten mit Feuerlöscheinrichtungen und Auswahl der Löschmittel 10. Mitwirken bei der Umsetzung des Brandschutzkonzeptes 11. Kontrollieren, dass Flucht- und Rettungspläne, Feuerwehrpläne, Alarmpläne usw. aktuell sind, ggf. Aktualisierung veranlassen und dabei mitwirken 12. Planen, Organisieren und Durchführen von Räumungsübungen 13. Teilnehmen an behördlichen Brandschauen und Durchführen von internen Brandschutzbegehungen 14. Melden von Mängeln und Maßnahmen zu deren Beseitigung vorschlagen und die Mängelbeseitigung überwachen 15. Unterstützen der Führungskräfte bei den regelmäßigen Unterweisungen der Beschäftigten im Brandschutz

Aufgabenbeschreibungen im Bereich Kommune und Schule	
Kommunaler Hauptverwaltungsbeamter (Oberbürgermeister/Landrat)	

	16. Aus- und Fortbilden von Beschäftigten mit besonderen Aufgaben in einem Brandfall, z. B. in der Handhabung von Feuerlöscheinrichtungen (Brandschutzhelfer gemäß ASR A2.23)
	17. Prüfen der Lagerung und/oder der Einrichtungen zur Lagerung von brennbaren Flüssigkeiten, Gasen usw.
	18. Kontrollieren der Sicherheitskennzeichnungen für Brandschutzeinrichtungen und für die Flucht- und Rettungswege
	19. Überwachen der Benutzbarkeit von Flucht- und Rettungswegen
	20. Organisation der Prüfung und Wartung von brandschutztechnischen Einrichtungen
	21. Kontrollieren, dass festgelegte Brandschutzmaßnahmen insbesondere bei feuergefährlichen Arbeiten eingehalten werden
	22. Mitwirken bei der Festlegung von Ersatzmaßnahmen bei Ausfall und Außerbetriebsetzung von brandschutztechnischen Einrichtungen
	23. Unterstützen des Unternehmers bei Gesprächen mit den Brandschutzbehörden und Feuerwehren, den Feuerversicherern, den Unfallversicherungsträgern, den staatlichen Arbeitsschutzbehörden usw.
	24. Stellungnahme zu Investitionsentscheidungen, die Belange des Brandschutzes betreffen
	25. Mitwirken bei der Implementierung von präventiven und reaktiven (Schutz-) Maßnahmen im Notfallmanagement z. B. für kritische Infrastrukturen (Stromausfall), für lokale Wetterereignisse mit Schadenspotenzial (extreme Hitze-/Kältewelle, Starkregen, Sturm, Hagel, Schneelast etc.)
	26. Dokumentieren seiner Tätigkeiten im Brandschutz

Fachdienst Schulorganisation/Sport

Verantwortungsbereich	▪ Vertretung als Schulträger gegenüber den Schulen ▪ Organisation der Betreiberverantwortung/Verkehrssicherungspflichten für die Schulgebäude des Landkreises in der Eigentümerrolle als Schulträger ▪ Umsetzung der Ziele des Arbeitsschutzes im eigenen Bereich
Weisungsbefugnis	entsprechend der Geschäftsordnung/Verwaltungsgliederung gegenüber Funktionspersonal/Schulhausmeister
Begründung für die Stellung	▪ Geschäftsordnung ▪ Verwaltungsgliederung ▪ Bestellung und Übertragung der Aufgaben für den Aufgabenbereich Arbeitsschutz und Gesundheit ▪ Übertragung der Organisation durch kommunalen Hauptverwaltungsbeamten für die liegenschaftsbezogene Betreiberverantwortung für die Schulgebäude als Schulträger durch Delegation
Voraussetzungen	Aufgabenübertragung entsprechend Geschäftsordnung/Verwaltungsgliederung, fachliche und persönliche Eignung

Aufgabenbeschreibungen im Bereich Kommune und Schule

Kommunaler Hauptverwaltungsbeamter (Oberbürgermeister/Landrat)

Aufgaben/Pflichten	• Organisation Betreiberverantwortung/Verkehrssicherungspflichten für die Schulgebäude des Landkreises entsprechend Aufgabenübertragung • Vergabe von Betreiberpflichten an Dienstleister, z. B. Winterdienst an ortsansässige, leistungsfähige Firmen über dezentrale Vergabestelle • Sporthallen: Vergabe von Hallenzeiten und Prüfung der Rahmenbedingungen hinsichtlich der gebäudebezogenen Betreiberverantwortung vorab • Organisation der Bestellung der Sicherheitsbeauftragten für den äußeren Schulbereich • Wahrnehmung der Teilnahme als Schulträger im Arbeitsschutzausschuss der Schulen
Rechte	entsprechend Geschäftsordnung und Verwaltungsgliederung
Typische Tätigkeiten	• Ziele des Arbeitsschutzes umsetzen • Regelung der Betreiberverantwortung für die Verwaltungsgebäude veranlassen • sich vergewissern bzw. berichten lassen, ob und wie die Mitarbeiter aus der Linie (Funktionspersonal, Schulhausmeister) ihre Aufgaben im Arbeitsschutz und der liegenschaftsbezogenen Betreiberverantwortung erfüllen

Fachdienst Gebäudemanagement (Fachdienstleitung)

Verantwortungsbereich	• baufachliche Umsetzung der Betreiberverantwortung/Verkehrssicherungspflichten für die Schulgebäudegebäude des Landkreises in der Aufgabenübertragung vom Schulträger sowie der Verwaltungsgebäude in der Aufgabenübertragung vom Landrat über den Servicebereich 2 • Umsetzung der Ziele des Arbeitsschutzes im eigenen Bereich
Weisungsbefugnis	entsprechend der Geschäftsordnung in der Linie/Verwaltungsgliederung
Begründung für die Stellung	• Geschäftsordnung/Verwaltungsgliederung • Bestellung und Übertragung der Aufgaben für den Aufgabenbereich Arbeitsschutz und Gesundheit • Übertragung der Umsetzung der liegenschaftsbezogenen Betreiberverantwortung für die Schulgebäude
Voraussetzungen	Aufgabenübertragung entsprechend Geschäftsordnung/Verwaltungsgliederung, fachliche und persönliche Eignung
Aufgaben/Pflichten	Baufachliche Umsetzung der liegenschaftsbezogenen Betreiberverantwortung/Verkehrssicherungspflichten für die Schulgebäude des Landkreises und der Verwaltungsgebäude entsprechend Aufgabenübertragung, Vergabe von Betreiberpflichten an Dienstleister wie z. B. die Baumkontrolle im Nachgang zu Grünpflegearbeiten über dezentrale Vergabestelle
Rechte	entsprechend Geschäftsordnung/Verwaltungsgliederung

Aufgabenbeschreibungen im Bereich Kommune und Schule	
Kommunaler Hauptverwaltungsbeamter (Oberbürgermeister/Landrat)	
Typische Tätigkeiten	▪ baufachliche Umsetzung der Betreiberverantwortung für die Verwaltungsgebäude und Schulgebäude veranlassen ▪ sich vergewissern bzw. berichten lassen, ob und wie die Mitarbeiter aus der Linie ihre Aufgaben im Arbeitsschutz und der liegenschaftsbezogenen Betreiberverantwortung erfüllen ▪ Ziele des Arbeitsschutzes umsetzen
Schulhausmeister	
Verantwortungsbereich	▪ Betreiberverantwortung für Gebäude, Einrichtung, Gefahrenmeldeanlagen auf dem Gelände ▪ Einweisung von Reinigungskräften, Handwerkern, ggf. Feuerwehr, Rettungswagen ▪ Weiteres je nach Vertrag
Weisungsbefugnis	gegenüber Dienstleistern, Reinigungskräften, in der Regel keine weitere
Begründung für die Stellung	Arbeitsvertrag mit Schulträger Stellenbeschreibung, Dienstanweisung Betreiberverantwortung, Aufgabenkatalog, Arbeitsauftrag, im Einzelfall Bestellung als Sicherheitsbeauftragter für den äußeren Schulbereich
Voraussetzungen	handwerkliche und/oder technische Ausbildung, Kommunikationsfähigkeiten
Pflichten	▪ Zustand der Schulgebäude überwachen entsprechend Dienstanweisung bzw. Aufgabenkatalog ▪ präventiv wirkende Maßnahmen zur Sicherheit und zum Gesundheitsschutz erkennen und vorschlagen ▪ Winterdienst, soweit im Zuständigkeitsbereich ▪ Grünpflege bis Kopfhöhe (Heckenschnitt)
Rechte	▪ Maßnahmen zur Sicherheit und zum Gesundheitsschutz erkennen und vorschlagen ▪ Maßnahmen zur Sicherung der liegenschaftsbezogenen Betreiberverantwortung vorschlagen
Typische Tätigkeiten	▪ Gebäude öffnen und schließen ▪ Zustandsbegehungen als Inaugenscheinnahme ▪ Funktionskontrollen ▪ Dokumentation in Checklisten ▪ Energieversorgung des Gebäudes überwachen ▪ Pflegearbeiten durchführen und/oder veranlassen

Aufgabenbeschreibungen im Bereich Kommune und Schule

Kommunaler Hauptverwaltungsbeamter (Oberbürgermeister/Landrat)

Schulleitung/Schulleiter

Verantwortungsbereich	Betriebsleiter (Unternehmer) nach Arbeitsschutzgesetz: Die Schulleiterin oder der Schulleiter ist Leiterin oder Leiter im Betrieb Schule. Sie oder er ist verantwortlich für das, was in der Schule geschieht oder nicht geschieht, auch in den Bereichen Sicherheit und Gesundheitsschutz. Er/sie ernennt Beauftragte für verschiedene Bereiche im Arbeits- und Gesundheitsschutz nach § 13.2 ArbSchG und ist verantwortlich für Delegation und Kontrolle der delegierten Aufgaben. Hinzu kommt die Verantwortung des Sachkostenträgers für den äußeren Schulbereich. Im Sinne der liegenschaftsbezogenen Betreiberverantwortung ist er/sie verantwortlich für den inneren (schulorganisatorischen) Schulbereich.
Weisungsbefugnis	ja
Begründung für die Stellung	Die Arbeitgeberpflichten des Landes obliegen nach § 13 Abs. 1 ArbSchG im Rahmen ihrer übrigen dienstlichen Pflichten und Befugnisse den Dienststellenleiterinnen und Dienststellenleitern, für Schulleiterinnen und Schulleiter greifen ergänzend die §§ 32 und 43 NSchG, Runderlass Arbeitsschutz in Schulen RdErl. d. MK v. 10.12.2013 – AuG-40 180/1-1 (Nds.MBl. Nr.1/2014 S. 7; SVBl. 1/2014 S. 6) – VORIS 81600, Runderlass Erste Hilfe, Brandschutz und Evakuierung in Schulen, RdErl. d. MK v. 31.1.2014 – AuG-40 183/2 (Nds.MBl. Nr. 6/2014 S. 141) – VORIS 22410.
Voraussetzungen	entsprechend z. B. Niedersächsischem Schulgesetz
Aufgaben/Pflichten	<ul><li>Aufbauorganisation festlegen</li><li>geeignete Führungskräfte einsetzen</li><li>Beauftragte bestellen oder Bestellung delegieren (Brandschutzbeauftragter, Sicherheitsbeauftragter für den inneren Schulbereich)</li><li>Gefährdungsbeurteilungen veranlassen</li><li>gesetzliche Prüfungen sicherstellen</li><li>geeignete Beschäftigte oder Dienstleister auswählen</li><li>Ablauforganisation festlegen</li><li>An-/Ein-/Unterweisungen veranlassen</li><li>geeignete Arbeitsmittel bereitstellen</li><li>Mittel für eine ordnungsgemäße Unterhaltung als Gebäudeeigentümer im Sinne der Verkehrssicherung nach § 823 BGB bereitstellen</li><li>Betriebsvereinbarungen zum Arbeitsschutz mit dem Personalrat treffen</li><li>wirksame Erste Hilfe und Notfallorganisation veranlassen</li><li>Anwendung der Richtlinie Sicherheit im Unterricht Gem. RdErl. d. MK u. d. MU v. 19.3.2014 – AuG-40 183/1-1 – VORIS 22410 – Fundstelle: Nds. MBl. 2014 Nr. 15, S. 312, ber. S. 356</li><li>Mängel am Gebäude, am Grundstück oder an der Einrichtung der Dienststelle, die Sicherheit und Gesundheit gefährden können, unverzüglich der zuständigen Stelle beim Schulträger anzeigen und auf ihre Beseitigung hinwirken; im Falle der Übertragung budgetierter Mittel im Rahmen der eigenverantwortlichen Schule eigenständig Maßnahmen zur Beseitigung der Mängel treffen und bei erheblicher Gefährdung sofortige Maßnahmen zur Gefahrenabwehr veranlassen</li></ul>

Aufgabenbeschreibungen im Bereich Kommune und Schule	
Kommunaler Hauptverwaltungsbeamter (Oberbürgermeister/Landrat)	
Rechte	Entsprechend z. B. Niedersächsischem Schulgesetz
Typische Tätigkeiten	• die Betriebsziele um Ziele des Arbeitsschutzes ergänzen und bekanntmachen • bei der Besetzung von Führungspositionen die Qualifikation im Arbeitsschutz und der Betreiberverantwortung berücksichtigen • sich vergewissern bzw. berichten lassen, ob und wie die Mitarbeiter ihre Aufgaben im Arbeitsschutz und der Betreiberverantwortung für den inneren Schulbereich erfüllen • Prioritätenfestlegung und Risikomanagement • Notfallmanagement • Bestellung der Beauftragten für die Einrichtung und Einladung des Arbeitsschutzausschusses

Lehrerin/Lehrer für Fachpraxis, Werklehrerin/Werklehrer	
Verantwortungsbereich	Werkstatt oder Werkstattbereich; Werkraum
Weisungsbefugnis	ja – gegenüber Schülerinnen/Schülern
Bedeutung für andere	Ansprechpartner für Schülerinnen und Schüler, für Kolleginnen und Kollegen, ggf. für Schulleiterin oder Schulleiter, ggf für externe Arbeitsschutzakteure
Begründung für die Stellung	Organisationsplan der Schule
Voraussetzungen	Fachkenntnisse (LFP i. d. R. Meisterbrief)
Pflichten	• Fachkenntnisse aktuell halten • Geräte und Maschinen sachgerecht einsetzen • Gefahrstoffe ordnungsgemäß verwalten • Zustand der Maschinen und Geräte überwachen • ggf. Mängel oder vermutete Mängel melden • ggf. für geeignete PSA sorgen • Gefährdungsbeurteilung nach BetrSichV für Werkmaschinen • Schülerinnen und Schüler anleiten und beaufsichtigen, dabei alle Arten von Gefährdungen beachten • Umsicht, Eigenverantwortung und -initiative der Schülerinnen und Schüler fördern und fordern • Absprachen mit Kolleginnen und Kollegen treffen und einhalten (Werkstattordnung, Betriebsanweisungen …)
Rechte	wie alle anderen Mitarbeiterinnen und Mitarbeiter: bei akuter Gefahr Gerät oder Maschine stilllegen
Typische Tätigkeiten	• Anleitung zu handwerklichen Tätigkeiten • Sichtprüfung von Maschinen und Geräten

Aufgabenbeschreibungen im Bereich Kommune und Schule

Kommunaler Hauptverwaltungsbeamter (Oberbürgermeister/Landrat)

Sicherheitsbeauftragte/Sicherheitsbeauftragter für den inneren Schulbereich

Verantwortungsbereich	Motivation und Hinweise zu Sicherheit und Gesundheitsschutz in einer Schule oder einem Schulbereich (je nach Bestellung durch Schulleiter)
Weisungsbefugnis	nein
Bedeutung für andere	• Ideengeber für Schulleiterin/ Schulleiter und für Kolleginnen und Kollegen • Mitglied im Arbeitsschutzausschuss
Begründung für die Stellung	• SGB VII § 22 • Bestellung durch Schulleiter/Schulleiterin mit Zustimmung des Schulpersonalrates unter Mitwirkung der Schulfrauenbeauftragten und der Vertrauensperson für Schwerbehinderte
Voraussetzungen	Interesse am Thema, guter Kontakt zum Kollegium
Pflichten	Aufmerksamkeit für das Thema wach halten, Kolleginnen/Kollegen zum sicheren und gesundheitsgerechten Verhalten motivieren
Rechte	Nach Möglichkeit: Freistellung für Begehungen usw. und für Fortbildung, Mitarbeit im Arbeitsschutzausschuss

Fachkraft für Arbeitssicherheit
Schulbehörde Referat Arbeitsschutz und Gesundheit

Verantwortungsbereich	• Beratung von Schulen in einem vereinbarten Bereich; jeder Schule ist ein persönlicher Ansprechpartner seitens der zuständigen. Schulbehörde zugeordnet • verantwortlich für die sachliche Richtigkeit der Informationen, verantwortlich für korrekte Dokumentation
Weisungsbefugnis	keine
Begründung für die Stellung	Arbeitssicherheitsgesetz; Fachaufsichtsschreiben des Bundesministeriums für Arbeit (BMA)
Voraussetzungen	Fachkundenachweis, Bestellung durch Arbeitgeber
Aufgaben/Pflichten	• fachkundige Beratung der Verantwortlichen in allen Fragen der Sicherheit und des Gesundheitsschutzes bei der Arbeit • Zusammenarbeit mit Arbeitsmediziner • Berücksichtigung rechtlicher Vorgaben • Berücksichtigung des Standes der Technik, der Hygiene, der Arbeitsmedizin • Zusammenarbeit mit Personalrat • Berücksichtigung der Vorgaben der Schulbehörde
Rechte	weisungsfreie Ausübung der Fachkunde, Aufzeigen der eigenen Grenzen
Typische Tätigkeiten	• Begehung; Gespräche zur Erfassung der Situation • Dokumentation • Recherche • Anbieten von alternativen Vorschlägen

16.2 Ablauforganisation

Im Weiteren ist die Ablauforganisation zur Überwachung der Verkehrssicherungspflichten mit Unterweisungen und Dienstanweisungen zu regeln. Im Plan-Do-Check-Act-Zyklus sind die Planung, die Vertragsregelungen, die Durchführung, die Einweisung der Fremdfirmen, die Überprüfung, die stichprobenartige Kontrolle sowie das Korrigieren, die Rückkopplung und die Verbesserungszyklen zu berücksichtigen.

Grundsätzlich sind folgende Punkte zu beachten:
- Die Überwachungspflichten in unmittelbarer Zuordnung zur Leitung sind zu koordinieren.
- Die Aufbauorganisation und die verantwortlichen Abteilungen durch die Leitungen in einer entsprechenden Verfügung mit Begründung und Hinweis auf die gesetzliche Verkehrssicherungspflicht sind zu regeln.
- In der Regel sind die zuständigen technischen Abteilungen und externe Dienstleister eingebunden.
- In Dienstanweisungen werden die zuständigen Personen, deren Qualifikation und die Inspektionsintervalle sowie die Ablage und Aufbewahrungsfrist geregelt.
- Die Umsetzung wird stichprobenartig durch Führungskräfte kontrolliert.
- Die Leitung erhält zusammenfassende Berichte.
- Ein Notfallplan für Krisensituationen (Gebäudebrand, Wasserschaden, Gasexplosion, Überflutung u. Ä.) sollte vorliegen.

Geschäftshandbuch Betreiberverantwortung/Verkehrssicherungspflichten
In einem Geschäftshandbuch für die Betreiberverantwortung/Verkehrssicherungspflichten sind alle betroffenen Fachbereiche und Organisationseinheiten zu beteiligen und deren Mitwirkung unter Beachtung der vorstehenden Organisationshinweise zu regeln.

Durch den Aufbau eines Geschäftshandbuches kann die gesicherte Aufbau- und Ablauforganisation der Verkehrssicherungspflichten analog der GEFMA Richtlinie 190 (Auszug s. Kapitel 13.3) nachgewiesen werden.

Elemente einer Dienstanweisung zur Überwachung der Verkehrssicherungspflichten
- Beschreibung der Grundlagen
- Definition der Aufgaben und Zuordnung
- Inspektionsintervalle
- Stellenbeschreibung und Tätigkeitsanteile

- Qualifikation und Weiterbildung der Mitarbeiter
- Zuweisung der notwendigen Kompetenzen
- Festlegung von Ausführungs- und Kontrollebenen
- Einordnung in den Geschäftsverteilungsplan
- Zuständigkeit für Koordination der Aufgaben und deren Kontrollen
- Anweisungen zur (gerichtsfesten) Protokollierung der Sicherheitsbegehungen
- Vertreterregelung
- Verhalten im Schadens- und Notfall
- Ablage und Dokumentation
- Wiedervorlagetermin der Dienstanweisung im Geschäftsgang (ca. nach drei Jahren), um ggf. veränderten normativen Gegebenheiten Rechnung zu tragen

16.3 Organisation der Delegation

Delegation bedeutet Pflichtenübertragung. Damit wird ein Dritter in den eigenen Pflichtenkreis einbezogen. Der Dritte (Delegationsempfänger) hat die dem Delegierenden obliegende Pflicht in dem Maße zu erfüllen, wie es diesem selbst an Sorgfalt abverlangt wird. Delegationsvereinbarungen sind Verträge!

Die Delegationsvereinbarung enthält den Regelungsinhalt (Pflichtenübernahme in der konkreten Ausgestaltung), die beteiligten Parteien und eine gewollte Verabredung über die Umsetzung der gesetzlichen Anforderungen. Der Delegierende hat Pflichtaufgaben zu erfüllen und bedient sich hierfür eines Dritten. Somit ist klar, dass die ursprüngliche Handlungs- und Umsetzungspflicht zu einer Überwachungspflicht (Erledigung durch den Delegationsempfänger) wird.

Auswahlkriterien

Zur rechtswirksamen Übertragung einer eigenen Pflicht auf einen anderen ist es zunächst erforderlich, dass die Qualifikationen des Übernehmenden dargelegt sind. Konkrete Anhaltspunkte für die sichere Überzeugung, eine geeignete Auswahl getroffen zu haben, sind:

- Fachkundenachweise
- Erfahrungen zur Zuverlässigkeit und Geeignetheit

Durch eine Auswahl belegt der Delegierende, dass er alle mit der Erfüllung der Leistung verbundenen Forderungen kennt und diese Pflicht nur auf denjenigen überträgt, der diese Anforderungen auch vollumfänglich und beanstandungsfrei erfüllen kann.

Informationen

Die mit der konkreten Aufgabenerfüllung verbundenen Erledigungen erfordern sehr oft spezielle Kenntnisse. Der Übertragende hat dem Übernehmenden diese

Informationen zur Verfügung zu stellen und fehlende Unterlagen zu beschaffen. Besondere Anforderungen ergeben sich regelmäßig aus Herstellerspezifikationen oder betrieblichen Gegebenheiten. Konkrete Fragen des Übernehmenden sind widerspruchsfrei zu beantworten.

Umsetzungsrahmen

Wer eigenverantwortlich einen Verantwortungsbereich übernimmt, muss auch die Möglichkeit haben, diesbezüglich Weisungen zu erteilen und Regelungen zu treffen. Die im Rahmen der gewollten Übertragung erforderlichen Umsetzungs- und Erledigungsmaßnahmen sind dem Delegationsempfänger als eigener Kompetenz- und Entscheidungsbereich zu übertragen.

Anweisungen

Der Delegierende entscheidet über die Inhalte der Übertragungsregelungen. Er hat diesbezüglich Anweisungen zu erlassen, die sich mit den konkret gegebenen Regelungsbedürfnissen decken und keinen Teil des Verantwortungsbereichs übersehen. Hierbei hat er sich vom Übernehmenden beraten zu lassen.

Kontrolle

Der Delegierende hat den Nachweis zu führen, dass der Delegationsempfänger ordnungsgemäß und beanstandungsfrei gehandelt hat. Hierzu bedarf es einerseits der Darlegung der Struktur der übernommenen Pflicht, andererseits aber ebenso zwingend des Nachweises, dass dies auch durch Überprüfung überwacht wurde. Die Erfüllung dieser Anforderung ist eine gesetzliche Pflicht, ist also ein zwingend zu beachtender Regelungspunkt zwischen den Parteien einer Delegationsvereinbarung.

Korrekturen

Regelmäßig zeigen Überprüfungen weiteren Handlungsbedarf an. Abhängig vom Ausmaß der Fehlentwicklung sind Maßnahmen abzuleiten und korrigierend zu erledigen. Hierbei ist der Delegierende in der besonderen Pflicht, sich dahin gehend neuerlich zu überprüfen, ob die Auswahlkriterien hinreichend sorgfältig bedacht und beachtet wurden.

Dokumentation

Dokumentation über die Durchführung von Sicherheitsmaßnahmen im Verantwortungsbereich der betrieblichen Organisation sind – gesetzlich verpflichtend – vorzuhalten. Die Dokumentation orientiert sich an den Eckpunkten

- Planung/Organisationsaufbau
- Gefährdungsbeurteilung/Organisationsablauf
- Fehleranalyse
- Ableitung
- Nachweis der Zielerreichungen

Die Dokumentationspflicht ist vertraglich auf den Umfang auszurichten, den der Delegierende benötigt, damit er den Nachweis des ordnungsgemäßen Handelns durch einen Dritten führen kann.

16.4 Personalbemessung

Ergänzend zur ordnungsgemäßen Bewirtschaftung der Immobilien sind für Sicherheitsbegehungen im Rahmen der Verkehrssicherungspflichten im kommunalen Bereich folgende Kosten anzunehmen:

1. Stellenbemessung Sicherheitsbegehungen
Die erforderlichen Sicherheitsbegehungen im Hochbaubereich umfassen die Begehung mit einer Checkliste an den Gefahrenstellen im Außenbereich, an der Gebäudehülle/Fassade und am Gebäudebereich innen. Es wird von einem mindestens jährlichen Turnus analog den Bauunterhaltsbegehungen nach den Richtlinien für Bauten des Bundes (BNB Begehungen nach RBBau) und Empfehlungen der Versicherungswirtschaft (VdS) ausgegangen. Die maßgeblichen Begehungen der Immobilienwirtschaft umfassen bei großen Schulobjekten in der Regel nicht alle Klassenräume, sodass hier die Zeitansätze bezogen auf die m² BGF etwas zu reduzieren sind.

Hier wird davon ausgegangen, dass z. B. die vorgeschriebenen jährlichen Schultafelprüfungen (GUV SI 8016) in den Klassenräumen von den Hausmeistern des FB Schule als Sicherheitsbeauftragte durchgeführt wird.

Bezogen auf ein Wohnobjekt mit 6 WE geht das iMBFW Institut e. V in einem Gutachten nach Erfahrungswerten zum Beispiel davon aus, dass 600 m² BGF (Bruttogrundfläche) begangen werden. Dafür werden nach Evaluation von ca. 12.000 Objekten im Durchschnitt ca. 25 Min. (mit IT-Unterstützung) angesetzt. Auf den m² gerechnet macht das 2,5 Sekunden pro m².

Bezogen auf eine kleine einzügige Grundschule oder Kita im kommunalen Bereich gehen wir nach Erfahrungswerten des Verfassers von fünf bis sieben Stunden für eine Sicherheitsbegehung aus, d. h. ca. 4,8 Sekunden/m² BGF.

Es werden 5 Sek./m² zugrunde gelegt, um den Aufwand für verschiedene Objekte anhand der BGF überschlägig zu ermitteln.

Im Ergebnis werden für ca. 1,0 Mio. m² BGF und ca. 700 Immobilienobjekte 1.390 Stunden angesetzt, die bei einem Monatsstundenmittel von 176 Stunden acht Personenmonate ergeben (s. Tabelle 1).

Die Fahrtzeit (Fahren, Parken, Objekt aufsuchen) wird mit 30 Minuten pro Objekt angesetzt. Das ist in der Tabelle 2 dargestellt. Es ergeben sich zusätzliche ca. 3,5 Personenmonate.

Für die stichprobenartige Kontrolle der Anlagen der technischen Gebäudeausrüstung vor Ort bei kompletter Delegation der Wartung und Inspektion auf Dritte (externe Dienstleister) ist bei einem Ansatz einer Stichprobe von ca. 5 % mit einem Aufwand von zusätzlich ca. 0,9 Monaten d. h. ca. einem Personenmonat zu rechnen (s. Tabelle 3).

Ergebnis: Für die regelmäßigen Begehungen im Rahmen der Verkehrssicherheit für ca. 1 Mio. BGF in der Immobilienwirtschaft muss der zeitanteilige Aufwand von zehn Personenmonaten jährlich mit aufgerundet ca. einer Stelle angesetzt werden.

Tabelle 1: Beispielrechnung Sicherheitsbegehung Hochbau						iMBFW	
Objekt		Zeit in Min	Zeit s / m²	qm BGF	Sekunden	Stunden	Monate
Vergleichsobjekt		1500	120	5			176 h/m
KiTa				5		-	-
Grund-/RS-Schule				5		-	-
Berufsschule BKS				5		-	-
Stadt Essen				5	1.000.000	5.000.000	1.388,89	7,89
Tabelle 2: Fahrtzeit							
Anzahl Objekte	Min Fahrtzeit		Minuten	Stunden			
700	30		21000	350			1,99
Summe							9,88
Tabelle 3: zusätzliche Stichprobenkontrolle TGA vor Ort							
Anzahl Objekte		5%Stunden	Fahrtzeit in h				
700		35	69,44	17,50		86,94	0,49
					Summe	1.475,83	10,37
Tabelle 4: Verwaltungsaufwand Dokumentation Sicherheitsbegehungen Implementierungsphase							
Anzahl Objekte	Minuten/Objekt		Minuten	Stunden			
700	90		63.000,00	1.050,00			5,97
Tabelle 5: Einsparpotential Dokumentation Anlagen							
Objekte	Anlagen überwachungspflichtig		Einspar NKR / Objekt	Einsparsumme			
700	25	€	250,00	€ 175.000,00			
			10 €/Anlage				
Tabelle 6: Personenaufwand VSP in allen Geschäftsbereichen von GMW Wuppertal abgeleitet							
BGF Wuppertal	Personen		BGF	Personen			
1.500.000	10		1.000.000	7			

iMBFW
Institut für Immobilienmanagement
und Baufachwissen e.V.

Abb. 16.6: Musterkosten der Sicherheitsbegehung im Hochbau

2. Stellenbemessung für Aktualisierung und Koordination

Außerdem muss davon ausgegangen werden, dass in der Implementierungsphase zeitanteilig zusätzliche Stellen für die Implementierung, Koordination und Bestätigung der aktualisierten Arbeitsanweisungen bei einem integralen Nachweis- und Dokumentationssystem vorzusehen sind. Nach der Implementierungsphase kann der Aufwand voraussichtlich deutlich reduziert werden.

3. Allgemeiner Stellenanteil im Vergleich zur Gebäudewirtschaft – GMW Wuppertal

Laut Aussage des Geschäftsführers der GMW Wuppertal sind überschlägig zehn Personen dauerhaft mit der Durchführung von Aufgaben im Bereich der Verkehrssicherungspflichten beschäftigt. Die GMW bewirtschaftet 1,5 Mio. m² BGF. Bezogen auf eine zu bewirtschaftende Fläche von ca. 1 Million BGF wären demnach Arbeitsanteile für rund sieben Stellen anzusetzen. In der Immobilienwirtschaft sind dazu auch Stellenanteile aus der Bewirtschaftung, dem Vertrags- und Objektmanagement, den IT-Services und der allgemeinen Verwaltungstätigkeit zu rechnen.

Im Rahmen eines Projektauftrags durch den Arbeitskreis Gebäudewirtschaft des Städtetags NRW haben die Städte Aachen, Bielefeld, Duisburg und Paderborn einen »Leitfaden zur Personalbedarfsermittlung für den hochbaulichen und gebäudetechnischen Bereich im kommunalen Gebäudemanagement« erarbeitet. In einer ersten Entwurfsfassung der Richtlinie wurden folgende Annahmen getroffen:

»Was die Personalbemessung angeht, so ist die an die Eigentümerfunktion gebundene Managementaufgabe im Objektmanagement u.a. durch das Mittelwertverfahren der KGSt abgedeckt (1. Ebene).

Detaillierte, über Jahre geführte Zeitaufschreibungen bei den kommunalen Gebäudemanagement-Bereichen haben als Personalbemessungsansatz nachgewiesen, dass 10 % der Instandhaltungs-Kapazitäten zusätzlich für die Pflichtaufgaben aus der Betreiberverantwortung zur Verfügung zu stellen sind (2. Ebene).

Zur Ermittlung des Personalbedarfes für die 3. Ebene der ausführenden und kontrollierenden Tätigkeiten des Betreibens – Wartens – Inspizierens der technischen Anlagen in öffentlichen Gebäuden gem. ›Arbeitskreis Maschinen- und Elektrotechnik staatlicher und kommunaler Verwaltungen‹ (AMEV) ist die Richtlinie …«[219] neu »TGA Kosten Betreiben 2013« maßgeblich.

In den meisten Städten und Gemeinden ist es übliche Praxis, die Aufgabe Betreiben-Instandhalten-Warten (»WIB« im AMEV-Tool) an Externe zu beauftragen. Daher wurden die Kosten dafür nicht weiter betrachtet. Ein Steuerungsaufschlag seitens des Betreibers für die Begleitung Externer von 10 bis 15 % der Kosten ist dabei als üblich anzusehen.

---

219 Arbeitskreis Gebäudewirtschaft des Städtetags NRW, Vorabzug Leitfaden zur Personalbedarfsermittlung für den hochbaulichen und gebäudetechnischen Bereich im kommunalen Gebäudemanagement, 2015

16.5   Abschätzung der Betreiberkosten

Mit dem kostenlosen Berechnungstool »TGA Kosten Betreiben 2013« auf der Homepage www.amev-online.de kann eine Grobkostenabschätzung der Betreiberkosten vorgenommen werden. Eine genauere Bemessung ist möglich, erfordert aber eine sehr umfangreiche Datengrundlage.

Als Mindestangabe muss die Nutzfläche 1-6 nach DIN 277 (ehemals Hauptnutzfläche HNF) bekannt sein. Dies kann auch nach Kennwerten aus der unten genannten Tabelle abgeleitet werden.

Flächenumrechnungsfaktoren $f_{Fläche}$ zur Berechnung der Energiebezugsfläche f^{220}						
Nach $A_{NGf} = A_i \cdot f_{Fläche}$						
BWZK	Gebäudekategorie	HNF	NF	NGF	BGF	
4000	Schulen	1,56	1,36	1,00	0,89	
1300	Verwaltungsgeb.	1,71	1,40	1,00	0,85	

Musterkosten für das Betreiben eines Schulgebäudes
Für eine Musterschule mit ca. 10.000 m² BGF (ca. 5700 m² HNF) ergibt sich somit folgende Grobkostenabschätzung und Personalbemessung nach Vorgabewerten der AMEV:

---

220 Bundesministerium für Verkehr, Bau und Stadtentwicklung, Bekanntmachung der Regeln für Energieverbrauchskennwerte und der Vergleichswerte im Nichtwohngebäudebestand, 26. Juli 2007

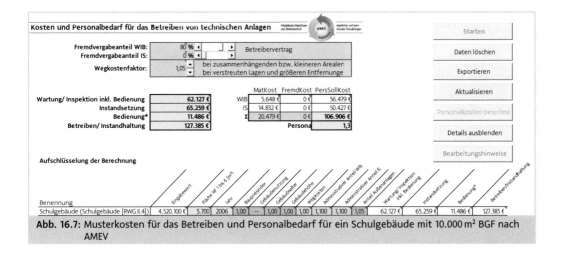

Abb. 16.7: Musterkosten für das Betreiben und Personalbedarf für ein Schulgebäude mit 10.000 m² BGF nach AMEV

Die Gesamtkosten des Betreibens betragen demnach im Musterfall eines Schulgebäudes ca. 127 TEUR und die anteiligen Personalkosten 106 TEUR. Nach dem »Leitfaden zur Personalbedarfsermittlung für den hochbaulichen und gebäudetechnischen Bereich im kommunalen Gebäudemanagement« beträgt der Anteil der Personalkosten der Betreiberpflichten dann zusätzlich 10 % der Personalbemessungskosten für Wartung, Inspektion, Bedienung (WIB) in Höhe von 56,5 TEUR und damit anteilig ca. 5,7 TEUR.

Musterkosten für das Betreiben eines Verwaltungsgebäudes

Für ein Musterverwaltungsgebäude mit ca. 10.000 m² BGF (ca. 5000 m² HNF) ergibt sich somit folgende Grobkostenabschätzung und Personalbemessung nach Vorgabewerten der AMEV:

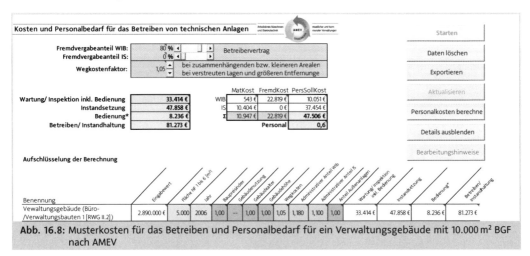

Abb. 16.8: Musterkosten für das Betreiben und Personalbedarf für ein Verwaltungsgebäude mit 10.000 m² BGF nach AMEV

Die Gesamtkosten des Betreibens betragen demnach im Musterfall eines Verwaltungsgebäudes ca. 81 TEUR und die anteiligen Personalkosten 47,5 TEUR. Nach dem »Leitfaden zur Personalbedarfsermittlung für den hochbaulichen und gebäudetechnischen Bereich im kommunalen Gebäudemanagement« beträgt der Anteil der Personalkosten der Betreiberpflichten dann zusätzlich 10 % der Personalbemessungskosten Wartung, Inspektion, Bedienung (WIB) in Höhe von 10 TEUR und damit anteilig ca. 1 TEUR.

Bei einem mittleren Ansatz von ca. 36 TEUR Personalbemessungskosten je 10.000 m² BGF (50 % Schulgebäude und 20 % analoge sonstige Gebäude sowie 30 % analoge Verwaltungsgebäude) für die Betreiberpflichten betragen die Personalbemessungskosten für eine Musterstadt mit ca. 1 Mio. BGF 360 TEUR.

Bei einer Personalkostenbemessung nach dem Vorgabewert der AMEV von ca. 68 TEUR jährlich je Beschäftigtem entspricht dies rechnerisch ca. 5,3 Stellenanteilen für die Wahrnehmung der Betreiberpflichten bei einer zu bewirtschaftenden Fläche von ca. 1 Million BGF. Zum Vergleich: Wuppertal hat ca. 1,5 Mio. BGF zu bewirtschaftende Fläche, Essen ca. 1,8 Mio. BGF. Das GMW Wuppertal hat ca. 10 Stellen der Wahrnehmung der Betreiberpflichten zugeordnet. Dies liegt etwas höher als der rechnerische Wert, aber noch in vergleichbarer Größenordnung.

Dies entspricht rechnerischen Personalbemessungskosten von ca. 0,36 Euro pro m² für die Wahrnehmung der Betreiberpflichten.

Kosten für ein IT-gestütztes System zur Organisation der Verkehrssicherungspflichten

Die laufenden Kosten für ein IT-gestütztes System der Verkehrssicherungspflichten sollten die Kosten für folgende Leistungen umfassen:

- Wartung des Systems (Fernwartung)
- Aktualisierung der Software
- Einspielen neuer Daten (z. B. Pflichtenbuch)
- Pflege entsprechender Schnittstellen
- Pflichtenbuch mit Arbeitsanweisungen als Bestandteil des Systems
- Support für Nutzer des Systems
- unbeschränkte Anzahl von Nutzern der Webanwendung und der mobilen App-Anwendung zur Erfassung vor Ort

Die Kosten für eine Organisationslösung mit dem Zukauf eines Pflichtenbuches sind mit ca. 7.000 Euro bis 10.000 Euro je Jahr zuzüglich der Pflege- und Anpassungskosten für ein angepasstes Computer-Aided-Facility-Managemenet(CAFM)-System, der Schnittstellenpflege, der Lizenzkosten je Nutzer, der Kosten und Pflege der mobilen Anwendung sowie der Erstellung der Arbeitsanweisungen anzusetzen.

Die laufenden Kosten für ein revisionssicheres, integrales Nachweis- und Dokumentationssystem für Verkehrssicherungspflichten im kommunalen Bereich sind mit ca. 0,02 Euro/m² BGF/Jahr anzusetzen, d. h. ca. 20 TEUR/Jahr bei einer zu bewirtschaftenden Fläche von ca. 1 Mio. BGF. Zusätzlich ist dabei der Stellenbedarf für die Bestätigung der Aktualisierung und der Koordination im Hochbau und Technikbereich während der Implementierungsphase anzusetzen. Dazu sind die Kosten für die erstmalige Einführung und Schulung nach Aufwand zu rechnen.

Kosten für die Ersterfassung der maßgeblichen Immobilienobjekttypen

Damit die Sicherheitsbegehungen und Kontrollen effizient durchgeführt werden können, sind die maßgeblichen Immobilienobjekttypen, wie Grundschulen, weiterführende Schulen, Berufsschulen, Kindertagesstätten, Verwaltungsgebäude, Gemeinschaftshäuser, Jugendzentren u. a. mit ihren Gefährdungspotenzialen zu erfassen.

Die Kosten sind mit ca. 0,2 Euro/ m² bis 0,3 Euro/m² BGF anzusetzen. Darin sollten die Vorbereitung (Referenzieren der Geschosspläne), die Begehung an sich und die Nachbereitung enthalten sein. Die zu begehenden m² BGF werden anhand des Grundrisses ermittelt.

Kosten für die Dokumentation

Nach Angabe des Normenkontrollrats nach Auswertung des Aufwandes für die Aufzeichnungspflichten durch die Zugelassenen Überwachungsstellen (ZÜS) werden pro überwachungspflichtiger Anlage im Mittel 10 Euro Einsparpotenzial bei der Nutzung der elektronischen Dokumentation gegenüber der papiergebundenen angegeben.

Bezogen auf 1 Mio. BGF bedeutet das: Wenn auf 700 Gebäude jeweils 25 überwachungspflichtige Anlagen (TGA) angesetzt werden, bedeutet das ein Einsparpotenzial von 175.000 Euro bzw. im Umkehrschluss bei weiterhin papiergebundener Dokumentation den entsprechenden Zeit- und Kostenaufwand.

17 Dokumentation

Eine Aufbewahrungsfrist der Dokumente von mindestens fünf Jahren ist nach Aussagen der Bundesarbeitsgemeinschaft Deutscher Kommunalversicherer, Köln[221] empfehlenswert. Nach § 147 AO sind weniger wichtige Geschäftsunterlagen mindestens sechs Jahre aufzubewahren. Nach der Schuldrechtsreform des BGB beträgt die Verjährung für Schadenersatzforderungen in der Regel drei Jahre nach Kenntnisnahme des Schadens bzw. Kenntnis des mutmaßlichen Verursachers des Schadens, sodass in der Regel eine Aufbewahrung der Originalverkehrssicherungsdokumente (Checklisten, Rechnungen, Protokolle) von fünf Jahren ausreichend sein wird, sofern in den Normen nicht abweichend auf längere Aufbewahrungsfristen verwiesen wird.[222]

Die sogenannte »Bauakte« für die Standsicherheitsprüfungen ist nach den Empfehlungen der ARGEBAU 2006, für die Lebensdauer des Gebäudes aufzubewahren. Die Prüfung der Gasinnenleitungen sollte maximal alle zwölf Jahre, die Prüfung der Elektroanlage maximal ca. alle zehn Jahre erfolgen, ebenso die Prüfung der Entwässerungsleitungen für häusliche Abwässer. Entsprechend einem verlängerten Prüfintervall sind auch die Prüfunterlagen aufzubewahren.

17.1 Beispiele und Hilfsmittel zur Dokumentation

Sicherheitsbegehung im Bestand – viterra Wohnen und Unilog Integrata
Das Wohnungsunternehmen viterra Wohnen (die Viterra Wohnen AG ist zum 21.7.2003 rechtlich mit der Viterra AG in Essen verschmolzen) hat für seinen Bestand von rund 152.000 Wohnungen und Häusern mit den Schwerpunkten Ruhrgebiet und Rhein-Main zusammen mit einer EDV-Firma (Unilog Integrata, Essen) ein Kontrollsystem für eine zweijährige Sicherheitsbegehung mittels PDA (Personal Digital Assistant) und einer Anbindung an eine zentrale Datenbank (ORACLE) entwickelt. Die Daten zu den kritischen Bauteilen werden vor Ort mit dem PDA erfasst und im Wohnungsunternehmen in die zentrale Datenbank übertragen. Problem war allerdings zum damaligen Zeitpunkt die aufwendige Vorhaltung und Wartung der Geräte für die EDV-Abteilung.

Das EDV-System ist bei der GAG Köln AG im Einsatz für mehr als 500 Spielplätze, verteilt auf 11 Geschäftsstellen mit insgesamt ca. 70 Hauswarten und einem Jah-

---

221 BADK Information 3/1992
222 nach IFB, Damm F 817

resvolumen von ca. 35.000 Dokumenten bzw. Prüfungen. Das Aufnehmen vor Ort erfolgt auf einem Papier-Protokoll. Das softwaregestützte Erfassen der Daten erfolgt automatisch über Scanner in die Worknet-Datenbank. Durch den BarCode auf dem Papier-Protokoll wird gesichert, dass jedes Dokument nur ein mal erfasst wird. Die Kreuze der Checklisten werden durch einen Scanner erfasst und vom WorkNet-Datenbanksystem ausgewertet.

Dadurch sind auch statistische Auswertungen zur Mängelanfälligkeit einzelner Spielplätze möglich. Damit können Wohnungsunternehmen strategische Überlegungen zur Sanierung oder ggf. Zusammenlegung einzelner Spielplätze zur Kostenreduzierung der Instandhaltungskosten anstellen. Dies betrifft auch die Mängelanfälligkeit bestimmter Spielgeräte und Hersteller.

Spielplatzkontrolle mit Satellitenunterstützung Wohnbau Mainz GmbH

Die Wohnbau Mainz GmbH lässt ihre 205 Spielplätze regelmäßig durch einen externen Leistungserbringer aus Ingelheim überprüfen, der für die Vor-Ort-Erfassung Laptops mit satellitengestützter Orts- und Zeiterfassung einsetzt. Dadurch ist nachvollziehbar, wann und wo die Spielplatzkontrollen durchgeführt wurden. Ein Inspekteur ist für ca. 68 Spielplätze zuständig. Ausgangspunkt der Überlegungen waren teilweise auch Gespräche mit dem Betriebsrat über die Haftungsproblematik für die eigenen Mitarbeiter.

Das Kontrollprotokoll wird mit einem elektronischen Schlüssel vom Trust Center der Deutschen Telekom AG signiert und vor Veränderungen geschützt. Auf dem Laptop sind die Lagepläne und Herstellerlisten der Spielpläne gespeichert. Der Inspekteur kann damit einen Bestellvorgang für defekte Teile direkt über das Internet auslösen. Nach Reparatur defekter Teile erfolgt eine Nachkontrolle. Die zusätzlichen Kosten für die EDV-Erfassung betragen ca. 0,04 Euro je Kontrollgang und Wohneinheit.[224] Bei ca. 57 Kontrollgängen pro Jahr ergibt dies zusätzliche Kosten von ca. 2,28 Euro je Wohneinheit und Jahr bzw. bei einer 70-m²-Wohnung ca. 0,03 Euro je m² Wohnfläche und Jahr.

Sicherheitsbegehungen im Bestand bei der LEG-NRW

Bei der Landesentwicklungsgesellschaft NRW GmbH werden einmal jährlich Sicherheitsbegehungen von den örtlichen Hausmeistern durchgeführt, die von den 13 regionalen Mieterzentren koordiniert werden. Als Hilfsmittel dienen dabei komprimierte Erfassungsbögen, die die wesentlichen Bauteile, Außenanlagen, Gebäude außen und Gebäude innen abdecken. Bei den Erfassungsbögen wird auch

---

223 Fa. Cadnet, Hannover 2005
224 Vgl. Verbandsmagazin VdW Rheinland-Westfalen, VdW Südwest 9/2004, S. 39

vermerkt, welche Bauteile nicht vorkommen, damit die Sicherheitsbegehungen im nächsten Jahr gezielter protokolliert werden können. Spielplätze werden gesondert begangen mit Unterstützung technischer Mitarbeiter. Die Protokolle werden stichprobenartig von der regionalen Geschäftsführung geprüft.

Kooperationen bei der Frage der Verkehrssicherheit beim Verband der Südwestdeutschen Wohnungswirtschaft e. V.

Bereits 2005 hat sich ein Arbeitskreis »Verkehrssicherungspflichten für Wohnungsunternehmen« der ARGE Rheinland-Pfalz aus interessierten Wohnungsunternehmen gebildet, die sich mit dem Thema der Überwachungspflichten in verschiedenen Arbeitskreissitzungen beschäftigt haben. Ziel war der gemeinsame Erfahrungsaustausch und die Weiterentwicklung von Checklisten und Arbeitshilfen, die auch vom Verfasser entwickelt wurden. Eine solche regionale Kooperation kann insbesondere helfen, gemeinsame Vorgehensweisen bei der wohnungswirtschaftlichen Überwachung der Verkehrssicherungspflichten zu entwickeln. Zum Erfahrungsaustausch untereinander sollten die Wohnungsunternehmen auf der Ebene regionaler Arbeitsgemeinschaften selbst Treffen organisieren, bei denen Art und Intervalle der Kontrollen untereinander abgestimmt und optimiert werden können. Eine Anpassung an die Kultur und Mitarbeiterressourcen sowie die unterschiedliche Mieterklientel ist in jedem Fall aber erforderlich.

Software und Sicherheitsbegehungen bei der Joseph-Stiftung in Bamberg

Die Joseph-Stiftung, ein kirchliches Wohnungsunternehmen im Erzbistum Bamberg, hatte ein Prüfprogramm entwickelt, das derzeit rund 190 Risiken (Bereiche mit Gefährdungspotenzial) bei Gebäuden, Außenanlagen und Spielplätzen berücksichtigt.

Die Erfassung der Gefährdungspotenziale orientiert sich auch an der Recherche, die vom Autor im Rahmen des Forschungsberichts »Kosten der Überwachungspflichten«, IFB F 817, vorgenommen wurde.

Ein Mitarbeiter koordiniert dort als Stabstelle »Fachkraft für Sicherheit« die Überwachung der Verkehrssicherungspflicht, die durch die Hauswarte vor Ort im Rahmen einer monatlichen Kontrolle durchgeführt und alle zwei Jahre durch eine Begehung eines Bautechnikers als Fachkundigem ergänzt wird.

Unter dem Namen EBKON (Elektronische Bestandskontrolle, jetzt Geschäftsbereich FIDENTIA Wärmemessdienst & Kabelservice GmbH) wurde jede notwendige Überwachungspflicht mit einer ausführlichen Arbeitsanweisung verbunden, die konkret regelt, was von wem und wie geprüft wird. Sie regelt gleichzeitig, was veranlasst werden muss, wenn ein Sicherheitsmangel vorgefunden wird. Der in EBKON integrierte Kalender erinnert den jeweils zuständigen Prüfer termingerecht an seine Pflichten.[225] Die Erfassung für die Spielplatzkontrolle erfolgt teilweise mit einem Tablet vor Ort.

Software von Cadnet

Die Software der Firma Cadnet aus Hannover geht einen anderen Weg. Basierend auf der Datenbankanwendung WorkNet wird dort in einem hybriden System die Erfassung auf Papier vorgenommen und dann über ein intelligentes Erkennungssystem mit einem Scanner erfasst und in die zentrale Datenablage transferiert. Die Erfassung der Gefährdungspotenziale orientiert sich ebenfalls an dem oben genannten Forschungsbericht.

Das Informationssystem REG-IS (Regelinformationssystem von Rödl & Partner) bietet sich auch als Regelwerkshelfer im CAFM-System an.

Die Baunataler Diakonie Kassel setzt dies als Nachschlagewerk mit direktem Zugriff über einen Web-Link in ihrem CAFM-System ein. Der Leiter des Facility Managements kann dabei z. B. direkt auf alle ca. 90 bis 100 Pflichten für Aufzüge aus dem CAFM-System zugreifen und diese nachschlagen. Rund 1.300 Regeln sind dort in einer Datenbank enthalten. (Einschränkung: Das Umweltrecht ist in REG-IS allerdings nicht vollständig enthalten.) Dadurch kann die Regelwerksverfolgung weitestgehend automatisiert werden. Eine eigene Durcharbeitung der Regeln und deren Bewertung zum Einsatz im eigenen Facility-Management-System wird dadurch aber nicht ersetzt.[226]

In einem Hamburger Pilotprojekt wurde mit einer der größten Wohnungsbaugenossenschaften, dem Bauverein der Elbgemeinden eG (BVE) mit ca. 13.500 Wohnungen, Gewerbebauten und Kindertagesstätten, das System ImmoSpector von Map Topomatik zur EDV-gestützten Überwachung der Verkehrssicherungspflichten entwickelt.[227] Als Datenbasis wurde REG-IS verwendet.

Abb. 17.1: Mobile Anwendung: Erfassung der Gefahrstellen mit ImmoSpector von Map Topomatik, Hamburg

---

225 Verbandsmagazin VdW RW und VdW Südwest, 12, 2007
226 Semmler, Thomas, Betreiberverantwortung im FM, Facility Management, 1/2016
227 Verkehrssicherung ist mehr als Software, Software/IT, Bundesbaublatt 6/2014

Experten des Berliner Instituts für Immobilienmanagement und Baufachwissen (iMBFW Institut e. V.) bündeln die Pflichten und überführen sie in aussagekräftige Arbeitsanweisungen, die im ImmoSpector nutzerorientiert abgebildet werden. Die Fachleute überwachen die Arbeitsanweisungen und aktualisieren sie. So sind die Anwender von der Überwachung befreit und arbeiten mit einem aktuellen Katalog der Arbeitsanweisungen auf der sicheren Seite.

Abb. 17.2: Mobile Erfassungsmaske für Verkehrssicherungspflichten des ImmoSpector von Map Topomatik, Hamburg

Für die Wohnungswirtschaft wies diese Datenbank über 1.200 Pflichten auf. Diese Pflichten wurden nach typischen Bauelementen nach DIN 276 katalogisiert. Daraus ergab sich eine Reduzierung auf ca. 120 Bauelemente, die nun verschiedenen Bauwerkstypen wie Wohngebäude, Hochhäuser, Garagen vereinfacht zugeordnet werden konnten.

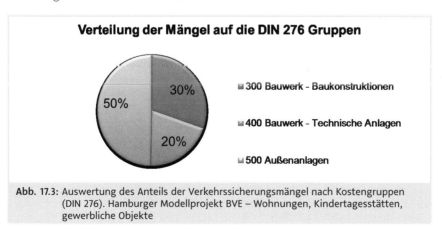

Abb. 17.3: Auswertung des Anteils der Verkehrssicherungsmängel nach Kostengruppen (DIN 276). Hamburger Modellprojekt BVE – Wohnungen, Kindertagesstätten, gewerbliche Objekte

Im Pflichtenbuch des BVE sind 22 Pflichten enthalten, von denen 72 Pflichten angewandt werden. 57 Prüfbereiche werden durch die Hausmeister überwacht. Darin finden sich neben der jährlichen Sicherheitsbegehung auch der sogenannte Aufgabenkatalog mit kürzeren Kontrollintervallen für Dachzugang, Außenbereich, Beleuchtung etc. Dem Außendienst des BVE sind zwölf Prüfbereiche zugeordnet, zu denen die Inspektionen der Spielplätze und Prüfungen der technischen Anlagen, wie Wandhydrantenanlagen, Brandschutzklappen, Blitzschutz usw. gehören. In den Bereich der Haustechnik fallen die Überwachung der Prüfung der Trinkwasserversorgungsanlagen (Legionellen), die Reinigung der Luftfilter und die Prüfung der Gas-Innenleitungen alle zwölf Jahre.[228]

Die Vorbereitung und Durchführung der Sicherheitsbegehung ist in folgendem Diagramm dargestellt:

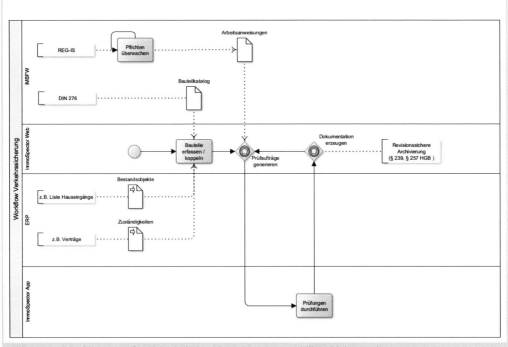

Abb. 17.4: Ablaufdiagramm für Sicherheitsbegehungen von Immobilienobjekten mit ImmoSpector

---

228 Verkehrssicherung ist mehr als Software, Software/IT, Bundesbaublatt 6/2014

17.2 Auswahl der richtigen Software

Bei der Auswahl einer Software zur Überwachung der Verkehrssicherungspflichten sollten folgende Punkte berücksichtigt werden:

- Sind die wesentlichen Gefährdungspotenziale als Risiken aus Normen und Regeln hinterlegt?
- Werden die wesentlichen Regeln mindestens jährlich aktualisiert und hinterlegt?
- Bietet die Software eine handhabbare und praktische Hilfe zur Erfassung typischer Gefährdungspotenziale?
- Bietet sie die Auswahl zu jedem Gefährdungspotenzial aus verschiedenen Risikobewältigungsstrategien wie 1. vermeiden, 2. vermindern, 3. überwälzen und 4. selbst tragen?
- Bietet sie eine Unterstützung bei der Festlegung unternehmensspezifischer Inspektionsintervalle?
- Gibt es eine Terminvorlage für die erfassten Gebäude und zu überwachenden Bauteile?
- Gibt es eine zentrale Datenablage mit Schnittstellen ggf. zu immobilienwirtschaftlichen Systemen?
- Bietet sie Auswertungssysteme zu statistischen Auffälligkeiten?
- Erfolgt die Dokumentation rechtssicher und langfristig?
- Können Arbeitsanweisungen und die Aufbauorganisation als Hilfsmittel hinterlegt werden?
- Ist eine Begehung mit mobilen Lösungen vor Ort möglich und reduziert dieses Vorgehen den Aufwand bei der Dokumentation?
- Können Kurzreports für die Leitung im Rahmen eines Risk-Managements generiert werden?
- Ist die Software durch aktuelle CAFM-Schnittstellen zum Betreiben von Immobilien zukunftssicher?
- Ist eine Georeferenzierung von zu überwachenden Anlagen im Innen- und Außenbereich möglich?

Wünschenswert ist eine Anbindung an das Instandhaltungsmanagement. Insbesondere zur sogenannten ungeplanten Instandhaltung gibt es wesentliche Verknüpfungspunkte. Durch die Einführung eines Kontroll- und Dokumentationssystems zu aufgetretenen Mängeln im Rahmen der Überwachungspflichten der Immobilien- und Wohnungswirtschaft lassen sich Effizienzvorteile erzielen.

Bei der GAG Köln konnte zum Beispiel die Summe der Kosten für die Instandsetzung der Spielgeräte durch die Einführung eines EDV-gestützten Dokumentationssystems reduziert werden, da Ausreißer auffällig wurden und die Instandhaltung entsprechend gesteuert werden konnte. Bei einer niedersächsischen Landesentwicklungsgesellschaft konnten durch die Einführung regelmäßiger Kontrollen der Gasinnenleitungen durch ein Spezialunternehmen mit Gasspür- technik die Kosten durch die Abnahme aufwendiger kompletter Austausche von Gasleitungen reduziert werden. Durch die vorsorgende Kontrolle in einem ca. zweijährigen Intervall konnten größere Reparaturen zugunsten kleinerer In- standhaltungsarbeiten vermieden werden.

Ungeplante Instandhaltungskosten und Schäden entstehen aufgrund von Um- welteinflüssen, wie Kleinreparaturen, Vandalismus, Ausfall der Beleuchtung, Versagen von Türbeschlägen, Wind und Sturmereignissen u. Ä. Sie sind nicht planbar und nicht vom Lebenszyklus der Bauteile und technischen Anlagen ab- leitbar. Andere Branchen, wie z. B. die Versicherungswirtschaft, haben mit einer ähnlichen Problematik zu tun. Schäden in der Versicherungswirtschaft treten unplanbar, aber mit einer bestimmten Wahrscheinlichkeit auf, der so genannten »Schadenszahlverteilung«. Die Grunddaten über Einzelkosten der auftretenden Schäden und Schadenszahlen stehen der Wohnungswirtschaft beim Einsatz ei- nes Dokumentations- und Inspektionssystems zur Verfügung. Daraus lässt sich versicherungsmathematisch die Häufigkeit einzelner auftretender Schäden und bestimmter Schadenshöhen ableiten. Die RGM Gebäudemanagement GmbH in Dortmund hat dazu erste Studien im Instandhaltungsmanagement durchge- führt.[229]

Wünschenswert wäre eine Weiterentwicklung von EDV- Dokumentationssyste- men zu den Überwachungspflichten, die aufgrund von versicherungsmathema- tischen Modellen Instandhaltungsrisiken identifizieren und als Report darstellen können. Ziel eines solchen Systems und der Organisation der Überwachungs- pflichten in der Wohnungswirtschaft sollte es sein, nicht nur Risiken und Ge- fährdungspotenziale zu identifizieren, sondern den Nutzern auch Steuerungs- instrumente an die Hand zu geben, die das Restrisiko bestimmbar machen und damit helfen, risikoreiche Leistungsbestandteile sicherer zu kalkulieren. Dies könnte auch beim nächsten Gespräch mit der Versicherung des Wohnungsun- ternehmens von Vorteil sein, wenn es um die Höhe der Prämien geht.

Die Organisation der Überwachungspflichten sollte in erster Linie aber nicht nur die rechtliche Exkulpation zum Ziel haben, sondern auch der Einstieg in ein intel- ligentes Instandhaltungsmanagementsystem sein.

---

229 Vgl. Meinen, Kalkulation von Instandhaltungspauschalen – Die Instandsetzungsproblematik im Versi- cherungsfall in Facility Management 1/2008

Der Branchenverband CAFM-Ring hat erklärt, dass mit der Notwendigkeit, der Betreiberverantwortung mittels gut dokumentierter FM-Maßnahmen entsprechen zu müssen, bzw. mit den erklärten Zielen in Unternehmen und Verwaltungen, nachhaltig zu wirtschaften, das CAFM (Computer Aided Facility Managemenet) heute auch auf der Entscheiderebene zu einer bekannten Größe geworden sei.

Ein Beispiel für den Inhalt eines Stufenplans zur Einführung eines CAFM-Projekts enthält der Leitfaden[230] für CAFM-Projekte »CAFM-Systeme erfolgreich einführen«:

Beispiel für den Inhalt eines Stufenplans zur Einführung eines CAFM-Projekts[231]   **!**

1. Festlegung von Team und Verantwortlichkeiten
2. Analyse und Dokumentation der FM-relevanten Prozesse
3. Festlegung von Zielen und Anforderungen
4. Kennenlernen von CAFM-Systemen ggf. mit Ausschreibung
5. Workshop mit Anbietern über Inhalte und Abläufe des Projekts
6. Entscheidung über das Datenmodell
7. Erfassen von Daten im Rahmen eines Pilotprojektes
8. Umsetzung eines Pilotprojektes
9. Erfassung aller relevanten Daten für das Gesamtprojekt
10. Roll-out des Systems
11. Abschluss und Ergebniskontrolle

Als mögliche Stolpersteine bei der Einführung werden insbesondere die Nichtberücksichtigung personeller Ressourcen und notwendiger Veränderungsbereitschaft, die Unterschätzung des Aufwands für die Datenerfassung und Datenpflege sowie mangelnde Zielstellung genannt.

Damit die Daten erhalten und sicher ausgetauscht werden können, hat der CAFM-Ring eine offene CAFM-Connect-Schnittstelle[232] entwickelt, die auch die Daten für den Betrieb sicher klassifizieren. Es handelt sich dabei um eine Standardschnittstelle auf Basis des international anerkannten und verbreiteten IFC-Standards, über die relevante Gebäudedaten so ausgetauscht werden können, dass sie in Inhalt und Struktur beim absprachelosen Datenaustausch erhalten bleiben. Neben dem absprachelosen Austausch der alphanumerischen Raumstruktur inklusive einheitlicher Raumnummern, Nutzungsarten und DIN-Raum-

---

230 Leitfaden für CAFM-Projekte, CAFM-Systeme erfolgreich einführen, Branchenverband CAFM RING e. V., Wuppertal, www.cafmring.de

231 Leitfaden für CAFM-Projekte, CAFM-Systeme erfolgreich einführen, Branchenverband CAFM RING e. V., Wuppertal, www.cafmring.de

232 www.cafmring.de/cafm-connect/ 22.2.2016

flächen können viele Arten von Anlagen und Ausstattung ausgetauscht werden, wie beispielsweise technische Gebäudeausrüstung (z. B. Lüftungsanlagen, Aufzugsanlagen, Brandschutzklappen), sicherheitstechnische Elemente (z. B. Feuerlöscher, Wandhydranten), Infrastruktur-Assets (z. B. Möbel, IT-Ausstattung). CAFM-Connect 2.0 beinhaltet einen Standardkatalog, der die in DIN 276 vorhandenen Strukturen erweitert und Vorgaben für die einzelnen Objekttypen macht. Die Nutzer sind berechtigt, die Katalogdatei unverändert in der eigenen Software weiterzuverarbeiten und lizenzkostenfrei zu distribuieren. Die Nutzer sind verpflichtet, in allen Distributionen jeweils die beschriebenen Nutzungshinweise für den User ersichtlich zu platzieren und die Nutzungshinweise damit an die Endanwender weiterzugeben.

Mit dem aktuellen BIM-Stufenplan der Bundesregierung für die Einführung des Building Information Modeling (BIM) zeichnet sich eine weitere Entwicklung zur Standardisierung ab. Der Bundesminister für Verkehr und digitale Infrastruktur hatte am 15.12.2015 beim »Zukunftsforum Digitales Planen und Bauen« in Berlin den »Stufenplan Digitales Planen, Bauen und Betreiben« vorgestellt. Danach will das Bundesministerium für Verkehr und digitale Infrastruktur (BMVI) ab 2020 alle Infrastrukturprojekte des Bundes auf Grundlage von 5D-BIM-Modellen realisieren. BIM kann dabei nicht nur der 3-D-Modellierung dienen, sondern durch die Ergänzung mit einem alphanumerischen Objektkatalog können auch die Lebenszykluskosten und Bauteile im Facility Management beschrieben werden. Die Verbände GEFMA und CAFM Ring unterstützen diese Standardisierung mit eigenen Arbeitskreisen. Die Verbände tun dies mit dem Arbeitskreis BIM im FM und der Agenda BIM im FM, Building Information Modeling im Facility Management.[233]

Ein weiterer Baustein ist die Georeferenzierung von Immobilienobjekten. Dadurch kann insbesondere bei der Ersterfassung schnell eine lokale Zuordnung der Inspektionsobjekte erfolgen. Dies kann sowohl im Bereich der Außenanlagen (Bäume, Grünanlagen, Ausstattungsobjekte) als auch im Innenbereich über ein georeferenziertes Raster über das Gebäude (gescannter oder digitalisierter Grundriss) erfolgen.

233 PM 21.2.2016, www.cafmring.de: INservFM: CAFM RING e. V. stellt Agenda »BIM im FM« vor Verbände unterstützen den »BIM Stufenplan« der Bundesregierung aus FM-Sicht
234 ImmoSpector.com

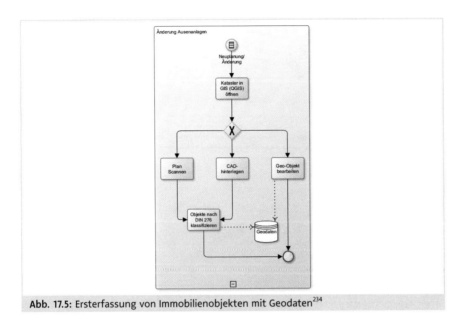

Abb. 17.5: Ersterfassung von Immobilienobjekten mit Geodaten[234]

Die systemübergreifende Erfassung ist insbesondere bei der nachhaltigen Nach-
verfolgung und Aktualisierung der Betreiberpflichten ein wichtiger Baustein für
die Zukunftssicherheit der Datenerhaltung.

18 Integration der Betreiberpflichten in die Instandhaltung

18.1 Servicelevel und Verfügbarkeit von Anlagen

Das zielgerichtete Instandhaltungsmanagement hängt von dem vereinbarten Instandhaltungsziel und dem vertraglich vereinbarten Service-Level-Agreement ab. Der Arbeitskreis Maschinen- und Elektrotechnik (AMEV) bezeichnet ein vertraglich vereinbartes Service-Level-Agreement auch als Dienstgütevereinbarung.

Im Real-FM-Leitfaden 2011 »Instandhaltung für technische Gebäudeausrüstung« und 2013 für Baukonstruktionen und zum Teil Außenanlagen[235] werden verschiedene Instandhaltungsstrategien vorgestellt. Der Leitfaden 2011[236] gliedert sich in folgende Punkte:

1. Strategischer Ansatz und Gliederung
2. Systematik und theoretische Grundlagen
3. Instandhaltungsstrategien
4. Ergebnisbasierte Instandhaltungsstrategien
5. Tätigkeitsmatrix

Bei den Instandhaltungsstrategien wird unterschieden zwischen

- Servicelevel A Maximale Verfügbarkeit: KANN
- Servicelevel B Technisch notwendig und sinnvoll: SOLL
- Servicelevel C Normativ vorgeschrieben: MUSS

In der Anwendungsempfehlung[237] des Leitfadens »Nachhaltiges Bauen« und des Bewertungssystems »Nachhaltiges Bauen« (BNB) in den Bundesbauverwaltungen werden folgende Instandhaltungsstrategien unterschieden:

---

235 RealFM-Leitfaden Instandhaltung 2013 (IHLB), Lösungen für sicheres und ergebnisbasiertes Handeln in der Instandhaltung der Baukonstruktion von Liegenschaften und Gebäuden
236 RealFM-Leitfaden Instandhaltung 2011 (IHL), Lösungen für ergebnisbasiertes Handeln in der Instandhaltung von Liegenschaften und Gebäuden
237 Zimmermann, Kerstin, Anwendung des Leitfadens Nachhaltiges Bauen und des Bewertungssystems Nachhaltiges Bauen (BNB) in den Bundesbauverwaltungen »Gebäudebezogene Kosten im Lebenszyklus (LCC)«, 2012

Instandhaltungsstrategien der Anwendungsempfehlung des BNB

Werterhaltungsstrategie

Ziel dieser Strategie ist die Erhaltung der Gebrauchstauglichkeit auf dem ursprünglichen Niveau bei Beibehaltung der üblichen Nutzung. Dabei kann der Nutzwert des Gebäudes insgesamt sinken, wenn keine Erhöhung des Standards vorgenommen wird, da sich Standards erhöhen können und Komfortansprüche steigen.

Wertsteigerungsstrategie

Bei dieser Strategie wird durch Ausbau und Umbau die voraussichtliche Entwicklung vorweggenommen, um die Nutzungsqualität den steigenden Ansprüchen anzupassen. Durch die Verwendung neuer Technologien beim Ersatz von nicht identischen Elementen kann es zu beträchtlichen Verbesserungen kommen. Zum Beispiel durch den Einsatz von Wärmeschutzverglasung beim Austausch von Fenstern, deren Nutzungsdauern abgelaufen sind.

Low-Level-Unterhaltungsstrategie

Bei dieser Strategie handelt es sich um eine kurzfristige Strategie, die im Fall eines Mittelengpasses für die Anwendung der Werterhaltungsstrategie oder bei Unsicherheiten zur weiteren Entwicklung, zur Anwendung kommt.

Verlotterungsstrategie

Diese Strategie beschreibt den Abbruch als Strategie, um Platz für einen Neubau zu schaffen, der zu einer Wertsteigerung auf dem Grundstück zielen würde. Dabei ist die Möglichkeit einer Werteminderung bzw. eines Werteverlusts durch stagnierende oder gar sinkende Grundstückspreise einzukalkulieren.

Aber selbst bei der »Verlotterungsstrategie« sind die normativen Anforderungen an die ordnungsgemäße Instandhaltung entsprechend § 823, 836 BGB einzuhalten. Die Instandhaltungsstrategie kann sich aber in der Gefährdungsbeurteilung und damit in den Intervallen der Inspektion abbilden. Bei den Anlagen nach Betriebssicherheitsverordnung 2015 ist der Stand der Technik als Instandhaltungsvorgabe maßgeblich. Bei dem Anspruch der ständigen Verfügbarkeit einer Anlage analog Servicelevel A sind auch selbstüberwachende Prüfeinrichtungen denkbar.

18.2 Weiterentwicklung zum Instandhaltungsmanagement

Der Weg zu einer IT-gestützten Organisation der Betreiberpflichten mit Instandhaltungsmanagement könnte sich wie folgt darstellen, wobei die Nachweissicherheit mit zunehmendem Organisationsgrad zunimmt:

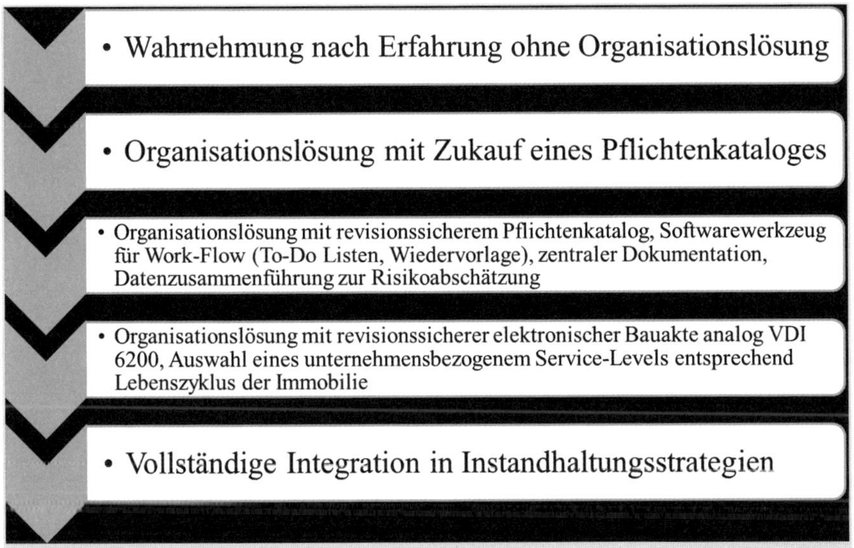

- Wahrnehmung nach Erfahrung ohne Organisationslösung

- Organisationslösung mit Zukauf eines Pflichtenkataloges

- Organisationslösung mit revisionssicherem Pflichtenkatalog, Softwarewerkzeug für Work-Flow (To-Do Listen, Wiedervorlage), zentraler Dokumentation, Datenzusammenführung zur Risikoabschätzung

- Organisationslösung mit revisionssicherer elektronischer Bauakte analog VDI 6200, Auswahl eines unternehmensbezogenem Service-Levels entsprechend Lebenszyklus der Immobilie

- Vollständige Integration in Instandhaltungsstrategien

Abb. 18.1: Stufen der Wahrnehmung der Betreiberpflichten

In einer IT-gestützten revisionssicheren Organisation der Verkehrssicherungspflichten in der Immobilienwirtschaft sollte die Lösung mindestens die folgenden Ebenen abdecken:

Wahrnehmungsebene/Aufbauorganisation
- Gesicherte Datenbank mit den Regeln und Pflichten mit einem nach Bauteilgruppen gegliederten standardisierten Katalog nach DIN 276 und regelmäßiger, mindestens jährlicher Aktualisierung
- Rollendefinition zur Wahrnehmung der Aufgaben der Verkehrssicherheit
- Hinterlegung der Verantwortlichkeiten für die Verkehrssicherheit und sichere Organisation

Erfüllungsebene/Handlungsanweisungen
- Hinterlegung der erforderlichen Qualifikation der Prüfer und der Intervalle der durchzuführenden Prüfungen
- Hinterlegung von spezifischen Arbeitsanweisungen und Tätigkeitslisten nach den technischen Regeln zur Umsetzung vor Ort
- Handlungsanweisungen bei der Delegation von Pflichten und Möglichkeiten zur stichprobenartigen Kontrolle

Nachweisebene/Dokumentation

- standardisierte, möglichst lückenlose Erfassung des Bestandes und der Gefährdungspotenziale nach Bauteilgruppen der DIN 276 und Immobilienobjekttypen
- Auswertungsoptionen zur Priorisierung der Maßnahmen
- Wiedervorlagesystem zur Fortschreibung der Gefährdungsbeurteilungen, Maßnahmen und Qualifikation
- historisch gesicherte, unveränderbare elektronische Dokumentation der Prüfungen, Kontrollen mit der gesicherten Zeichnung der Durchführenden

Dadurch, dass seit der Einführung der Betriebssicherheitsverordnung 2015 auch eine elektronische Dokumentation der Kontrollen und Prüfungen möglich ist, bieten sich weitere Möglichkeiten zur Weiterentwicklung der IT-gestützten Abdeckung der Betreiberpflichten an.

Literaturverzeichnis

Najork, N. Eike (Hrsg.), Rechtshandbuch Facility Management, Berlin/Heidelberg: Springer, 1. Auflage, 2009

Noack, Birgit, Trinkwasserverordnung für Vermieter und Verwalter, Freiburg/München: Haufe, 1. Auflage, 2013

Palandt, Bürgerliches Gesetzbuch, Band 7, 73. Auflage, München: Beck, 2014

Schrammel, Kaiser, Nusser, Facility Management – Recht und Organisation, Werner, 1. Auflage, Köln, 2013

VDI, Qualitätsmerkmal »Technische Sicherheit«, Eine Denkschrift des Vereins Deutscher Ingenieure, Düsseldorf, 2010

Abkürzungsverzeichnis

ABB	Arbeitsgemeinschaft für Blitzschutz und Blitzableiterbau
Abs.	Absatz
AG	Amtsgericht
AMEV	Arbeitskreis Maschinen- und Elektrotechnik staatlicher und kommunaler Verwaltungen, Berlin beim BMVBW, Ref. BS 32
ArbstättV	Arbeitsstättenverordnung
ArdT	Anerkannte Regeln der Technik
ASR	Arbeitsstättenrichtlinie
ATV	Abwassertechnische Vereinigung e. V.
AVBEltV	Verordnung über Allgemeine Bedingungen für die Elektrizitätsversorgung von Tarifkunden
AVBGasV	Verordnung über Allgemeine Bedingungen für die Gasversorgung von Tarifkunden
AVBWasserV	Verordnung über Allgemeine Bedingungen für die Versorgung mit Wasser
Az	Aktenzeichen
BADK	Bundesarbeitsgemeinschaft Deutscher Kommunalversicherer, Köln
BauR	baurecht, Zeitschrift für das gesamte öffentliche und zivile Baurecht
BetrKV	Verordnung über die Aufstellung von Betriebskosten
BetrSichV	Betriebssicherheitsverordnung
BGB	Bürgerliches Gesetzbuch
BGBl. I	Bundesgesetzblatt Teil 1
BGH	Bundesgerichtshof
BGI	Berufgenossenschaftliche Information
BGV	Berufgenossenschaftliche Vorschriften
Bl.	Blatt
BlmSchG	Bundesimmissionsschutzgesetz
BlGBW	Blätter für Grundstücks-, Bau- und Wohnungsrecht
BMVBW	Bundesministerium für Verkehr, Bau- und Wohnungswesen
bP	befähigte Person

bzw.	beziehungsweise
ca.	circa
CENELEC	Comité Européen de Normalisation Electrotechnique – Europäisches Komitee für Elektrotechnische Normung
d. h.	das heißt
DIN	Deutsches Institut für Normung e. V.
DV	Durchführungsverordnung
DVGW	Deutscher Verein des Gas- und Wasserfaches e. V.
EnEV	Energieeinsparverordnung
ETB	Eingeführte Technische Baubestimmung
EuP	Elektrotechnisch unterwiesene Person, VDE 1000 Teil 10
e. V.	eingetragener Verein
EVU	Elektrizitätsversorgungsunternehmen
EWS	Musterentwässerungssatzung
FLL	Forschungsgesellschaft Landschaftsentwicklung Landschaftsbau e. V.
GaV	Garagenverordnung
GUV	Gemeinde-Unfallversicherungsverband Hannover
GVBl	Gesetz- und Verordnungsblatt
GVU	Gasversorgungsunternehmen
HausprüfVO	Verordnung über die Prüfung haustechnischer Anlagen und Einrichtungen in Gebäuden
Haustech-PrüfVO	Haustechnische Überwachungsverordnung (Hamburg)
Hrsg.	Herausgeber
KiGa	Kindergarten
KSA	Kommunaler Schadenausgleich
KÜO	Kehr- und Überprüfungsordnung
kW	Kilowatt
LG	Landgericht
MBl.	Ministerialblatt
MDR	Monatsschrift für Deutsches Recht
mind.	mindestens

MM	Mieter Magazin Berlin
MS	Niedersächsisches Sozialministerium
n.	nach
NJW	Neue Juristische Wochenschrift
NJW-RR	NJW-Rechtsprechungsreport Zivilrecht
NSpPG	Niedersächsisches Gesetz für Spielplätze
Nr.	Nummer
NWG	Niedersächsisches Wassergesetz
o. Ä.	oder Ähnliches
OLG	Oberlandesgericht (mit Ortsnamen), zugleich Sammlung der Rechtsprechung der Oberlandesgerichte (Band oder Jahr und Seite)
Rd. Erl.	Runderlass
Rn.	Randnummer
RE	Rechtsentscheid
RL	Richtlinie der Zentralstelle für Unfallverhütung und Arbeitsmedien beim Hauptverband der gewerblichen Berufsgenossenschaft e. V.
S.	Seite
SK	Sachkundiger
SPrüfV	Sicherheitsanlagen-Prüfverordnung
StGB	Strafgesetzbuch
SV	Sachverständiger
TPrüVO	Technische Prüfverordnung
TRB	Technische Regeln Druckbehälter
TRbF	Technische Regel über brennbare Flüssigkeiten
TRBS	Technische Regeln Betriebssicherheit
TRGI	Technische Regeln für Gasinstallationen
TrinkwV	Trinkwasserverordnung
TRWI	Technische Regeln für Trinkwasserinstallationen
TürHaus-PrüfVO	Verordnung über die Prüfung haustechnischer Anlagen und Einrichtungen in Gebäuden
TÜV	Technischer Überwachungsverein e. V.
UsI	»Unternehmer und sonstige Inhaber« (UsI) einer Trinkwasserinstallation

UVV	Unfallverhütungsvorschriften der Bauberufsgenossenschaften
VAwS	Verordnung über Anlagen zum Lagern, Abfüllen und Umschlagen wassergefährdender Stoffe
VbF	Verordnung über brennbare Flüssigkeiten
VBG	Vorschriften nach der Berufsgenossenschaft Hrsg. Hauptverband der gewerblichen Berufsgenossenschaften e. V.
VDE	Verband Deutscher Elektrotechniker e. V.
VDI	Verein Deutscher Ingenieure e. V.
VdS	Verband der Schadenversicherer e. V.
VdW	Verband der Wohnungswirtschaft in Niedersachsen und Bremen e. V.
VersR	Versicherungsrecht, Zeitschrift
VIU	beim zuständigen Gasversorgungsunternehmen eingetragene Vertragsinstallationsunternehmen
VO	Verordnung
WM	Wohnungswirtschaft und Mietrecht
WH G	Wasserhaushaltsgesetz
WoU	Wohnungsunternehmen
WVU	Wasserversorgungsunternehmen
z. B.	zum Beispiel
ZfBR	Zeitschrift für deutsches und internationales Baurecht
ZfS	Zeitschrift für Schadensrecht
ZMR	Zeitschrift für Mietrecht
ZR	Zeitschrift »Zivilrecht«
ZÜS	Zugelassene Überwachungsstelle
ZVDH	Zentralverband des Deutschen Dachdeckerhandwerks

Abbildungsverzeichnis

Stichwortverzeichnis